本书为国家社会科学基金项目"小农理念更新与返乡创业进程关系研究"（22BSH157）阶段性成果

华中科技大学"青春力行"系列丛书

在田野实践中发现社会

The Discovery of Society in Fieldwork

陈文超 等著

社会科学文献出版社
SOCIAL SCIENCES ACADEMIC PRESS (CHINA)

序

目前，大学生社会实践无论是作为大学的一项工作还是大学生的一项活动，都已具有普遍性了。但是，对于如何组织大学生社会实践、大学生社会实践有什么实际意义，大学的教育者和大学生并不具有一致性的认知，人们对此存在一些疑问、困惑；大学生社会实践的具体情况各异，也存在一些实际的问题、困难。《在田野实践中发现社会》展示了一个很好的大学生社会实践模式，回应了大学生社会实践中的困惑和问题，显示出其特有的指导方法和教育理念；展示了社会学教师基于学科专业性指导大学生社会实践的有效尝试和优秀成果，不仅对社会学专业教师有借鉴意义，而且对大学的教育者和大学生有诸多的启示。

首先，引导大学生带着关注的问题"进入"社会实践。在大学生社会实践中，大多数大学生是充满热情和激情的，他们自然是真实地从学校"去了"或"到了"社会，当然也看到了社会。不过，当大学生们"去了"或"到了"社会，面对社会的"五彩缤纷"和"包罗万象"时，他们究竟"去了"或"到了"社会的哪里呢？换言之，他们究竟从哪里看社会、了解社会，又了解了社会的什么呢？由此，热情和激情所伴随的各种茫然、无所适从、"骑马观花"、"下马观花"、"做好事"等就不可避免了，社会实践也不免在不知不觉中被扭曲或消解了。《在田野实践中发现社会》强调"问题的提出"即确定关注的问题，例如小农为什么要种植茶叶，不种植其他作物。这就为大学生看社会、了解社会提供了一个切入点，或者说打开了大学生"进入"社会的一个通道，让他们在社会中的实践成为可能，这是大学生社会实践的首要环节。

其次，指导大学生运用科学的理论和方法进行社会实践。大学生们通过一个切入点、一个通道"进入"社会之后干什么，又怎么去实践呢？大学生社会实践中搞调查是比较常见的一个选择，进行调查可以了解社会或获得对社会真实的、科学的认知吗？柯林斯和马科夫斯基曾言，社会学的发展历程漫长而艰辛，它致力于揭示那些隐藏在背后的或人们以为理所当然的事物：那些我们不知道其存在的事物——处于遥远的空间与时间中的社会，它们的生活方式促使我们开始思考自己生活的本质；那些被我们曲解了的事物，它们有别于我们基于自身的社会阶级与文化的体验；那些处于我们社会结构边缘地带的各种现实——从警察的巡逻车内到政治家和神父们紧闭的门户背后；那些被我们不加反思地接受的身边事物——由各种看不见的规则与机制组成的系统，它控制我们的行为并操纵我们的思想，它似乎如自然景观一般永恒不变，但实际上它像孩子的动作一样变化不定。① 这就告诉我们：社会中不仅有表象事物即可感知的事物，还有隐藏在表象背后我们不知道其存在的事物；只有用科学才可认识隐藏的、我们不知道的事物。显然，通过盲目的、随心所欲的、自以为是的社会调查不可能获得对社会真实的、科学的认知。《在田野实践中发现社会》展示了如何运用科学理论和方法去认识社会，例如用社会网络理论去认知山村中创办企业的可能性及实践逻辑。只有运用社会学理论和社会研究方法，才能在认识社会的过程中"去伪存真、由表及里""透过现象看本质"。科学的理论和方法为大学生提供了使其真正认识社会的科学途径与参与社会实践的有效工具。这是大学生社会实践的基础和关键。

再次，帮助大学生总结、改进社会实践。大多数情况下，大学生返回学校即代表社会实践的结束。其实，即使大学生在社会实践中运用了科学的理论和方法，他们所了解的社会现象也是零碎的，对社会的认知仍然不免是碎片化的，显然这与获得对社会

---

① 兰德尔·柯林斯、迈克尔·马科夫斯基：《发现社会》，李霞译，商务印书馆，2014，第5~6页。

真实的、科学的认知相比，尚有相当的差距。《在田野实践中发现社会》充分展示了如何将大学生碎片化的社会知识归纳、总结、整合、升华，即运用社会学理论和社会研究方法对所获的资料进行分析研究，形成规范的调查报告或研究报告，由此得出对部分社会现象的认识结论。例如，通过对志愿者心理创伤经验材料的分析，描述志愿者心理创伤的状况和特征，并提出基于情境性支持的问题解决路径等。由此可见，学生对社会关系、社会政策、社会结构、社会运行、社会秩序等有了一些由表及里的认识。显然，大学生只有运用科学的理论和方法分析研究零碎的社会现象资料，才能真正对社会形成"去伪存真，由表及里""透过现象看本质"的认知。这是提升大学生社会实践质量、赋予其意义的必要和有效的环节。

最后，以有效的社会化途径真实助力大学生成长。社会学认为人的社会化简言之就是从"生物人"转变为"社会人"的过程，通俗而言即人成长、成熟的过程。不同的时代环境、文化环境下有着不同的社会化具体目标、内容、方式，由此产生不同的具体社会化结果。大学是社会化的专门机构，具有选择社会化具体目标、内容、方式的责任和权力，由此在很大程度上"决定"了大学生社会化的结果。大学生社会实践本质上是由大学作为社会化专门机构，为大学生专门"设置"的一个社会化过程，学校、院系、教师都为这个社会化过程"设置"了具体目标、内容、方式。《在田野实践中发现社会》不仅展示了指导教师科学"设置"的具体社会化内容、方式，即以"田野实践方法"在每个阶段训练大学生的逻辑思维和理性分析能力、培养大学生的科学理念和实践意识，而且以高质量的研究报告展示了其达成的目标成果，并获得了学术界及社会的较高认可。比如，这些报告等相关成果获得了2015年湖北省第十届、2021年湖北省第十三届"挑战杯"大学生课外学术科技作品竞赛二等奖，2021年（第六届）、2019年（第五届）、2016年（第三届）、2014年（第一届）的湖北省社会调查报告大赛一等奖，2017年湖北省"优秀学士学位论文"，等等。据我所知，在参加陈文超老师指导的社会实践的学生中，不少人拿到了剑桥大学等国外名校的 offer，拿到了北京大学、清华大学等国内名校的录取通知书。不得不说，这种模式的社会实践为大学生提供了一个科学且有效的社会化途径，真实助力了大学生的成长。

陈文超探索、尝试的田野实践方法可谓"专业的人做专业的事"，《在田野实践中发现社会》展现的不仅是指导大学生社会实践的一种模式，一种具有一定学术性、专业性、独特性且事实证明具有适用性的模式，更有价值的是，其展现了一种科学教育理念、一种大学生社会化的科学途径。我认为这种模式、理念、途径值得大学专业教师和所有教育者借鉴，也期待大家对大学生社会实践、大学生的社会化有更多的尝试、探索、总结和积累。

2024 年 5 月 5 日于家中

目　录

做有价值的社会实践活动

一　研究问题的提出

大学生社会实践活动主要兴起于 20 世纪 80 年代,《关于纪念"一二·九"运动四十八周年开展"社会实践周"活动的通知》首次提出"大学生社会实践活动"概念。[①] 历经《关于广泛组织高等学校学生参加社会实践活动的意见》《关于开展大中学生志愿者暑期文化科技卫生"三下乡"活动的通知》《关于进一步加强和改进大学生社会实践的意见》《关于增强新时代大学生社会实践活动实效　深化共青团实践育人工作的意见》等一系列制度文件的颁布实施,大学生社会实践活动不断发展,并逐渐呈现组织化、程序化等特征。在组织形式方面,社会实践活动时间以假期为主,由中宣部、中央文明办、教育部、团中央等多部门组织和指导,它们每年在固定时间节点都会发布相关活动内容信息,如有关全国大中专学生志愿者暑期文化科技卫生"三下乡"社会实践活动的通知等。社会实践活动参与对象涵盖所有高校的所有大学生。《关于增强新时代大学生社会实践活动实效　深化共青团实践育人工作的意见》明确要求,每名大学生在校期间至少参加 1 次"三下乡"或"返家乡"社会实践活动,每个团支部每学期至少开展 1 次校外社会实践活动,全团每年组织不少于 25% 的高校团支部、

---

① 共青团中央、全国学联:《纪念"一二·九"运动 48 周年开展"社会实践活动周"的通知》,1983 年 10 月 28 日。

20万名大学生就近就便参与社区实践①；社会实践活动投入资源多元化，有共青团、学联、教育（务）部门等多部门给予物质支持，如共青团系统支持的各类社会实践活动项目、教务系统开设的年度思想政治理论课社会实践专项项目等，并且近年类似于国务院参事室及相关地方协会等的机构会组织社会实践活动比赛，给予优秀社会实践活动团队奖励扶持等；社会实践活动内容多样化，包括"三下乡"和"四进社区"等，具体表现为理论宣讲、志愿服务、社会调查、政务见习等。统观当前全国社会实践活动状况，规模庞大，参与人数众多，每年有数百万支社会实践队伍活跃在社会各个角落，有1000多万名在校大学生参与社会实践活动。

在高校教育体系中，社会实践活动也因其与学生培养的高度相关性而被寄予较高的育人期望，如帮助大学生了解社会、认识国情、增长才干、奉献社会、锻炼毅力、培养品格等②，被视为加强和改进大学生思想政治教育的重要途径、实现"立德树人"目标的有效路径③，且是高校立德树人过程中应当高度关注的一个战略性问题，关系着高校全面深化教育改革和人才培养质量的提升④等。在具体实施中，社会实践活动通过"组织化"被设置为"三全育人"⑤工作体系中的核心内容，成为高校教育中的"第二课堂"，有大量的人力、物力、财力等被投入社会实践活动的组织与实施中。然而，随着暑期社会实践教育的制度化、程序化等的程度越来越高，不断有学者开始回顾和反思大学生社会实践活动，并指出大学生社会实践活动与教育制度安排中的育人目标存在一

---

① 共青团中央、全国学联：《关于增强新时代大学生社会实践活动实效　深化共青团实践育人工作的意见》（中青联发〔2023〕5号），2023年2月23日。

② 中宣部、中央文明办、教育部、共青团中央：《关于进一步加强和改进大学生社会实践的意见》（中青联发〔2005〕3号），2005年2月1日。

③ 骆郁廷、郭莉：《"立德树人"的实现路径及有效机制》，《思想教育研究》2013年第7期。

④ 刘宏达、许亨洪：《我国高校实践育人共同体建设的内涵、问题及对策研究》，《华中师范大学学报》（人文社会科学版）2016年第5期。

⑤ "三全育人"即全员育人、全过程育人、全方位育人，是中共中央、国务院在《关于加强和改进新形势下高校思想政治工作的意见》中提出的。

定的偏差，主要表现为，在价值理念方面，形式参与重于过程体验，一方面，学生多出于功利性目的参与[①]，社会实践活动成为追求奖项、升学利益的便捷途径[②]，甚至成为娱乐化工具[③]；另一方面，社会实践活动被当作应付实践教育考核的必要方式[④]。在活动内容方面，活动形式单一、内容空洞单调[⑤]、知识结构碎片化[⑥]，普遍反映出一种低水平的认知状态[⑦]。在实践过程方面，大学生出现对主题盲目、对流程陌生、对问题困惑、对报告茫然等情况。[⑧]概而言之，当前大学生参与社会实践活动的面广，但流于形式；学生积极性高，但实施过程欠规范；社会实践中投入大，但收获较为有限，且直接影响着育人效果。毋庸置疑，当前社会实践活动陷入"内卷化"困境，呈现"有感增长、无感发展"状态，难以达到新时代"三全育人"的要求和水准。针对新时代"三全育人"中实践育人的目标设置，提质增效成为当前大学生社会实践改革与发展的紧迫任务，是近些年教育改革重点研究议题。从对提升大学生社会实践积极效应的已有回应文献来看，一些研究从认知层面出发，强调在重视程度、规律把握、机制建设、内容设计四个维度上重新定位社会实践活动[⑨]；一些研究从社会实践的客

---

① 刘正浩、胡克培：《大学生社会实践的调查及思考》，《当代青年研究》2009年第2期。
② 王左丹：《大学生暑期社会实践长效机制构建探析》，《思想教育研究》2014年第3期。
③ 胡靖：《大学生社会实践的历程、价值意蕴与发展趋向》，《思想理论教育》2018年第1期。
④ 王伟明、张鹏：《大学生社会实践科学化组织模式探索》，《中国青年研究》2012年第12期。
⑤ 周彩娇、林寒：《大学生社会实践活动现状调查与完善策略》，《高等教育研究》2012年第9期。
⑥ 张建明、唐杰：《高校社会实践引领大学生思想发展的路径研究——基于中国人民大学"千人百村"项目的实践》，《思想教育研究》2017年第4期。
⑦ 周媛、索文斌：《新时代大学生社会实践的思考和探索》，《高校辅导员》2019年第1期。
⑧ 李保强：《大学生社会实践活动不能"走形式"》，《人民论坛》2018年第1期。
⑨ 都基辉、刘晓东、胡智林：《改革开放以来大学生社会实践的历程、经验和启示》，《思想教育研究》2015年第3期。

观环境出发，强调改善环境、完善规范、加强组织和有效激励①；一些研究从社会实践活动本体出发，强调内容多样化、组织专业化，如强调势必要将社会实践纳入学校教育教学总体规划②，将专业学习和社会实践相结合③等。

联系社会实践活动经验，上述诸多研究建议已经成为当前大学生社会实践活动的经验做法，并且为我们思考社会实践活动如何提质增效的问题提供了有价值的典型案例。但是，反观大学生社会实践活动，既有社会实践活动困境仍然未消除，已有问题依然限制着社会实践活动育人成效，甚至形成了"积重难返"的局面。秉持实践取向，结合现有经验反思已有研究及其建议，第一，从社会实践活动主体角度进行考虑，活动注重大学生社会化需求，立足于大学生的主体性，但过度强调大学生的主观需求和现有条件，导致以此为基础进行设计的社会实践活动内容简单化、质量降低，自然难以达到训练和教育大学生的目标；第二，从社会实践活动本体角度进行思考，强调社会实践活动与专业教育内容的融合，容易导致社会实践活动转变为专业实习活动，偏离社会实践活动的主导目标，尤其是对于实验要求较高的专业来说，学生在这样的活动中未能深入实际生活，也难以理解社会运转机制；第三，从社会实践活动环境角度进行考虑，加强组织流程管理，对社会实践队进行备案管理，对接社会实践活动点，加大评先评优的激励力度等，导致大学生在社会实践活动中更为强调社会实践活动的"形式"，只是"空喊口号"等，缺少对社会实践活动内容的探究及对社会的理解等。

不难发现，上述研究思考及建议之所以未能有效应对和防范社会实践活动中形式化等问题，主要是因为其从外部视角审视大学生社会实践活动，且仅在社会实践活动的单一维度上进行分析，

① 刘有升：《组织行为学视角下的大学生"三下乡"社会实践研究——以福州地区五所高校为例》，《思想教育研究》2011年第8期。
② 刘献君：《深刻认识和充分发挥社会实践在大学生思想政治教育中的重要作用》，《高等工程教育研究》2005年第5期。
③ 邢红斌、李芬：《大学生暑期社会实践满意度及其影响因素研究》，《青少年研究（山东省团校学报）》2014年第4期。

并提出总体性意见，忽视了社会实践活动的系统性与复杂性，尤其缺少大学生驾驭社会实践活动的具体措施。在社会实践活动结构中，社会实践活动包含社会实践活动主体、社会实践活动本体及社会实践活动环境，即大学生、社会实践活动及社会环境。这三者之间不仅存在着联系，而且有着多维度的互动关系。大学生开展社会实践活动，直接作用于社会。社会将客观规律等信息反馈给大学生。就形式而言，社会实践活动是多主体互动的过程。并且，在互动过程中，大学生具有一定的主体性，处于支配性地位，左右着社会实践活动成效。如果大学生以"糊弄"的形式完成社会实践活动，社会实践活动成效肯定不大；如果大学生以"求是"的原则完成社会实践活动，社会实践活动成效将会十分显著。可见，对于社会实践活动提质增效的分析需要回到社会实践活动经验之中，深入社会实践结构中，厘清不同构件间的关系，有效把握大学生在社会实践活动中的主动性，以教育的形式赋予大学生驾驭社会活动的能力，即不仅从思想层面强化其对社会实践活动价值的认识，更从技术层面让其掌握社会实践方法。事实上，大学生不会使用社会实践方法时，即使知道社会实践的重要性，也只能"望洋兴叹"，但又迫于教育检查与考核要求，只能"取巧"，结果往往是"弄巧成拙"。大学生掌握规范的社会实践方式方法后，将产出大量有价值的社会实践成果。[1] 因此，提升社会实践活动中大学生的技能水平成为我们开展社会实践活动的主要突破点。

自 2014 年以来，笔者所在项目小组在社会实践活动开展与探索中，习惯于将深入实地的田野研究方法运用到社会实践中，通过开展实地研究，形成从实求知的社会实践路径，在此基础上，我们通过对 9 年来社会实践经验的总结形成了运用田野方法组织和开展社会实践活动的路径和策略。为了更好提升社会实践活动质量和育人成效，本书通过对我们自身社会实践经验的解构与反思，归纳和概括大学生社会实践提质增效机制。在具体分析操作中，

---

[1] 北京大学社会学系主编《在田野中成长：北大社会学系"挑战杯"获奖论文选》，商务印书馆，2022。

围绕大学生社会实践活动提质增效问题，本书将深入社会实践活动结构之中，立足于大学生主体，聚焦大学生与社会及社会实践活动间的关系，分析提升大学生社会实践技术的路径与过程，以此构建提升社会实践活动质量的有效路径。在本书的具体内容安排中，首先，通过解构大学生社会实践活动结构，重塑大学生社会实践活动定义，明确社会实践育人机制，阐述赋能社会实践中大学生的正当性和必要性；其次，根据社会实践活动育人机制运转规律，建构大学生从实求知的社会实践路径与方法；再次，梳理和总结我们的社会实践活动经验，呈现社会实践活动一般流程，主要展现相应的技术和方法在社会实践活动中的运用；最后，简要介绍 9 年间我们所经历的一些较为典型的社会实践活动案例，进一步阐释运用田野调查方法组织和开展社会实践活动的思路与策略。

二 大学生社会实践的界定及育人机制

基于主观与客观、理论与实践间的关系，我们认为，社会实践活动并不是休闲猎奇，也不是体验常识，而是一种连接行动和认知的活动形式。人们在其中通过已有认知来指导行动，并在行动中通过反思改善认知结构，实现认知水平的提升。[①]

认知是行动主体对社会事实的认识。认知并没有好与坏之分，值得关注的只有既有认知能否澄清社会事实、是否能从一般现象走向抽象机制。当既有认知能够还原所见所闻时，可以判断行动主体具有一定的认知水平；当既有认知能够分析现象的构件时，则判断行动主体具有较高的认知水平；当既有认知不仅能够澄清社会事实，而且还能发现社会事实中的机制时，则判断行动主体具有非常高的认知水平。反之，当既有认知不能还原社会事实时，则其属于不合格的认知，需要对其进行必要的重塑。否则，在不

---

① 在认知主义学习理论中，无论是认知发现说，还是认知结构理论，都较为强调学习（实践）是认知的来源，塑造了大脑中的知识结构，如杰罗姆·布鲁纳强调认知结构通过学习形成等，具体可参见 Jerome S. Bruner. "*The Process of Education* Revisited." *Phi Delta Kappan*，1971，53。

合格的认知中，行动主体对事物发展性质及趋势缺少一定的辨析，梳理不清相关条件等，有形成误识与误判的风险。在高等教育体系设置中，教育目的在于改善大学生认知结构，提升认知水平，形塑科学理性认知。对于大学生而言，既有认知主要来自书本知识，如专业理论知识，以及社会中流行的一些大众化思潮与文化等。

行动主要指日常生活中行动主体的具体活动表现。既可以是一个动作，如吃饭、说话等，也可以是一系列的动作，如具有逻辑性的动作组合等。与思想层面的认知相对，行动强调可视化层面的实际表现，具有具体、真实、客观等特征。具体主要指行动是清晰的，而非模糊的存在；真实强调行动是现实存在的，而非虚幻的假想；客观强调行动并不会因为外在他者的态度而有所变化。在行动的构成中，行动的对象主要是社会现实。在作用于社会现实的过程中，行动可划分为两个层次。其一，作为外在的表现，行动一般被视为改造社会和创造美好生活的具体承载体。无论社会成员的表达、制度设置及系统化的理论如何，对于社会的改造都需要落实在行动之中，通过一系列具体行动付诸实施。其二，作为实际结果，行动呈现在社会物理空间之中，常伴随一定的过程，留下一定的痕迹，并且会产生诸多影响，引起连锁性反应。当行动产生积极反应时，其价值在于推动社会发展进步，这样的行动属于社会积极倡导的行动。当行动产生负面影响时，行动会被定性为消极行动。这样的行动相对来说是需要加以改造的行动。对于大学生而言，教育的重点目标在于规训他们的行动，促进科学认识、价值导向和行为规范的合理统一[①]，保证他们有着符合社会结构与秩序的行动表现，且达到期望中的目标，如我们常说的服务社会、改造社会等。与此同时，行动也因为其外显性特征成为检验大学生受教育水平的有效指标。

认知和行动之间是一体两面的关系，重点在于回答为什么行动、如何行动、怎样对待行动结果的问题。从认知层面来讲，行

---

① 欧阳康：《大学 文化 人生》（第二版），华中科技大学出版社，2023，第 97~99 页。

动是认知的外显性表现，有什么样的认知水平，就会在现实生活中有什么样的行动表现。从行动层面来讲，行动需要认知的指导。① 缺少一定的认知指导，行动会处于无序、无目标的状态。在两者的具体演绎中，认知与行动呈现出迭代关系，也即日常生活中所讲的螺旋式上升关系。有效的认知对应着积极的行动，给积极的行动以必要的指导，积极的行动中产生新的有效的认知，进而使行动主体的认知结构得到完善，认知水平实现提升。反之，不合格的认知同样对应着积极的行动，但会对行动形成误导，受到误导的行动随之产生误识，导致认知呈现低水平的状态，甚至出现错误的认知等。无论是正向强化还是负向强化，认知与行动都形成了迭代关系，两者相互形塑与建构。② 在现实中，认知与行动的迭代过程也就是我们的实践活动。或者说，实践活动是认知与行动迭代关系结构化的表现。因为已有认知的存在，行动存在着正向与负向之分，相应地，实践活动也有高价值实践活动与低价值实践活动及负价值实践活动的划分。高价值实践活动对于社会成员及社会变迁与发展有着积极作用，而低价值实践活动及负价值实践活动对于社会成员及社会变迁与发展产生消极作用。因此，低价值实践活动及负价值实践活动，是社会不予以认同的实践活动，是需要极力避免的实践活动。在教育体系设置中，追求有意义的科学理性行动是教育的目标，即通过不同形式的教育方式塑造大学生的认知结构，提升他们的认知水平，为他们的科学理性行动提供必要的基础，以保证他们的实践活动能够符合个人成长需要及社会变迁与发展需求等。其中，组织和开展社会实践活动是重要的形式之一。③

---

① 舒茨的分析强调个体前期的具体经验是后期的社会行动的基础。详见苏国勋编《当代西方著名哲学家评传》（第十卷 社会哲学），山东人民出版社，1996。

② 郑杭生：《中国社会的巨大变化与中国社会学的坚实进展——以社会运行论、社会转型论、学科本土论和社会互构论为例》，《江苏社会科学》2004 年第 5 期。

③ 李维意、徐兰英：《大学生社会实践对社会主义核心价值体系教育的作用》，《河北大学学报》（哲学社会科学版）2013 年第 5 期；王海亮、王欣欣：《新时代大学生社会实践的生成逻辑与价值意蕴》，《学校党建与思想教育》2022 年第 17 期。

作为提升认知水平的有效形式与途径，社会实践活动与专业理论学习有联系，也有着较大的不同。二者同样强调对于客观现实及规律的学习与探究，但是社会实践活动强调深入实地，着重于联系实际，建构理论与现实之间的关系。这也就是我们经常所说的，社会实践不是单纯的理论学习，而是将理论知识与社会实践联系起来，或是对专业理论知识学习成果进行检验，或是将所学到的专业理论知识用于社会改造过程等。借助于认知-行动迭代关系进行审视，社会实践活动是行动主体凭借已有认知对社会现象/社会事实进行识别与改造，并通过对具体社会现象/社会事实的识别与改造完善和丰富已有认知，比如了解社会现象/社会事实是什么、社会现象/社会事实制造过程及其发展趋势等，进而实现认知水平的提升。可以说，一项社会实践活动完成了一次认知与行动间的双向转换。在下一项社会实践活动中，新塑造的认知将会对行动主体的行动形成更完善的指导，再一次实现认知与行动间的双向转换。因此，从整体系统而言，社会实践活动是认知与行动迭代关系的承载体。将其置于具体的高校教育体系中，则社会实践活动是在学校课程学习之外，大学生于一定时间段内深入社会实际，探究社会存在规律、提升认知水平的教育活动。

在操作层面，社会实践活动的组织与开展有着一定的条件。其一，大学生要有一定的认知，并且已有认知能够对行动形成指导。已有认知水平不同会导致社会实践活动质量有较大的差异。根据前述内容可知，大学生要具有一定的认知水平，能够对社会现象/社会事实进行必要的描述和分析。通常较高的认知水平带来的会是较高质量的社会实践活动；反之，较低认知水平带来的是较低质量的社会实践活动和一系列的负面结果及影响。其二，大学生必须深入实地，这要求大学生有一定的行动能力，尤其是要有一定的社会经验，能够应对复杂社会中的人、事、物等。否则，缺少必要的行动能力，难以有效对接已有认知，就会导致认知难以落地。其三，社会实践活动是一个过程，要求大学生在过程中投入一段时间，而非简单地到实地走一走、看一看、问一问等。否则，走马观花式的社会实践活动只能是蜻蜓点水，导致社会实践活动虽有形式，但缺少一定的实质内容，难以达到提升大学生认知水平的目标。其四，社会实践活动的组织与开展还需要物质经济条件，没有充足的经济物质保障会导致社会实践活动缺少必要的物质支撑，以至于在市场化社会中深入实地的活动难以为继等。

上述条件是社会实践活动在认知-行动迭代关系运作方面的必备条件。除此之外，高质量社会实践活动还需要有其他条件，比如大学生积极的参与态度、承载大学生社会实践活动的平台等。当缺少这些条件，高质量的社会实践活动往往只能停留在想象之中，甚至会产生诸多低质量的社会实践活动，如我们前文所阐述的当前社会实践活动中的一些低质量的社会实践活动样式。

三 社会实践活动的行动主体

大学生是社会实践活动中的行动主体。[①] 他们既是社会实践活动形塑的对象，也以自身的认知水平及行动能力影响着社会实践活动的质量。因此，有必要将大学生置于社会实践场景中，通过分析他们开展和组织社会实践活动的条件，研判当前大学生组织和开展高质量社会实践活动的可能性及路径。

（一）大学生的专业知识存量较少

根据观察经验可知，接触社会实践活动时，多数学生刚完成大学一年级的学习，少数学生完成了大学二年级的学习。他们对于专业的了解多处于一种模糊阶段，如通过概论课程了解了少许的专业术语、概念，以及一些学科理论等。不能说这些知识没有价值，只是说在这一阶段将所学知识和现实进行对接，难免会出现或多或少的不切实际的状况，以及使学生们得出一些不恰当的结论。比如，大学生带着学到的理论知识到现实生活中去时，更多是拿着现实中的经验现象为理论知识做脚注，将日常生活中看

---

① 其他具有主体性的行动者多是围绕着社会实践活动进行行动，比如社会实践活动指导老师多是扮演着资源链接者的角色。

到的现象视为理论知识的延伸。当日常生活中的现象较为符合理论知识的描述时，他们或许会认为现实发展是一种正确的选择。[①]当看到书本中的知识与现实生活不符合时，他们或许会认为现实错了，有必要进行纠偏。

在实际操作中，大学生也习惯性地按照理论知识指点现实社会，或者按照自身已有的认知对实际社会中的人、事、物"指手画脚"。比如，在为现实中的山区茶叶市场寻找发展方案时，大学生会从已有认知中找应对方案，或者提出"公司+农户"的规模化发展思路，或者强调产业发展要素创新、加大茶叶种植技术创新力度，或者提倡茶旅融合，等等。大学生的意见不能说没有作用，有些甚至是市场发展前沿理念，但是对于当地茶叶发展没有指导性作用，更难以解决现实问题。在当地人看来，大学生可能书读得较多，但是不"接地气"，只会"纸上谈兵"，甚至有时候会闹出一些"笑话"。出现这样的状况有两方面原因。一方面，专业理论知识在大学生的知识结构中占据着主导地位。在认知社会的过程中，书本知识也因此成为他们主要依赖的工具，他们习惯性地运用书本中的知识对社会现实加以考量和评判。另一方面，大学生的知识存量小，尚未完全掌握知识的逻辑及发生机制，也不清楚知识的边界和条件等。大学生在以有限的知识及经验对面对的人、事、物评头论足，甚至为其开出"药方"时，常常非理性地干预情境。所以，我们经常说大学生并不是"强者"，不能趾高气扬地对社会实践活动中的人、事、物"指手画脚"，毕竟大学生拥有的知识及经验难以应付面对的人、事、物等。

（二）大学生涉世经验较少

大学生的日常生活轨迹多是两点一线，从学校到家庭，对家庭和校园外的社会了解相对较少，社会生活中的经验也相对较少。在社会中，大众也习惯于赋予大学生"单纯"的形象，将其视为"被保护的孩子"，对其进行必要的"照顾"。但是，社会系统的复杂性

---

① 皮埃尔·布迪厄：《实践感》，蒋梓骅译，译林出版社，2003，第93页。

并不会因为大学生的"单纯"有所变动，而是一种客观社会存在，并且社会交往互动规则也客观存在。当大学生进入实际社会时，他们首先面对的便是交流互动问题。因为没有足够的经验，也没有累积相关社会阅历，所以他们可能会遇到交往互动困境。在面对具体的人时，大学生可能因为缺少必要的社会交往经验或交流方式不恰当，直接缺少交流互动的可能性，或者因为不熟悉情境中的文化，出现"听不懂"的状态，或者因为囿于所处立场而看不清楚人、事、物中的结构关系及逻辑，甚至片面地"固执己见"，比如见到农村社会生活的落后，大谈特谈书本上有关农村社会建设等的观点。相对来说，这些都不利于大学生对社会现实的把控和理解。在有些时候，因为涉世经验较少，青年大学生面对社会规则处于"似懂非懂"甚至"听闻"的状态。以上困境往往使得大学生抱怨社会的复杂性，将原因归结为自己不太适应社会，甚至会引导一部分大学生走向另一个层面，开始不相信书本中的那一套，甚至会觉得"读书无用"。

将大学生的社会经验和大学生社会实践活动关联起来的社会实践活动看似简单，仅仅是进入实地和深入生活而已，但是大学生因为缺少一定的涉世经验，难以与社会中的他者进行有效的沟通，更因为缺少一定的互动技巧，不会应对复杂社会中的复杂场景。比如说，因为处于"照顾与被照顾"的不对等关系中，社会实践活动中的客体用一个随口编造的理由"搪塞"大学生，这无疑会导致社会实践活动成效减半。大学生在实际社会中获得的资料信息有限时，因为对社会现象/社会事实看不全，所以自然难以看透，也不会看懂，甚至有时候还有较大可能形成"误识"。如果把这些误识拿过来作为知识，并用来丰富当下的经历[1]，其结果不堪设想。可以说，大学生在高校生活的这段时间，少则3~4年，多则9~10年，正是人生成长的关键时期，他们的知识体系搭建尚未完成，价值观尚未塑造成形，情感心理尚未成熟，需要加以正确引导。[2]

---

[1]　安德鲁·阿伯特：《大学教育与知识的未来》，王桐等译，生活·读书·新知三联书店，2023。

[2]　《习近平关于青少年和共青团工作论述摘编》，中央文献出版社，2017，第37页。

（三）大学生时间的有限性

大学生社会实践活动对于组织和开展时间有一定的要求。在时间设置方面，一般安排在节假日期间，且主要是暑假或者寒假期间。比如大学生"三下乡"活动一般安排在暑假期间，"返家乡"活动一般安排在暑假和寒假期间。对于在假期中的哪一天组织和开展社会实践活动，已有制度设计并未做出具体要求，大学生可根据实际情况自行安排。例如，社会实践队的成员协商确定时间后即可组织召开讨论会以及出行等。在时间长度方面，已有制度采取模糊设置，要求实践时长原则上不低于 7 天[①]，实质将主动权留给了大学生。大学生可以根据社会实践活动的具体内容进行灵活安排，可以比较长，也可以比较短，但是一般情况下要求深入实地的时间足够完成社会实践活动任务。从现有经验来看，在实地时间长的有 2 个月，比如到偏远山区开展支教活动；短的有 7 天，比如进行理论宣讲活动等。深入实地完成一项社会实践活动，从了解和熟悉相关环境，到组织活动以及对活动进行反思等，大致需要 7 天以上的时间。已有制度设计中的社会实践活动时间多是指深入实地的时间，这只是社会实践活动过程的一部分，而完整的社会实践活动历程，包括在深入实地前进行必要的准备，也包括从实地出来后对社会实践活动进行总结等，大致需要 3 个月以上的时间投入。

对于大学生而言，将社会实践活动放在假期，无论是暑假还是寒假，大学生都有至少 1 个月的时间。从形式来看，大学生开展社会实践活动有着充足的时间。然而，在充裕的假期中，大学生会有多种多样的安排，如回家、旅游、学习、实习等，能分配给社会实践活动的时间非常有限，尤其是能给社会实践活动留足一长段时间的可能性较小。根据已有经验，一般超过 10 天的社会实践活动非常少见。当时间有限，短时间内依赖感性认知的方式，

① 共青团中央、全国学联：《关于增强新时代大学生社会实践活动实效 深化共青团实践育人工作的意见》（中青联发〔2023〕5 号），2023 年 2 月 23 日。

势必很难有效形成对社会的正确认知，所以很多大学生的社会实践活动停留在走马观花或者观光旅游的状态。

另外，社会实践活动需要相应的花费，比如，到社会实践地点需要交通费用，在社会实践地点吃住需要食宿费用，购买社会实践资料等需要资料费，等等。根据我们对社会实践活动成本的测算，组织和开展一次最短时间的社会实践活动，平均每人至少要支出1600元。虽然大学生可以申请各类支持，但是毕竟"僧多粥少"，需要必要的竞争，而且支持的金额也相对有限，需要个人进行必要的投资。对于大学生来说，自身经济来源主要是家庭，虽然所在家庭一般也会较为支持社会实践活动，且大多数家庭能够付得起费用，但是当费用过高，尤其是结果产出并不"立竿见影"时，活动参与势必会受到家庭的约束，毕竟"钱并不是大风刮来的"。所以，很多社会实践活动的时间也会因为经济支出问题而需要控制在较短的一定时段内。根据整体情况来说，主要花费集中在深入实地阶段。可想而知，当为了节约费用，将深入实地的时间缩短时，尤其是在缺少一定专业理论知识以及缺少一定的沟通技巧等的状态下，大学生获得的信息相对来说非常有限，只能是对现实情况一知半解，难以实现从故事到知识[①]的目标。

简而言之，大学生是社会实践活动的主体，且已明白"自己去看社会，直接地去接触生活"[②]的重要性，但是，大学生专业理论知识相对有限，既有认知与现实社会有着一定的距离，又不能通过时间解决这一问题，以这样的条件去做社会实践，可以想象会产生什么样的结果。对照认知-行动迭代视角下的社会实践条件，当高等教育设置中对社会实践活动不做硬性要求时，缺少参与条件的大学生可以不参与，仅有准备好的大学生参与，所以走形式和低质量问题不会暴露出来，我们能看到的多是高认知水平大学生做出的社会实践活动成果。当高等教育设置中对社会实践

---

① 张静：《案例分析的目标——从故事到知识》，《中国社会科学》2018年第8期。
② 费孝通著，方李莉编《费孝通论文化自觉与学科建设》，商务印书馆，2021，第411~438页。

活动做硬性规定时，面对着不得不完成的社会实践活动任务，很多认知水平不足，或者准备条件不充分的大学生只能硬着头皮去完成社会实践活动目标。因此，社会实践活动"走形式"也就成为情理中的事情，这样的社会实践活动根本说不上有什么质量，最终只能呈现"形式不足、实质欠缺"的社会实践活动成果，久而久之就会产生我们所熟知的走形式、观光旅游式的社会实践活动。简而言之，大学生以现有条件难以产生高水平的认知，不能有效指导行动，作为承载体的社会实践活动也只能处于一种低水平状态。

四　从实求知的社会实践路径建构

已有认知水平与现有社会间不对等是客观事实。在短时期内，尤其是在既定时间段内纯粹提升大学生认知水平使其达到社会高度难以实现。然而，达到或接近社会高度并非不可能，只要在具体操作中借助一定的工具仍然可以实现，尤其是可以利用具有科学特质的工具，在认知和行动之间架起一座桥梁，或者说寻找能够弥补已有认知水平不足的工具，实现对行动的指导。从认知层面来看，大学生没有充足的理论知识及经验对社会现象/社会事实进行解读及解释，但可以借助科学工具对社会现象/社会事实进行测量和分析，从客观事实出发建构相应的知识体系。这种从实求知的社会实践路径，与黄宗智先生提倡的经验—理论—经验的实践路径相似。他认为，对于最好地逼近真实、最好地解决实际问题，较为重要的一方面是要收集并精确掌握相关经验资料，根据新经验证据来对现有理论做出取舍、对话、重构、创新，来形成对经验证据的更恰当的概括，借此来深化我们的认识。[①]

（一）从实求知社会实践路径的界定

从实求知，就是要从事实和实践出发[②]，深入实地收集经验资

---

① 黄宗智编著《实践社会科学研究指南》，广西师范大学出版社，2020，第 3 页。
② 北京大学社会学系主编《在田野中成长：北大社会学系"挑战杯"获奖论文选》，商务印书馆，2022。

料，在对现实的归纳概括的基础上进行知识的建构。从实求知的社会实践路径并不是朴素的经验主义方法，即对现实经验的简单总结，而是在田野调查方法作用下，穿梭于宏观理论与微观经验之间，并建立两者之间的联系。在操作过程中，大学生运用田野调查的方法，比如观察法、访谈法、问卷法、文献法等方法收集社会实践活动经验资料，并运用一定的分析工具，比如学科专业视角、概念或理论等，对社会实践活动经验资料进行科学分析，形成对社会运行与发展的有效认知，实现社会实践育人目标。对于运用田野调查方法做社会实践活动的策略，费孝通先生曾感慨自己学习中的困惑，并且感激罗伯特·派克（Robert Park）将实地研究方法引进课堂，并带他们深入实地了解现实生活，让他们亲自体会和了解被研究者的行为与心态，然后通过分析、比较、总结事实，将认知提高到理论水平。[1] 综观自身研究历程，费孝通先生曾对运用田野调查方法开展社会实践活动的策略进行总结概括：一切要以已发生的事实为基础，观察和描述"已然"；用可以观察到的事实作为材料，进行比较和分析，探索在事物发展中可能发生的情况，做出设想，然后通过思考，引出"豁然"；最后以实践去检验其正确与否，经过历史的对证，得出"果然"或"不然"的结论。[2]

运用田野调查的方法组织和开展的社会实践活动，也可谓是田野实践，其以现象学社会学的方法论与方法为前提和进路。[3] 所谓的田野实践方法并不完全等同于人类学中的田野调查方法，也不完全等同于社会学中的实地研究方法，而是多种方法的综合，并需结合大学生社会实践活动情境及特质对其进行相应的改造。其一，在社会实践活动中运用田野调查方法，主要是要规范大学生的社会实践行动，要求其按照田野调查方法的原则和技术行动，且在每一个流程需要做什么及如何做都需参照田野调查方法。相

---

① 费孝通著，方李莉编《费孝通论文化自觉与学科建设》，商务印书馆，2021，第411~438页。
② 费孝通：《农村·小城镇·区域发展——我的社区研究历程的再回顾》，载《费孝通全集》（第15卷），内蒙古人民出版社，2009，第21~22页。
③ 杨善华：《田野实践中的历史社会学》，《社会科学》2021年第4期。

对来说，这是对田野调查方法优势的借鉴和移用，赋予了社会实践活动科学性质。无论是哪一种形式的社会实践活动，都需要遵循田野调查方法的原则和要求，以此保证所获得经验资料的科学性以及对经验资料分析的专业性等。其二，运用田野调查方法组织和开展社会实践活动，注重社会实践活动的完整性与系统性。与已有的社会实践活动认知不同，社会实践活动并不是仅指深入实地进行活动的一个阶段，而是包括社会实践活动准备阶段、社会实践活动具体呈现阶段、社会实践活动总结阶段。按照田野调查方法的要求，社会实践活动流程可具体操作化为：在社会实践活动准备阶段，田野调查方法的作用在于帮助大学生进行社会实践活动选题，按照田野调查的要求绘制社会实践活动分析框架图及设计社会实践活动技术路线图；在社会实践活动具体呈现阶段，田野调查方法的作用在于要求按照科学调查方法的原则和要求对社会实践活动进行记录，即收集经验资料；在社会实践活动总结阶段，田野调查方法要求能运用可操作的分析工具对田野经验资料进行分析，归纳和提炼有关社会现象/社会事实的解释机制，并撰写社会实践报告及推介社会实践活动等。此流程中任何一阶段都不能缺少，缺少任何一阶段都会使整个社会实践活动显得不完整，并导致后一阶段难以接续。其三，运用田野调查方法组织和开展社会实践活动，不仅仅是运用田野调查方法收集资料，其更为强调通过理论和经验的对接，实现认知水平的螺旋上升。① 根据田野调查方法的要求，大学生须深入实际社会中，运用观察法、访谈法等记录社会实践活动过程，并运用专业化的理论概念对经验资料进行理性分析。在具体操作流程中，田野调查方法要求有一定的理论工具，形成相应的分析框架，但在进入实地后强调要悬置既有理论，从社会实践活动中获得经验知识，并通过对经验知识的分析来观照理论知识。当经验中的知识与理论中的知识存在差异时，运用田野调查方法组织和开展社会实践活动的路径强

① 周飞舟：《将心比心：论中国社会学的田野调查》，《中国社会科学》2021 年第 12 期。

调不盲从理论知识，而是反思差异，分析两者差异存在的条件，并以此做出判断和选择，进而完善和丰富已有知识结构。由此可见，田野调查方法不仅强调对社会实践活动的记录功能，更强调对实际行动的指导，并以此进一步强化社会实践活动的科学性特征。

简而言之，田野调查方法在社会实践中的运用，或者说田野实践方法，保障了社会实践活动的科学性，强化了社会实践活动的系统性、流程化等特征。作为一种认知工具，田野调查方法对所有类型的社会实践活动都具有一定的适用性，能保证社会实践活动的组织与开展实现规范化。与从理论教科书出发的社会实践路径不同，从实求知的社会实践路径有以下三个特征：其一，运用田野调查方法组织和开展社会实践活动，其要求悬置既有理论知识，不能用已有理论知识直接"切割"经验现象，而是基于对社会现象/社会事实的分析反观已有理论知识等；其二，通过深入实地描述社会现象/社会事实是什么，即我们常说的还原社会事实；其三，拆解社会现象/社会事实，明确社会现象/社会事实的生成机制，并以此根据相关条件和机制等判断社会现象/社会事实的发展趋势。简而言之，从实求知社会实践路径注重逻辑分析，会从对社会事实的归纳上升到社会机制分析等。相对来说，运用田野调查方法组织和开展社会实践活动，不仅仅是为了学习经验资料的收集、分析技术，更是为了学会一种科学的世界观和思维方式、一种思考和分析问题的思路。[①]

（二）从实求知社会实践路径的具体表现

1. 置社会实践活动地点于田野

田野调查方法要求调查者走出书斋，进入社会事实发生的现场，强调田野工作的地点是具有真实、具体、客观等特性的物理空间，比如城市社区、农村集市、企业组织等。运用田野调查方法组织和开展社会实践活动，意味着将社会实践活动的地点置于

---

① 乔晓春：《中国社会科学离科学还有多远？》，北京大学出版社，2017，第296页。

田野之中，面对的是城市社区、农村集市、企业组织等空间领域中发生的社会现象，尤其强调与具体空间中的人进行交往互动。与学校的知识学习明显不同，田野调查中的社会实践强调深入具体的物理空间与社会事实之中，从微观具象的田野之中获取一定的知识。对于社会事实而言，具体的空间是社会事实发生和存在的依托与条件。社会事实脱离具体的空间之后，显然会变得没有边界和更为抽象，对于大学生来讲可能会显得不真实，使大学生难以理解社会事实为什么会发生。事实上，空间的存在为社会事实划定了范围和边界，让包括大学生在内的调查者能在有限的时间内形成一定的认知。否则，当范围和边界无限地扩大，对于社会事实的把握也就超过了调查者的能力，相对来说也就失去了可能性。对于大学生而言，在社会实践中，深入具体的物理空间之中，要与田野中的人和物打交道，更多的时候面对的是一个陌生的空间与不熟悉的社会现象①，但也容易发现差异，找到问题和社会事件。

在大学生社会实践中，不论是做什么样选题的社会实践活动，首先要予以明确的是社会实践活动必须置于具体的空间之中。比如，我们以"地域特色产品市场流动调查"为主题进行社会实践活动，首先需要确定的是社会实践活动的空间。只有确定了社会实践活动的空间，我们才能确定社会实践活动的具体对象。如果缺少具体的空间，社会实践活动的具体对象则具有模糊性。毕竟日常生活中的地域特色产品太多了，地域特色产品只是一个抽象的名词，是对所有区域中的地域特色产品的一个统称。如果以统称去认知和理解地域特色产品，不仅在认识层面有一定的难度，而且还处于"空对空"的状态，对于思想层面的认识水平提升并无意义。相反，如果进一步确定地域特色产品内容，比如明确要开展对核桃产品的调查，则有利于认识深化。但是，在实际生活中种植和加工核桃的地方过多，不是仅有一两个地方，而是遍布

① 古塔、弗格森编著《人类学定位——田野科学的界限与基础》，骆建建等译，华夏出版社，2005。

于全国各地,可见对于核桃的探究在一定程度上仍然处于抽象状态,甚至有些虚无。对于实践中的大学生而言,开展这种探究难免会有夸夸其谈之嫌,不能发现微观社会中的机制。① 但是如若将核桃具体定位到某一特定的空间之中,比如调查山西某地的核桃,或者云南某地的核桃、湖北某地的核桃,社会实践活动的指向对象相对来说就会比较具体。当我们进行深入探究时,我们能够明确某地核桃成为地域特色产品的条件,能够明确其流动具体的发生过程。事实上,这样做也缩小了大学生社会实践活动的空间,并且将社会实践活动的空间固定在某地域之内,相对来说也在大学生的能力操控范围之内。如果没有这样的一个具体空间,大学生很难驾驭社会实践活动。

将社会实践置于田野之中,在形式上是找到具体的对象,将实践落实到行动之中,反过来说,就是用行动做实社会实践活动的"实践"特性;在实质上则是通过进入田野空间之中,经由对微观经验的分析,使认识上升到宏观层面,通过在微观与宏观之间穿梭实现逻辑层次的上升②,进而实现社会实践育人目标。

2. 用田野调查方法收集资料

经验资料收集主要是指用田野调查方法收集资料。这主要是田野调查的第二阶段。经验资料收集是社会实践活动的重要内容,具有承前启后、承上启下的作用。在社会实践活动中,经验资料收集是对前期社会实践活动设计和组织方案的落实,更是为后期的社会实践分析提供基础,也只有将社会实践分析建立在既有的经验资料基础之上,社会实践分析才会避免"空对空"地分析,才会言之有物。

在操作过程中,经验资料主要是指有关社会实践活动记录的资料,包括档案资料、现场记录资料等。从形式上来说,可以是

---

① 赵鼎新:《论机制解释在社会学中的地位及其局限》,《社会学研究》2020 年第 2 期。

② 王宁:《代表性还是典型性?——个案的属性与个案研究方法的逻辑基础》,《社会学研究》2002 年第 5 期。

音频资料，也可以是图像资料以及对应的文字资料等。有些资料是已经成形的资料，比如档案资料中的台账和社会成员的日记、账本等。有些资料是只有对原始信息加以记录才能形成的，比如现场的谈话记录等。无论什么样的资料都有着共同的特征，即能够真实反映社会实践活动主题，或与社会实践活动主题相关等。所以，在收集资料时，较为注重其与社会实践主题的关系。

田野调查方法强调深入实地，运用系统观察、访谈、档案资料收集①、问卷调查等方法收集资料。系统观察主要强调运用自身的眼睛去记录社会现象，看看社会现象是什么状态；访谈主要是通过询问聊天的方式了解社会现象；档案资料收集主要是通过查阅相关记录了解社会现象内容；问卷调查主要通过调查问卷和量表记录社会现象；等等。在数字化之前的社会实践活动中，大学生主要通过将自身作为记录的工具进行资料收集，比如用眼睛观察、到档案室查阅档案、分发纸质问卷等。随着科学技术的进步，现有的调查形式较以往也发生较大变化，比如用相机、手机、录音笔、远程电话及电子问卷等工具或形式获取相关经验资料。至于对上述方法的评价，根据经验可知，方法并无优劣，只有适合与否，且适合与否的标准在于能否收集到丰富翔实的经验资料。并且，现代工具的使用与否，关键也在于是否符合田野调查需要。在具体实践过程中，使用了现代工具也并不代表就能收集更多的资料，有时也会产生负面的作用。比如，有的受访对象不习惯录音录像，见到录音录像设备便没有了接受访谈的意愿等。

在田野调查过程中，能反映社会实践活动主题的资料较多，在具体执行过程中，要在有限的时间内尽可能收集反映社会实践活动主题的经验资料，这就要求做到"优中选精"，要有选择性地收集经验资料。当经验资料收集充分时，社会实践活动的第二阶段也就结束了。对于经验资料收集充分与否的判断，我们的标准

---

① 马凌诺斯基：《西太平洋的航海者》，梁永佳、李绍明译，华夏出版社，2002，第4页；A.R. 拉德克利夫-布朗：《原始社会的结构与功能》，潘蛟等译，中央民族大学出版社，1999，第212页。

主要有两方面：一方面，在所在的田野之中，通过调查能够了解到的信息是否已出现一定的重复性，如果已出现，就表示收集到的经验资料已经处于或即将进入饱和状态，需要做的则是收尾工作；另一方面，收集的经验资料能否完整呈现社会实践活动过程，即有效讲出一个有关社会实践关注现象的"故事"，如果这个故事有漏洞，或者还有自己不太满意的地方，则需要进一步收集资料以解决发现的问题。在具体实施过程中，要将两个方面相互结合，最终判断是否要结束经验资料的收集工作。当然，即使在后面分析与写作等过程中缺少相应的资料，也可以通过回访或者电话沟通形式获得所缺少的资料等。

3. 用田野调查方法理解社会事实

用田野调查方法理解社会事实主要是指，遵从逻辑论证原则[①]，将社会事实放置于一定的现实空间之中，借助一定的学科工具，比如学科视角、概念或理论等，对其进行理性分析，进而形成有关社会事实的深度认知以及对社会变迁与发展的认识。一方面，认识经验现象并不是社会实践活动的全部，社会实践活动的根本目标在于通过对经验现象的分析达致对社会运行规律的把握，即通过经验现象来分析事物规律。另一方面，或许所掌握的经验资料是一种碎片化的资料，带来的结果是我们的认知也会处于一种碎片化的状态，要想打破这种状态，关键在于运用理性思维进行必要的分析。简而言之，经验现象只是社会事实呈现的一种形式，且在具体的时空中以一种可被看见与感知的形式表现出来。从实求知并不是说仅仅依靠现有的经验资料来判断社会事实，而是要有深入的理性分析，也只有经过一定的分析，才能判定社会现象的实质。因此，这也是田野调查方法中较为重要的阶段，并且是社会实践活动中最难的阶段。[②] 毕竟对经验资料的分析，直接

---

① 约翰·斯图亚特·穆勒：《逻辑体系》（一），郭武军、杨航译，上海交通大学出版社，2014。

② 应星：《"田野工作的想象力"：在科学与艺术之间——以〈大河移民上访的故事〉为例》，《社会》2018 年第 1 期。

反映出了大学生的认知水平，也直接决定了社会实践报告最终呈现状况。资料分析深入，相对来说对社会现象的认识就较深刻，呈现出来的社会实践报告就能对读者产生深远的影响。这也就达到了实践育人的目的。事实上，这种包含了深入分析的实践由此也就和已有的形式化实践有了一定的区别。

运用田野调查方法组织和开展社会实践活动主要强调运用专业的视角和方法分析经验资料。首先，要有一定的立场[①]，即站在社会现象中某类行动主体的立场去对社会现象进行相应的阐释。根据经验，为了保证叙述的"中立"特色，往往会站在第三方的角度，按照社会现象的发生过程展开叙述。其次，要有一定的专业视角，比如经济学视角、社会学视角、政治学视角等。视角的不同意味着对社会现象的分析重点不同，比如经济学视角较为强调经济利益的计算，社会学视角多重视社会结构关系，政治学视角更重视权力资源配置，等等。最后，要找到一个分析概念[②]，这个分析概念好似一个框架，有力地对经验事实进行必要的切割，使得经验分析有系统性结构，并呈现出一定的逻辑。

在经验资料分析阶段，我们的经验做法是一边读经验资料，一边读文献。通过两方面的对比和对照，找出分析的切入点，即社会现象的哪个方面可以分析、哪个方面需要分析，哪个视角能够有效促进对社会现象的深入认知等。视角、概念等并无优劣之分，对其的选择只取决于其对社会现象的解读和解释是否合适等。如果对某个视角、概念等不熟悉，可以通过文献阅读的方式增加自身在这个方面的知识。在选用视角和概念方面，尤其是在选用概念方面，要理解概念，更要了解概念的适用范围及条件。否则，容易出现误用和滥用的状况，导致对经验资料的分析出现偏差。如若既有概念应用的范围及条件与经验资料有偏差，但在主观层面又非常期望能够使用此概念，则可以对其加以修正，但需要补

① 陈映芳：《从田野到理论——社会学札记》，上海人民出版社，2023。
② 侯龙龙：《质的研究还是新闻采访——同陈向明博士等商榷》，《社会学研究》2001年第1期。

充一定的条件并加以说明。当然，在这个过程中也可以通过归纳经验资料建构有效分析概念等，但需要注意经验概念的内涵和外延关系。

对于经验资料的分析永无止境，分析完成的标准主要有事实呈现清晰、道理讲得清楚、有对应的结论等。① 不能出现内容事实不清、分析较为混乱、没有结论等情况，出现这些状况，则说明分析出现了问题。在社会实践操作过程中，很多社会实践活动要么没有分析，其成果类似于社会实践日志，要么分析浅尝辄止，生拉硬扯地建构理论与经验间的关系。

（三）从实求知社会实践路径的三个层次

社会实践活动的结果呈现主要表现在对社会实践活动的总结概括与分析层面，最终以社会实践报告的形式表现出来。反过来说，社会实践报告反映了大学生社会实践活动的收获，也是评价社会实践活动的主要参考内容。在归纳和分析已有社会实践活动成果时，大学生社会实践活动报告可以划分为描述性社会实践报告、解释性社会实践报告、创新性社会实践报告。

1. 描述性社会实践报告

描述性社会实践报告主要是对社会实践活动的记录，告诉读者社会实践活动具体内容是什么及活动展开的过程等，如社会实践的主题、地点、参与人员、方法、经过、结果等。对于描述性社会实践报告的评价标准的重点是社会实践报告是否能够讲清楚社会实践内容。为了讲清楚社会实践内容，一篇完整的描述性社会实践报告主要涵盖四个方面的内容：明确的调查问题、清晰的调查方法、有条理的事实呈现、有总结的结论。

其一，明确的调查问题。这一部分主要阐述社会实践关注的主题和具体的问题是什么，以及为什么要关注这个主题和问题、在什么样的社会背景和情境下关注这个主题和问题、通过关注这

---

① 折晓叶：《"田野"经验中的日常生活逻辑：经验、理论与方法》，《社会》2018年第1期。

个主题和问题想要达到什么样的目标等。

其二，清晰的调查方法。这一部分聚焦于方法和案例的阐述，如针对社会实践聚焦的问题采用了什么样的方法收集经验资料、如何收集资料、收集了多少经验资料及收集了什么样的经验资料，具体包括调查的对象、调查的地点、调查的内容等。

其三，有条理的事实呈现。这一部分强调对社会实践聚焦问题的分析，并以一定的逻辑展开叙述。常见的形式主要有两种，一种是按照类型进行叙述，对所关注问题中的行动主体等进行分类，分别阐述每种类型的实际表现等；另一种是按照时间顺序展开叙述，比如按照事件进展、发生先后的顺序等展开叙述。

其四，有总结的结论。这一部分重点在于归纳经验事实的特征及结果，即在前述事实呈现的基础上，对前述事实呈现进行回应，如总结社会实践活动聚焦的问题有什么样的特征、表现出来的特性是什么，以及通过联系前述问题与具体内容反思和回应社会实践活动关注的问题与主题等。

由此可见，描述性社会实践报告的呈现形式并不是流水账。具体来说，与记流水账式的记录方式不同，描述性社会实践报告不是按照人物对象的类型进行记录，也不是按照时间地点一条一条地进行记录，而是围绕社会实践活动主题，针对社会实践活动关注的具体问题和对象进行叙述，目标是呈现社会实践活动的内容。并且，一篇描述性社会实践报告往往只关注一个具体的问题，这个具体的问题可以拆解为多个子问题。如果说流水账式的记录形式是对经验资料的整理，那么描述性社会实践报告则是通过对经验资料的再整理分析，从中梳理出一条清晰的线索，有条理地告诉读者社会实践的内容。如果说流水账式的记录是原材料，具体事实和问题相对较多，那么描述性社会实践报告则是初加工产物，是通过对原材料的筛检而形成的更有针对性的一篇报告。从读者的角度看，描述性社会实践报告要能够让人通过阅读明白社会实践报告的事实和观点，并且读起来相对较为流畅，让人读完之后有一定的收获，如能够明确社会实践活动是什么、社会实践活动的过程、社会实践活动的结论等。

相对来说，描述性社会实践报告的撰写难度系数较低，任何一个具备一定基本文化素养的个体都能完成，但需要时间和耐心。要在具体操作过程中，通过对社会实践经验资料的梳理，确定聚焦的具体问题，梳理出对应的线索，然后对描述性社会实践报告的结构性内容进行填充。简而言之，描述性社会实践报告的重点在于对社会实践活动内容进行描述，但需要注意的是，社会实践活动中的问题或许过多，描述性社会实践报告只关注一个问题，讲清楚一个事件即可。撰写描述性社会实践报告可以说是一项有关表达的基本能力。拥有一定表达能力的社会个体，在时间和耐心的加持下完全可以胜任报告撰写工作。

2. 解释性社会实践报告

解释性社会实践报告旨在对社会实践活动关注的现象或问题进行必要的阐释和解释，如解释社会现象或问题为什么会出现、出现的条件是什么及如何应对等。对于社会现象或问题的阐释和解释并不是随意地进行的，而是借助一定的理论分析概念。解释性社会实践报告建立在描述性社会实践报告的基础上，在对社会现象或问题深入了解和把握的前提下对社会现象或问题进行阐释和解释。相对于描述性社会实践报告，解释性社会实践报告在其结构的每一部分中都增加了一些内容，并且增加了启示与讨论的部分，具体包括问题提出、方法与案例、事实呈现、事实分析、启示与讨论等。[1]

第一，问题提出部分主要强调在明确分析问题的基础上，聚焦已有文献对既有问题的分析，明确已有文献对既有问题的分析达到了什么层面、用的是什么样的方式、得到的是什么结论等，以此进一步明确分析问题的方向、路径和目标等。其中，在对路径进行阐述的过程中，也基本明确了分析的视角、概念及框架等。

第二，方法与案例部分着重针对经验资料有哪些及来源进行介绍，强调获取经验资料方式方法的科学性，经验资料的真实性、客观性与多样性，并更多聚焦后续事实呈现与分析中需要运用的经验

---

① 彭玉生：《"洋八股"与社会科学规范》，《社会学研究》2010 年第 2 期。

资料，对经验资料进行简述和分析，比如对受访者的特征，尤其是与研究问题相关的特征进行分析等。

第三，事实呈现部分主要根据前述理论概念或分析框架对问题进行操作化，好似拿着一个模具，分别从几个方面对事实加以阐述。这一部分通过对经验资料的再加工还原经验事实本来状态，或者说是梳理问题的来龙去脉。

第四，事实分析部分是对前述经验事实的分析，或通过归纳总结呈现出其特征，或用理论概念对现象或问题出现的条件进行分析，更多的时候关键在于指出现象或问题出现的机制，类似于探究铁在自然环境中生锈的氧化机制等。

第五，启示与讨论部分是全文的落脚点，一方面要总结已有分析，分条分类地阐述得到的结论，并以此回应分析的问题；另一方面要说明通过既有分析得到的启示，指出引导和规范社会现象或解决社会问题可以采取哪些积极措施。此外，还要讨论现有分析结论存在的条件以及后续还需进一步分析的内容等。在这里需要予以注意的是，一方面，建议一定要有一定的出发点，或者说要有一定的依据，这个依据并不仅仅是事实单方面的依据，而是结合理论概念经过一定思考之后开出的"药方"，否则提出建议都是在信口开河，不负责任地夸夸其谈；另一方面，讨论不是检讨，更不是否定自我，处处指出事实分析及社会实践活动存在的不足与缺陷，而应该是指出再次开展社会实践或者再次关注此类问题时应该继续给予关注的内容等。

解释性社会实践报告在描述性社会实践报告的基础上往前走了一步。相对于描述性社会实践报告，解释性社会实践报告在事实呈现的基础上强调对事实的分析，即参与社会实践的大学生如何看待社会事实。运用一定的分析工具，使有关社会实践的看法上升到有理有据的层次，且具有较强的逻辑性、系统性等。如果说描述性社会实践报告是一种有条有理地呈现社会事实的报告，那么解释性社会实践报告则是有理有据地验证观点的报告。因为有了深度的分析，社会实践活动及其报告的价值得以提升。在大学生的成果中，能进行解释性层面分析的社会实践报告相对较少，并不是因为其撰写难度系数提高，而是因为需要投入较多的努力，比如阅读已有文献、选取合适的分析概念、在必要的经验资料中做取舍并联系理论对其进行归纳总结等。简而言之，解释性社会实践报告强调理论联系经验，且更为重视理论知识，将理论知识视为一个有力的分析工具，依托于理论工具展开分析。

3. 创新性社会实践报告

创新性社会实践报告的重点在于对社会实践活动的主题及问题提出新颖的解释及丰富理论知识体系，具体表现在新颖的观点与结论、有分析力的概念、具有操作性的政策建议等方面。

创新性社会实践报告的价值不仅在于描述与解释社会现象和问题，更在于探究社会现象和问题出现与存在的机制，以及更深层次地探究社会现象和问题的影响机制，深化我们对社会现象和问题的认知与理解，或者通过对社会现象和问题的分析，修正已有解释性概念与理论，以及提炼和归纳具有解释力的概念等。[①] 在报告的结构安排方面，创新性社会实践报告与描述性社会实践报告、解释性社会实践报告有着基本相似的内容要求，只是每个部分突出的重点内容不同而已，具体包括问题提出、分析方法与案例、经验事实呈现、经验事实分析、经验机制建构、结论与讨论等部分。

其一，问题提出部分主要讲述问题如何而来、在什么样的结构与情境下探究这个问题、探究这个问题的价值，尤其强调问题分析的价值在于重构对于现象或问题的认知，或者在理论层面修正相应的概念理论知识等。其中，有关此问题和现象的已有研究评述会占据较大篇幅，报告从中明确分析的方向和重点等。

其二，分析方法与案例部分主要着重进行对方法的讲述，侧重于使用什么分析概念、如何进行分析等，而对于经验资料收集过程着墨较少。常见的呈现形式是用大量的篇幅阐述分析概念或分析框架的建构等。

---

① 黄宗智：《连接经验与理论：建立中国的现代学术》，《开放时代》2007年第4期。

其三，经验事实呈现部分主要讲述社会现象或问题的来龙去脉及其表现，并且仅简单呈现分析的内容，能保证现象或问题的完整性即可，不必对经验事实进行细致还原。

其四，经验事实分析部分主要运用前文建构的概念工具对已呈现的事实进行分析，或指出所分析问题下社会现象或具体问题的特征，又或者着重分析问题产生的过程。常见的形式主要是夹叙夹议，将经验事实呈现和经验事实分析合在一起进行叙述。

其五，经验机制建构部分强调抽离经验事实，从抽象的层面思考社会现象或问题中的多主体间的关系，进而分析影响社会现象或问题产生和存在的条件及其作用形式等。

其六，结论与讨论部分主要回应前文问题，并强调新观点、新概念等与已有文献的不同，尤其注重差异化优势的展现。

作为联系行动和认知的活动，社会实践活动的最高理想状态是超越个人的认知，并将个人的认知上升到知识层面。与前面两种类型的报告不同，创新性社会实践报告的重要特点在于"创新"，这表现在与已有内容的不同上，并且这种不同是有益的不同。这种不同的出现有利于对社会现象或问题的认识，有利于丰富关于社会变迁与发展的知识，有利于知识累积等。在操作中，进行创新性社会实践报告的撰写相对较难，不仅要在写的过程中努力，更需要将精力集中在分析的过程中；不仅需要掌握大量的经验资料，更需要有着深厚的文献积累，还要有批判性思维，能理性分析不同概念背后的知识体系，明确其适用条件和范围，能从经验资料中归纳提炼具有解释力的概念等。

简而言之，描述性社会实践报告、解释性社会实践报告和创新性社会实践报告是社会实践内容呈现的三种形式。三者体现了社会实践活动的不同水平和层次，可能社会实践活动内容相同，但是因为社会实践重心和目标指向不同，所呈现的社会实践内容也有着较大的差异。从描述性社会实践报告走向创新性社会实践报告是一个迭代的过程。解释性社会实践报告是建立在良好的描述基础之上的。如果对社会实践活动内容不能够进行好的描述，那就相当于建房过程中基本的材料没有备齐，在缺少材料的情况下，很难进行有效的解释，并形成良好的解释性社会实践报告。同样，创新性社会实践报告建立在解释性社会实践报告的基础之上。如果没有良好的解释性社会实践报告，就意味着没有对既有知识体系中有关社会现象或问题的相关解释进行充分了解，难以为总结和提炼经验性概念奠定基础，甚至有时候归纳和提炼的概念缺少解释力。因此，要写出优秀的社会实践报告，不仅需要在社会实践选题和设计时进行必要的发力，更需要获取丰富翔实的经验资料，以及对经验资料进行充分的理性分析，从而保障社会实践报告水平螺旋式地上升。

五 运用田野调查方法组织和开展社会实践活动的流程

当考虑社会实践活动时，大学生习惯于直接跳跃到思考选择社会实践地点的问题。我们提倡运用田野调查方法组织和开展社会实践活动，主要目的在于引导学生将社会实践活动视为一个过程，并基于认知-行动迭代的关系，训练学生进行从具体到抽象的思考，再将抽象的认知与实践相结合，最后通过对经验的总结与归纳反思和修正既有的认知。在具体操作中，将社会实践活动嵌入认知-行动迭代关系之中时，具体可以将社会实践活动划分为七个阶段。

第一个阶段是实践选题阶段，主要是选择社会实践活动的形式和主题，比如在形式方面，是选择支教活动，还是选择社会调查活动或理论宣传活动等。确定社会实践活动形式之后，重点要讨论的是社会实践活动的主题，即社会实践活动所关注的现象。面对纷繁复杂的社会现象，运用田野调查方法组织和开展社会实践活动的路径要求学生按照社会事实的标准从日常生活中选择熟悉的社会现象，并针对他们会选择的每一个社会现象制订一个选题方案，具体内容包括选题是什么、选题的目前研究趋势、学生的优势和开展实践的条件、选题能够做出的成果等。每部分内容不需要过多，在300字左右，保证讨论的时候每位同学都能够对选择的主题有所了解。在讨论过程中，汇报的同学的任务主要在于描述对应主题的具体现象，参与的指导老师及学生则会提出诸多疑问，比如现实意义、操作可能性、长远影响等。根据我们的经验，因为存在社会事实相关标准，讨论者可以避免天马行空式的讨论，往往能够集中地在两到三个主题中进行选择。并且，通过具体展示及充分讨论，参与的老师和同学会结合选题方案进行判断，以便确定选题是否可行，或者在众多选题中优中选优。

第二个阶段是主题设计阶段，主要是对已经确定的社会现象进行解构（拆解），明确社会实践主题、问题、学科视角、分析概念等，绘制一张分析框架图。首先，针对确定的社会现象，查找和阅读相关文献，明确不同学科对于该现象的阐释及形成的相关结论。在此过程中，要求学生宽泛地查找和阅读文献，不限学科、语言等，但至少查找 20 篇有关该现象的研究文献，且不能缺少关键文献[1]，此外要熟读所查找的文献，形成相应的阅读笔记[2]。然后，学生带着阅读笔记进行交流。讨论主要从研究问题描述、研究方法、研究结论以及研究反思角度展开。最终，通过交流讨论，达到三个目的：其一，找到选题相关研究的重要问题和内容，由此确定社会实践活动主要要解决的问题；其二，对比不同学科的阐释，找到较优的问题思考路径，比如学科视角、立场等[3]；其三，查找所立足的学科中的概念及理论来概括既有现象，以及将确定的概念或理论作为分析工具，从理论层面解构既有现象，形成对应的社会实践活动提纲。

第三个阶段是社会实践活动组织阶段，主要是根据已经确定的内容准备好开展社会实践活动的条件，主要包括社会实践活动的参与人员、活动地点、活动物质经费、活动的时间安排等，以

---

[1] 在文献查找和阅读的过程中，由于缺少一定的科学研究经验，学生习惯于选择简单文献，比如只有 1 页的文献。对此，指导教师要指出重点文献及关键文献，并向学生示范查找和阅读文献的方法。

[2] 黄宗智编著《实践社会科学研究指南》，广西师范大学出版社，2020。

[3] 周雪光、赵伟：《英文文献中的中国组织现象研究》，《社会学研究》2009 年第 6 期。

此绘制一张技术路线图。首先，通过适当的项目宣讲找到匹配的人员，即志趣相投人员，一般要求社会实践队成员不少于5人，不多于10人。其中，社会实践队中有3个成员必不可少，即社会实践队长、财务负责人、宣传负责人。在人员分工方面，社会实践队长统筹全局，协调社会实践活动诸事宜；财务负责人的职责不仅在于做好财务报表，更在于做好财务统筹规划，有效争取外在资源；宣传负责人利用不同形式展现社会实践活动及其过程。其次，确定社会实践活动地点，并和该地点的相关人员进行沟通，明确到当地开展社会实践活动需要准备的条件。再次，协调社会实践队成员的参与时间，合理安排社会实践活动时间及进度。最后，综合前述选题方案、分析框架图和技术路线图，形成一定的申报书或社会实践活动手册，递交到相关社会实践活动组织单位等，获得必要的物质经费支持。

第四个阶段是社会实践活动开展阶段，主要是利用田野调查方法记录社会实践活动过程，收集经验资料。在运用田野调查方法组织和开展社会实践活动的路径下，社会实践队首先会和社会实践活动点的负责人建立联系，进行关于社会实践活动流程及社会实践内容的沟通。到达社会实践活动点后，要与社会实践活动点的相关负责人进行必要的简单座谈，简要了解社会实践活动点及社会实践活动关注问题的基本情况，然后将准备好的档案清单交给社会实践活动点相关负责人，请其提供相关资料。接着，社会实践队会要求对方带他们在社会实践点进行边界行走，并明确社会实践活动点中了解所调查问题的重点人物。在接下来的时间段中，社会实践队员根据相关信息访谈了解调查问题的受访对象。① 在此过程中，有时也可能运用问卷调查的方法对社会实践活动点中的受访对象进行调查，收集相关经验数据。根据经验事实的饱和度要求，社会实践队大概会在一个社会实践活动点中停留10天以上，并采取白

---

① 对于调查现象和受访对象相关信息的掌握主要依靠三条路径，一是在未到社会实践活动点前，利用互联网查找当地有关该现象的报道，明确受访对象；二是在座谈及走访过程中，与了解该现象的重要知情人进行沟通；三是在访谈过程中通过滚雪球的方式确定相关受访对象。

天调查、晚上讨论的形式，以保障调查方向正确及调查深度足够。当经验事实饱和①时，社会实践队会带着一些疑问再次和社会实践活动点中的负责人以及更上层的部门人员进行座谈，或进行必要的深度访谈，解决一些疑惑，以及顺便回收档案文献资料。

第五个阶段是社会实践资料整理分析阶段，主要是对已收集的资料进行分类归档，并梳理出有关社会实践活动中关注现象的结构。对于资料分类归档，首先，将录音材料、视频材料等转换为文字稿。其次，整理受访对象信息，进行清晰的编码，形成必要的整合性表格，并使其与文字稿材料对应起来，以便后期查阅。如若有问卷调查数据，则需要按照问卷调查要求将经验数据录入数据库，随后对数据库中的数据进行管理，如采取一定的方法对奇异值进行处理，形成可供使用的数据库。最后，建立经验资料文件库，比如对不同类型的受访对象进行分类等，以此保证经验资料清晰明确。对经验资料的梳理主要强调通过对经验资料的阅读，理清社会实践活动关注的现象，或者梳理出社会现象产生与发展过程，又或者讲清楚社会现象中的各主体及其关系，形成一个接近实际的故事。在梳理经验资料的视角方面，我们强调结构性思维，基于借助理论概念工具形成的分析框架，在还原事实的同时，通过对比凸显出必要的特征及规律。如若在这个叙事过程中对有些内容不清楚，或者缺少一定的资料，还可以进行必要的回访。

第六个阶段是社会实践报告撰写阶段，主要是通过社会实践报告的形式呈现社会实践活动过程，尤其注重对社会实践活动中关注现象的分析及相关观点的提炼。在具体操作中，其一，强调社会实践报告结构完整性，要求社会实践报告必须包括必要的内容，如社会实践问题、社会实践方法、社会实践分析内容、社会实践分析结论、社会实践讨论等。并且，报告总体限制在 15000 字左右，各部分内容保持一定的平衡，均在 2000~3000 字。其二，强调社会实践报告逻辑性，要求社会实践报告不仅能够具体、客

---

① Mario Luis Small. "'How Many Cases Do I Need?': On Science and the Logic of Case Selection in Field-Based Research." *Ethnography*, 2009, (1).

观、真实呈现社会实践活动过程，更有有理有据的分析，在避免主观层面"自说自话"的同时，更要避免"逻辑不足、辩证有余"。其三，强调社会实践报告的实质性，要求社会实践报告不仅能够讲清楚一个现象，而且有自己的看法和观点，同时要有一定的超越，从微观走向宏观。尤其是在社会实践报告的讨论部分，我们强调要回应前文提出的问题，给出相应的答案及说法，更为注重对相关问题的理论回应和延展性讨论等。

第七个阶段是社会实践推介阶段，主要在不同时期通过不同的形式向外界他者展示社会实践活动，传播社会实践活动观点。在社会实践活动开展初期，通过讲述社会实践活动设计书，获得必要的认同和支持。在社会实践活动开展过程中，通过撰写新闻稿等形式呈现社会实践过程，加深社会中的他者对社会实践活动的认识。在社会实践活动后期，通过举办展览、参与各类调查比赛及评先评优活动等，向社会中的他者展示社会实践活动过程及社会实践发现，扩大社会实践活动的影响。在社会实践活动的推介过程中，要求社会实践成员不仅能够做出社会实践活动成果，而且具有较强的表达能力，能够深度展示社会实践活动成果，便于社会他者接收有关社会实践活动的信息。与此同时，社会他者在接收相关信息的时候也会对社会实践活动提出必要的疑问，社会实践成员要善于接受，并据此完善社会实践活动成果。

对于田野调查方法的学习主要分为两个阶段，第一个阶段是进行必要的理论学习，明确田野调查方法是什么、田野调查方法的原则和要求，学习田野调查方法具体技术，包括实地调查设计技术、资料收集与分析技术、社会实践报告撰写与推介技术等。在此过程中，可以自学相关教程，也可以于在校期间选修相应的通识课程。第二个阶段是实践操作阶段，将学到的理论知识运用到实地中，并通过应对实际情况熟练掌握田野调查技巧。在我们的经验中，往往是两个阶段的学习结合进行，边学边结合社会实践活动进行实际操作，类似于"干中学"模式。[①] 田野调查方法是

---

① 朱玲：《实地调查基础之上的研究报告写作》，《经济研究》2007年第1期。

应对大学生时间有限问题的工具，在学习理论的基础上，要将其付诸实践，并根据实践反馈，不断修正和完善既有方法，以此更好指导社会实践活动。因此，田野调查方法的学习与社会实践活动组织和开展是协同进行的，在此基础上对两者进行有效整合，就会形成本书强调的"田野实践方法"及其"范式"①。

六 运用田野调查方法组织和开展社会实践活动的案例

上述分析是对我们组织和开展社会实践活动经验的总结。我们强调田野实践方法，在社会实践活动中坚持发挥大学生的主体性，通过深入实地与采用田野调查方法，依托于对经验社会事实的描述和分析，深入了解中国社会结构及运行机制，培育大学生科学思维与责任担当。以下我们将通过展示近些年撰写的部分社会实践报告，呈现我们组织和开展田野社会实践活动的经验，进一步剖析认知-行动迭代关系下的社会实践活动过程，强化对"从实求知"路径的社会实践活动的理解，以期实现社会实践育人的高质量发展目标。

《关系网络运作：贫困山村经济组织的成长——基于黔西北路村的调查分析》是我们 2014 年暑期第一次带学生开展社会实践活动，也是初次尝试运用田野实践方法开展社会实践活动的成果。在黔西北路村，对当地砂石场、山泉水厂、砖厂、蔬菜基地等村内经济组织的观察和对经营者及村民的访谈，给了我们一个启发，让我们了解到，在一个贫困的山村，为何会有如此多的企业经济组织，他们如何筹集生产要素，怎样经营和发展。基于对文献的把握和对经验资料的分析，社会实践报告采取社会结构中的社会资本分析视角，立足于经济组织的社会基础，从动态过程角度探究了关系网络运作与企业组织创办和成长间的关系，揭示了经营者基于乡土社会的基本结构和依据功利性原则理性运作关

---

① 托马斯·库恩：《科学革命的结构》，张卜天译，北京大学出版社，2022。

系网络的两种行动逻辑。

乡村产业发展已经成为城镇化和工业化的重要领域，依然生活在乡村社会中的主体，尤其是具有小农特性的行动主体则成为其形塑的对象。《农业产业化对留守老人生计的影响——基于中部地区某村庄树莓产业的经验分析》关注城镇化和工业化影响下的老年人生计问题。通过对中部地区一个村庄树莓产业的调查，我们发现，树莓产业链中有着大量老年人的身影，他们从事着不同的劳动工作。结合社会实践活动中的观察和访谈资料，我们提出了经验性问题：乡村产业发展对老年人产生了什么样的影响？留守老人是否可以通过农业产业化自主化解其困境？在具体分析中，社会实践报告主要从利益-关系-身份三个维度展开分析，探究了不同年龄段的老年人在乡村社会产业发展中的行动及其主体性问题，并以此推动我们对积极老龄化的思考，强调分工体系下老年人的社会参与性等。

随着精准扶贫战略的实施，减贫与发展问题成为社会各界共同关注的话题。正确识别帮扶对象是精准扶贫的基础与首要任务。只有明确帮扶对象，才能有针对性地实施具体帮扶措施。因此，面向国家发展战略及现实性需求，探究精准扶贫中贫困户的识别问题是一个非常有社会价值的社会实践活动主题。《农村贫困家庭的多维表达及精准识别——基于豫中三村的经验分析》是对精准扶贫中贫困户识别问题的经验呈现。其通过对豫中三个乡村经验资料的分析，展现了现实生活中的精准识别过程中贫困的多维表达及其差异性，强化了"贫困是一定客观事实基础之上的社会建构"的观点，并以此回应了现实生活中为何"瞄不准"的问题，深入思考了现实生活中的行动及其结构问题。

与以往减贫和发展的制度安排不同，精准扶贫与全面建成小康社会对接。作为一项全民参与的制度安排，精准扶贫不仅影响着乡村社会中的贫困户，还影响着非贫困户及乡村社会结构。因此，在精准扶贫实施的过程中，记录精准扶贫的历程、探究精准扶贫的实施结果有着较大的现实价值与理论意义。《精准扶贫与农户发展——基于鄂东县三镇的经验分析》是基于在鄂东开展田野实践时获得的经验资料形成的社会实践报告。通过对在鄂东三个乡镇开展社会实践活动时所收集的经验资料的分析，从贫困户、普通农户、村庄精英三类农户群体出发，描述和分析了精准扶贫制度在资源分配方面的特征，并发现精准扶贫对不同农户生产发展产生了不一样的影响，深刻地影响着乡村社会结构及秩序。这一社会实践活动的发现促使我们思考脱贫攻坚结束后如何应对和稳定乡村社会结构的变动及秩序。

城市社会中底层及边缘人群的居住问题成为认识和理解社会复杂性的一个有效切入点。在大流动时代，城中村是城市社会中底层及边缘人群的集中居住地。然而，随着城市的发展，城市更新及城中村改造等都压缩着他们的居住空间以及影响着他们在城市社会中的适应情况和融入度。在居住空间变动的状态下，居住在城中村的他们将何去何从？《城中村改造后租户的居住状况及其原因分析》通过对武汉小何西村的田野调查，分析了居住在小何西村的租户如何应对居住空间的压缩问题，发现他们要么选择商品房小区中的公寓房或单间，要么选择居住环境更不友好的群租房，要么选择离开等。从居住问题可以看出，城市社会中底层及边缘人群在城市中承受着一定的社会排斥，边缘性流动成为他们生活的底色。

在新时代的乡村社会中，由于所处的场域、扮演的角色、拥有的资源等，驻村工作队是一个特殊的群体。他们在脱贫攻坚中发挥了重大的作用，并在乡村振兴中肩负着重要使命。同时，他们与行政村的村"两委"之间存在着一定的张力。可见，驻村工作队与村"两委"间的关系影响着乡村社会治理的质量。就乡村社会发展而言，有效提升乡村社会治理质量，首要的是处理好两者的互动关系，形成有效的合作模式。《"双轨制"模式中乡村治理主体的互动关系研究——基于天镇、渭源两县光伏扶贫实践的经验研究》通过对天镇和渭源两县的调查资料进行分析，探究了代表国家治理力量的第一书记和代表基层自治力量的村"两委"间的互动关系模式，并指出要避免不合作的状态，基于双方的职责和能力，明确各治理主体的责任分工、建立制度化的双向沟通渠道、优化绩效考评机制等。

疫情防控中志愿者不可或缺，并且志愿者在疫情防控中发挥了不可忽视的积极作用。因此，疫情下的志愿者及其志愿服务成为社会科学研究的重要议题。《情境性支持：抗疫志愿者心理创伤修复的新视角》针对志愿者在志愿服务活动中的心理创伤问题，以志愿者为调查对象，主要运用问卷调查方法，在武汉社区抽样调查了770位受访对象。根据调查调研发现，疫情期间志愿者获得的整体社会支持相对充足，但情境内与情境外的支持存在一定的差异。与情境外支持相比，情境内支持的提供对志愿者心理健康状况的影响更加显著。基于相关研究发现，从志愿服务活动可持续发展视角出发，社会实践报告在微观与宏观层面提出了相应的对策，以维护志愿者的心理健康、提升志愿服务的开展效率。

为巩固脱贫攻坚成效及振兴乡村社会，乡村特色产业的发展成为乡村产业发展规划中明确的重点内容。与已有的对地域特色产品塑造路径的理解不同，我们认为乡村产业的选择是多主体参与的社会建构过程。针对地域特色产业的选择与发展问题，《权力、生计与市场：乡村地域特色产业的选择——以云南邦东为例》是在云南邦东进行田野调查后形成的社会实践报告。通过在云南邦东12天的田野调查，我们发现邦东的地域特色产业经历了一个选择的过程，在产业发展伊始，政府大力推行咖啡种植，将咖啡作为地方支柱产业。然而受制于市场经济中多因素的影响，咖啡并未给小农及企业组织带来预期中的经济效益。小农出现了砍咖种茶的现象，并将茶叶作为自主发展的地域特色产品，形成了当前户户种茶或制茶的社会经济图景，目前茶叶已经成为邦东较有地域特色的支柱产业。通过分析此现象，我们认识到，乡村特色产业的选择与发展是多行动主体行动结构化的表现。因此，在乡村特色产业发展中要注重经济发展的社会基础，有效协调经济与社会间的互动关系。

关系网络运作：贫困山村经济组织的成长[*]

——基于黔西北路村的调查分析

摘　要： 贫困山区难以从外界获取资源，政策扶持较少，劳动力大量外流，近年来，返乡创业者回到当地，通过铺展关系网络获取生产要素，创建了具有现代因素的经济组织。本文以黔西北贫困山区的路村为例，以嵌入与社会网络视角和本土化视角探讨关系网络是如何在乡村经济组织的发展历程中发挥关键作用的，并进一步阐述乡土社会的社会基础如何成为乡村社会发展的内生性发展动力。创建者通过铺展亲戚关系网、中介朋友圈及外围资源网，使其在经济组织发展的不同阶段发挥不同的作用，共同构成了乡村经济组织成长的主要动力。在不断建构、维系和拓展关系网络的过程中，创建者依据关系的亲疏，采取"内外有别"的方式建构和维护关系网络，同时，创建者也依据理性选择和利益互惠的原则争取所需的生产要素，完成了从"同质性网络"到"异质性网络"的转变，并最终形成了多元化、立体式关系网络。本文强调剖析关系网络运作的动态过程，揭示了行动者基于乡土社会的基本结构和依据功利性原则理性运作关系网络的两种行动逻辑的交织。

关键词： 贫困山村　经济组织　乡土社会　关系网络

---

* 执笔人：黄添祺、王彦飞、陈红梅、岑佳萌、童丽霞。本文对人名、地名做了匿名化处理。

一 问题与背景

贫困问题一直是党和国家领导人以及专家学者们比较关注的现实问题。2012年12月，习近平总书记在河北龙泉关镇骆驼湾村考察扶贫开发工作时做出了指示："全面建成小康社会，最艰巨最繁重的任务在农村，特别是在贫困地区。没有农村的小康，特别是没有贫困地区的小康，就没有全面建成小康社会。"[1] 贫困山区致贫的因素和脱贫致富的途径不断引发政府官员的探索和学者们的思考，无疑，探索出一条符合中国实际、具有中国特色的贫困地区脱贫途径，对实现"中国梦"的伟大构想具有重要意义。实际上，习近平总书记不仅在讲话中多次指出了治理贫困的意义，而且对摆脱贫困问题有着自己独到的见解，并为其开出了"药方"。在谈及河北省阜平县的脱贫时，他曾这样论述："贫困地区发展要靠内生动力……一个地方必须有产业，有劳动力，内外结合才能发展。"[2] 这说明贫困地区的发展不能完全依靠外部的帮扶，不能只是接受"输血"，而是要激发内在动力，学会"造血"。如何在贫困地区"造血"是学者和政府工作人员共同的关切，而"造血"就是看见并利用好乡村社会的内生性发展动力。[3]

对于贫困山区，人们通常的印象或想象是生活贫穷、土地荒废、经济落后，随着工业化的发展，劳动力集中到沿海地区，很多贫困山区的青壮年也外流，乡村逐渐"空心化"。和全国许多贫困山区一样，地处黔西北的路村70%以上的青壮年劳动力都会去浙江等沿海地带务工。留守村庄的多数是老人和儿童，村庄呈现空心化特征，但近年来中年农民工返乡回流的趋势明显，有一群人在历经10余年的打工生涯后，于回乡休整期间通过研究发现了潜藏在这个山村中的发展机遇，扎根于当地，投入了自己外

---

① 《习近平的"扶贫观"：因地制宜"真扶贫，扶真贫"》，人民网，2014年10月17日，http://politics.people.com.cn/GB/n/2014/1017/c1001-25854660.html。
② 习近平：《论"三农"工作》，中央文献出版社，2022，第23~24页。
③ 毛丹等：《村庄大转型：浙江乡村社会的发育》，浙江大学出版社，2008。

出打工时期积累的资本，在这个贫瘠的山村内建立了如砂石厂、山泉水厂等乡村经济组织①并进一步扩大其规模，打破了对贫困乡村的日常想象，展现出贫困乡村激发其内在动力"造血"脱贫的可能性。在外界资源供应不足的条件下，为什么路村能够涌现出这样一些经济组织？路村的经济组织创建者在谈及各自经济组织的创建历程时，都未提及外生性的因素，如政策对产业发展的引导。实际上，他们言语之间都是对"关系"培植与维系的重视，也就是说他们的经济组织得以创建的关键是内生性发展动力。乡土社会的社会基础是一个重要的动力机制。社会基础指的是基于中国乡村社会长期稳定的社会结构而形成的社会关系和特殊的行动伦理，在关系形式上表现为家庭、家族、熟人社会或社区共同体。②

本文以黔西北贫困山区的路村的经济组织的创建为例，关注关系网络是如何发挥关键作用的，并进一步阐述乡土社会的社会基础如何可能成为乡村社会发展的内生性发展动力。路村是一个典型的贫困山村，位于乌蒙山区③东部，行政区划上属于曾经的国家级贫困县纳雍县。路村地处山间谷地，地貌是典型的喀斯特地貌，土地以山地为主，耕地面积较少，农业生产机械化水平落后。产业经济以种植业、养殖业为主，村民种植的农作物是土豆和玉米，有少量村民种植天麻等经济作物。村民收获的土豆主要供自家食用，玉米用于家畜的养殖，剩余的少量粮食拿到市场上出售，是家庭的主要农业收入来源。主要矿产资源有石灰石和硫铁矿，村内依靠石灰石资源经营着一个临时砂场。基于这些乡村固有的

① 乡村企业往往是发展程度较高的经济组织，在经营管理等方面已经积累了足够的经验，而本文研究的几类经济组织并非如此，但已具有现代生产意义，故称之为乡村经济组织。
② 付伟：《城乡融合发展进程中的乡村产业及其社会基础——以浙江省L市偏远乡村来料加工为例》，《中国社会科学》2018年第6期。
③ 乌蒙山集中连片特殊困难地区（简称"乌蒙山区"），行政区划上跨云南、贵州、四川三省，是集革命老区、民族地区、边远山区、贫困地区于一体的连片特困地区，也是2011年印发的《中国农村扶贫开发纲要（2011—2020年）》中列出的全国11个连片特困地区之一。

资源，路村的返乡创业者通过铺展关系网络，寻找合伙人，获取信息，获得土地，筹集资金，招募劳动力，发展出 5 个具有一定规模的经济组织，包括正在扩大规模的蔬菜基地、开始赢利的山泉水厂、因造路需求量大而欣欣向荣的临时砂厂、正在起步发展的砖厂，以及有口皆碑的黑山羊养殖场。

二 关系网络与乡土社会

路村老板所讲的依靠"关系"发展乡村经济组织，也被学界所关注。从经济学视角看，张维迎和周其仁等学者研究了组织创建者本身的成长过程，以此解释经济组织得以发展的原因。然而，乡村经济组织的发展不仅与创建者本身的个人特质有关，更与其社会背景、所拥有的环境条件以及制度条件等有密切联系。对此，社会学视角的相应研究能帮助我们深入了解中国的这种乡村经济组织的独立发展。社会学界对乡村经济组织的研究共有四种研究角度：嵌入与社会网络的视角、社会资本的视角、非正式制度的视角以及本土化的视角。本文以嵌入与社会网络视角和本土化视角，阐述乡土中国这种内生性的关系网络是如何在经济组织发展历程中发展成为多元化、立体式关系网络的。

讨论具体的社会关系，必须理解其与现实的社会结构的紧密相关性，地域和社会结构不同意味着社会关系的构建有所不同。路村的乡村经济组织作为社会组织结构的一部分，实质上已成为路村社会结构的缩影，隐藏于深层次的社会组织结构的变动必然是社会关系质变的结果。在西方网络学派中，以格奥尔格·齐美尔（Georg Simmel）、哈里森·怀特（Harrison White）、马克·格兰诺维特（Mark Granovetter）为代表的西方学者强调社会网络结构所起的制约作用，着眼于人的自主性受限于社会网络结构、人们的行为为其所塑造，更多地强调从网络地位到个人行为这一因果关系。[1] 而

---

① 马克·格兰诺维特：《镶嵌：社会网与经济行动》，罗家德译，社会科学文献出版社，2007。

科尔曼（James Coleman）、林南（Linnan）、伯特（Ronald Burt）则特别强调个人利用社会网络争取社会资源、获得经济地位的意义，持这种观点的研究者更多对网络功利性、人的主观能动性（有选择、有意识地组建网络关系）在利益获取方面的作用等问题表现出浓厚兴趣。① 科尔曼从理性选择的角度出发，认为人可以通过理性选择建立社会关系。他以人为关系网络的中心，从个人角度出发来研究组织创建者在关系网络中如何组建、发展组织并从中获益。林南长期研究人们的地位获得与其所持有的社会资源的相关性，社会资本理论就是他解释个人如何利用关系网络获得资源和地位的重要理论。② 伯特的"结构洞理论"则以个人为出发点，认为网络是个人可利用的工具，更多地强调从个人行为到网络关系再到回报这一因果关系。③ 本文以功利性的思路为分析乡村经济组织脱贫的一种视角。

在从嵌入性和社会网络角度开展的经济组织研究中，大多数学者认为，首先，关系网络提供了一种内部的信任和承诺机制，降低了交易风险和成本，在提高效益的同时也简化了步骤，减弱了市场环境中的不确定性④；其次，关系网络还为各种社会支持提供了进入渠道，是经济组织创建者创建企业的基础和发展的后续动力⑤；再次，关系网络可以成为生产要素资源的一种配置方式⑥；最后，关系网络还有利于商业信息的扩散与传达，能充当信息桥，

---

① 林南：《社会资本：关于社会结构与行动的理论》，张磊译，上海人民出版社，2005；Jens Beckert. "Economic Action and Embeddedness: The Problem of the Structure of Action." Free University of Berlin John F. Kennedy Institute, October 1999。

② 林南：《社会资本：关于社会结构与行动的理论》，张磊译，上海人民出版社，2005。

③ Jens Beckert. "Economic Action and Embeddedness: The Problem of the Structure of Action." Free University of Berlin John F. Kennedy Institute, October 1999.

④ 刘世定：《乡镇企业发展中对非正式社会关系资源的利用》，《改革》1995 年第 2 期。

⑤ 李路路：《向市场过渡中的私营企业》，《社会学研究》1998 年第 6 期。

⑥ 胡必亮：《中国村落的制度变迁与权力分配》，山西经济出版社，1996。

联结各方需求①。但是，上述对关系网络的分析，大多以静态关系网络为描述主体，并未重点关注关系网络的动态发展历程。而本文认为，剖析关系网络的动态发展过程，应是了解广大乡村经济组织内部运营模式的关键。

学者们在研究关系网络规模、质量、密度以及强度的同时，对关系网络本身的建构、乡土关系发挥作用的方式及运作的机制也有所探讨。一部分学者认为关系网络只是经济组织创建者为实现目的而选择的一个手段，而本文认为，经济组织创建者原有的关系网络不是仅对其发展初始期的相对资本起手段作用，在后期，其建构网络的能力和水平是经济组织真正获得成功的关键所在。秦海霞强调关系网络的动态结构，完整地阐述了企业在建构其关系网络中的路径，并在其中做了很好的分析，将关系网络的建构分为寻找、编织、巩固和发展四个阶段，经济组织创建者在精心营造和维护中，完成了从"关系"到"关系网络"的编织和建构，使关系网络实现了从"手段"到"资源"的转变。② 本文也将从关系网络的动态发展结构入手，研究乡村经济组织在不同的发展时期，是如何运用组织创建者的同质性和异质性关系网络发展壮大自身，最终使编织在一起的各类关系网络构成一个立体化网络的。

胡必亮在研究乡村经济组织时，提出了多个村庄在公司化中都形成了本土化的关系共同体。③ 中国农村发展的真谛，其实源于民间的一个制度创新——一种内生性的人际关系网络。企业小共同体具有一定的共同价值、共同追求，组成了一个比较封闭的小社会，以"我"为中心，不断往外推，这的确是中国人的本土化关系网络构成方式的一种理论写照。关于本土化理论，陈介玄根据对台湾中小企业人际关系运用的观察提出了"情感与利益加权

① 何梦笔：《网络 文化与华人社会经济行为方式》，山西经济出版社，1996。
② 秦海霞：《关系网络的建构：私营企业主的行动逻辑——以辽宁省 D 市为个案》，《社会》2006 年第 5 期。
③ 胡必亮：《村庄信任与标会》，《经济研究》2004 年第 10 期。

关系"的模式①；郭于华则指出，传统的亲缘关系是整个社会人
情关系网的基础和模本，是信任结构建立的基础，也是实际获得
资源的重要途径②。在上述对经济组织及组织创建者本身进行的
研究中，研究者多将笔力用在对关系、人情等因素的描述上，将
目光放在组织创建者等谋取私利乃至对网络进行消极运用方面。
而系统地去挖掘这些经济组织创建者本身对网络的想法及其运作
手段是否多元化，探究他们为什么可能及如何运用这样的网络工
具的研究，却鲜少出现。

综上所述，以上几个研究虽然视角有所不同，但核心均是阐
述"关系"在经济组织发展、运行过程中的重要作用。但是，人
是关系网络的建构者和拓展者，我们更应该强调人的能动性和主
体性，光用"拉关系""讲人情"等概念去说明组织创建者的能动
行为过程，不免有将富于文化意义的行为过程过度简单化，从而
忽视其背后巨大的文化价值意义和现实脱贫意义之嫌。本文以贵
州省纳雍县路村的五个经济组织为案例，详细呈现在一个贫困山
村里的内生性经济组织的创建与发展。这些乡村经济组织发展水
平很不均衡，有的经济组织在经历创建初始期后逐渐进入稳定发
展状态，有的经济组织已经尝试向外拓展业务以期获得更好发展。
例如，蔬菜大棚和黑山羊的养殖于近两年内（截至开展调研时，
下同）发展起来，黑山羊养殖场仅仅摆脱了家庭副业的范畴；山
泉水厂和砂石厂的生产水平已经达到现代化标准，属于路村规模
较大的经济组织。

本文试图揭示，在组织发展过程中，经济组织创建者如何调
用不同的关系来谋划乡村经济组织的成长，对不同关系网络采取
何种运作方式，这些方式又呈现何种特征。本文要从关系角度分
析人的行为，包括经济组织创建者是如何铺展关系网络以获取生
产要素从而创立经济组织的，以及为了让经济组织更好地成长，

---

① 陈介玄：《"经济"在韦伯理论体系之位置及其意义》，《思与言》1989 年第
3 期。

② 郭于华：《农村现代化过程中的传统亲缘关系》，《社会学研究》1994 年第 6 期。

经济组织创建者又是如何发展、维系和拓展关系网络，进而丰富其网络内涵，构建出多元立体关系网络的。从不同的建构方式出发，本文将关系网络分为两种类别：承继的关系网络和自致的关系网络。承继的关系网络主要依托家庭或家族、基于血缘和姻缘形成，主要指亲戚关系网。自致的关系网络是一个人通过后天在生活与工作中的自身努力逐渐建立的关系网络，包括中介朋友圈和外围资源网。① 中介朋友圈主要依据业缘、地缘和趣缘形成，外围资源网则表现为通过礼物交换、节日问候等形式，与雄厚资源拥有者产生互动和建立稳定的关系。

本文对乡村经济组织网络建构的研究恰好提供了探讨关系运作的一个理想视角：在研究中可以发现，乡土社会下，关系为什么能够成为一个工具，组织创建者是如何寻找利于自己的关系网络，通过编织不同的关系网络获取生产要素，帮助自己的组织壮大发展，为其今后长足发展做足准备的。本文基于调研小组于 2014 年 8 月在贫困山区中的贵州省毕节市纳雍县路村对乡村经济组织的田野调查，详细呈现五大经济组织的创建者通过关系网络的运作来创建及壮大经济组织的历程，并着重挖掘乡土社会下关系网络运作的特点，理解内生性乡村经济组织得以生长的社会基础。本文主要通过实地调研和对关键人物开展深度访谈获得材料。调查对象共 37 人，包括经济组织创建者与其合伙人、创建者的家庭成员、经济组织中的从业者、村民和村干部、居仁街道办事处乡村经济和农业方面的负责人，以及纳雍县委、县政府相关部门的负责人。

三　铺展关系网络

创建经济组织首要的是获得所需的生产要素，包括找到合伙人、获取信息、获得土地、筹集资金、招募劳动力、占据市场份额等。显然，只依靠创建者，这些工作无法顺利完成。创建者萌

---

① 黄晓勇、刘伟等：《基于社会网络的农民工返乡创业研究》，《重庆大学学报》（社会科学版）2012 年第 6 期。

生了创建一个经济组织的念头时，需要想办法利用自身的条件来收集这些要素。在经济组织尚处于创建想法萌芽阶段时，创建者都在不同程度上得到了亲戚关系网的积极支持和鼓励，这一网络基于血缘和姻缘而形成。

表1展示了路村的五个经济组织在创建初期获取生产要素的渠道，可以帮助理解何种关系网络助力了经济组织的起步。

表 1　路村的五个经济组织在创建初期的生产要素获取渠道

经济组织	创建者	除创建者之外的合伙人	劳动力	土地来源	资金来源	信息技术等要素
蔬菜基地	PGX	PX（PGX的堂侄）、PGX的弟弟	一个固定工人、两个长期工人	租用	股东合资	PX之前的种植经验
砂石厂	WC	ZSH、ZSH的两个朋友	ZSH的小舅子、WC的父亲和股东亲戚、其他村民	租赁村民小组的土地	亲友借贷、银行贷款、股东合资	通过乡镇和县政府获取信息
山泉水厂	PX	ZM（PX的同学）	PX的弟妹、PX的表弟、雇工	自家原有、购置	积蓄、亲友借贷	购置机器
砖厂	CCW	ZSP（CCW的儿时伙伴）	雇工	自家门前占地	积蓄、股东投资	购置机器、上网获取信息
黑山羊养殖场	WXM	多为WXM的邻居	家庭成员及亲戚	统一放牧区、自家地	积蓄、亲友借贷、银行贷款、政策扶持	通过WC得到信息

在创建初期，亲戚关系网为乡村经济组织提供了一定的生产要素，成了创建经济组织的核心支持力量。比如从资金来源来看，五个创建者基本上都依靠亲戚和朋友筹集资金。黑山羊养殖场合伙人之一LCF表示，他主要是依靠亲戚朋友借钱的："钱不够？那个各人想办法了嘛……一个给一个借嘛，你亲戚朋友就是一个一个借的嘛，等卖了羊子再还嘛，他们哪个还会要你的利息嘛。"LCF也用了少量的银行贷款，但是银行贷款手续较为复杂，能够贷到的钱数额也较少。

亲戚关系网为创建者提供了资金，使得经济组织有足够的资

金维持运转。蔬菜基地、砂石厂采用了合伙的方式，让亲戚关系
网在更多层面发挥作用。蔬菜基地的合伙人之一 PX 表示合伙人之
间是亲戚关系，三人分工明确，PX 主要做技术指导，PGX 负责种
植和销售，PGX 的弟弟负责技术设施的建设。这种分工使得大家
比较好沟通，各人都会尽心尽力地为蔬菜基地的发展考虑。PX
说："那时候路村没有几个蔬菜基地，我的堂叔 PGX 找到我，包
括 PGX 的亲弟弟，我们三个一起合伙做这个蔬菜基地。"可以看
到，亲戚关系网中的人基于亲情，互信程度较高，在信任的基础
上容易沟通以发挥合作的最大效用。

　　然而，只依靠亲戚关系网获取资源是不够的，尤其是对于启
动资金量较大的经济组织而言，创建者需要努力铺展自己的关系
网络，从亲戚关系网向外延伸。山泉水厂、砂石厂创建初期都是
需要大规模资金投入的，创建者们不断地选择拥有丰富资源、能
够对自己产生帮助的人来编织自己的关系网络，在这个过程中，
当创建者走出亲戚关系网，向外拓展关系网络以寻求资源时，互
惠原则是关系运作的核心，这体现了"亲疏有别"的运作方式。

　　砂石厂老板 WC 在创厂初期，需要大量资金，WC 之前与 ZSH
并不熟，而 ZSH 在水城做生意，资金充足，WC 在萌发了创办砂
石厂的想法之后，便主动向其靠近。"我和他（ZSH）是一个地方
的嘛，他是上面山上的。我从外面回来之后，觉得可以办个砂石
厂……唉，当时钱不太够，他在水城做过生意，也认识很多人，
我就想着跟他合伙办一个嘛。后来他又拉了水城两个股东，就办
起来了。"能从合作中获得利益是双方在建立起合作关系时考虑的
主要因素，他们合伙入股，共担风险。这体现了交换中的互惠原
则，同时可以发现占有雄厚资源的人在交往的过程中占据极大的
优势。

　　关系网络的建构过程与个人自身拥有的资源量密切相关，而
且持有资源量越多的人越能够在社会交往中占据优势地位。根据
社会交换理论，对等交换是社会交换的原则，所以有意识地选择
与谁更亲近、建构更密切的联系，是依据自身的需要和对方占有
的资源量确定的。资源有多种，如个人魅力，在社会交往中主要

表现为品质的魅力，诸如领导才能、口头才能；特殊技能，即在一定的网络空间里面占据独特的资源，如独特的技术；拥有的关系网络资本量，可以总结为关系网络的滚雪球能力，关系网络具有通达性，关系网络越大，则建构新的关系网络的机会也就越大，因为人们总是更倾向于和比自己拥有更多资源的人建立联系。

除了资金的筹集外，经济组织生产产品的销售路径也依赖关系网络。黑山羊养殖场销路几乎遍布整个纳雍县城，限于资金、文化以及外部环境等客观条件，它的宣传只是依靠创建者自己的朋友和在县城里的亲戚"一个给一个讲"，关系网络发挥了极大的作用；山泉水厂的销售最初也是限于本村及邻近村庄，为了拓宽销路，山泉水厂老板加强了与关系网络成员的联络，提出水厂员工及村委会用水免费，压低本村村民的用水价格。山泉水厂老板PX说："卖不了的就自己吃掉一些，送给左邻右舍一些，这样以后也方便。"PX还给村委会免费供水，让村委会人员直接骑摩托车去山泉水厂拉水，或是自己到村委会时亲自带上几桶水。蔬菜基地的创建者亦会通过日常赠送小礼物来强化自己的关系网络，这在某种程度上扩大了产品的销售面。

此外，信息和知识的传递常常也通过创建者的关系网络得以实现，其中，中介朋友圈涉及面更广，往往能发挥更大的作用。此时创建者便会加强与中介朋友圈中可能掌握资源的个体的联系。山泉水厂老板PX会与朋友"经常喝喝酒啦"，砖厂老板CCW为了收集信息也会与朋友喝酒聊天，"我们这方式就是这样的，像我们这边最普通的就是有什么事直接去喝喝酒啊什么的，然后感情方面建立一下"。创建者用以吃饭喝酒为形式的交往维系中介朋友圈，可以更便利地获取有用的信息与帮助，为他们的经济组织的资源取得提供相对方便的途径，同时，在建立的联系中加深感情，可以使他们更可能优先得到支持经济组织发展的资源，降低风险，减少交易成本。

创建者在经营管理经济组织时，为了实现业务拓展、信息多元化，需要理性化和选择性地巩固自身的关系网络，以功利化为目标，以利益为主导：通过中介朋友圈的"中间走动"或世俗化的单向礼物流动即送礼来维系关系。这种方式具有较高单次代价和风险性，但同时能够给经济组织带来较大的收益，解决独特的"难题"。但是为了使经济组织拥有更丰富的资源以及更宽广的成长空间，还必须对创建者自身的关系网络进行进一步拓展与完善。

四　关系网络的"内外有别"

创建者借助关系网络获得了创建经济组织所需的生产要素，他们在运用不同的关系网络时，会采取不同的策略对其进行建构、维系或是拓展。在运营经济组织时，创建者往往既是大老板，也是小伙计。表2对此次调研的路村五个经济组织的内部人力安排情况进行了介绍。

表 2　路村五个经济组织的内部人力安排情况

经济组织	主要股东	厂长/老板	劳动力安排
蔬菜基地	PX（PGX 的堂侄）、PGX 的弟弟	PGX	PGX 大伯家的弟弟为固定工人；PX 为技术指导，临时工多为邻居
砂石厂	ZSH（WC 的朋友）、ZSH 的两个朋友	WC	会计为 WC 的父亲，铲车司机为 ZSH 在县城的邻居和 ZSH 的侄子，厨师等其他工人多为"自家人"
山泉水厂	ZM（PX 的同学）	PX	PX 的弟妹、PX 的表弟负责登记并开出订单，此外还有一些雇工
砖厂	ZSP（CCW 的儿时伙伴）	CCW	雇工（多为 CCW 的邻居）
黑山羊养殖场	WXM 的邻居	WXM	与 WXM 关系较好或拥有一定技术的人为主要领头者，此外劳动力还包括他们各自的家人亲戚等

从表2显示出的内容可以看到，乡村经济组织的内部管理及用人制度往往"内外有别"，对关系较近的人更为信任，安排的岗位级别更高。关系网络的维系为创建者提供了信任机制，我们可以将这种机制下的人力安排理解为对人力资源的优化整合，它保证了在经营管理期经济组织的内部稳定，创建者与管理者之间的相互信任是经济组织生存和发展的关键。经济组织的管理人员都是创建

者的亲信，创建者通过对管理者个人的信任进行经济组织的间接管理，这也在一定程度上解决了激励机制的问题。WC 的小舅子因为姐夫的砂石厂从外地回到路村，他个人并不喜欢每天开车往返于县城与路村之间的生活，很累也很危险，但是考虑到开的是自己姐姐家的中巴车，每月的工资也足够养家糊口，他还是很用心地做事。WC 的父亲也是这样，虽然已年过花甲，但还是为砂石厂的生产奔波忙碌。WC 借助依托血缘和姻缘的亲戚关系网获得了对经济组织有利的帮助，而维系这部分关系网络并不需要非常刻意，WC 的做法是与关系较好、发展不错的兄弟姐妹保持交流走动，为砂石厂获得资金来源提供便利。随着砂石厂经营的持续发展，其在资金方面需要源源不断的支持，亲戚关系网始终作为创建人寻求资金帮助的对象。WC 的父亲表示："后来也有借钱，找亲戚朋友嘛，兄弟姐妹和朋友，他（WC）就常去他姐姐那里，在河南嘛，需要的时候就会借一点钱嘛，几兄弟都互相帮助的。"在受到经济组织发展阶段约束的情况下，关系网络仍是创建者寻求资源支持的首要选择，资源需求层次的变化促使创建者选择性强化与资源占有者和提供者之间的关系，针对亲戚关系网，日常的走动交往便可以奠定获得帮助的基础，而像上文提到的 WC 与 ZSH 由于同处一个村庄而搭建起来的关系则依赖于基于互惠原则进行的交往互动，WC 在办厂初期需要启动资金，想到了 ZSH 能够提供资金，是可能的合伙人人选，于是与他展开合作洽谈。

山泉水厂在卖水的时候，对于县城的用户需要与其商定合约，根据他们用水的数量决定每桶水的价格。通常山泉水厂面对本村的用户会稍微压低一些价格，而山泉水厂的工人和村委会的用水都是免费的。那么这个定价的标准要怎么制定呢？免费用水又应当有怎样的频率限制呢？这些很大程度上都是由厂长决定的，无法通过制度约束实现有效的管理，在制度信任无法实现时，只能依靠创建者对关系网络中个体的特殊信任，因而关系网络日益家族化。

山泉水厂老板 PX 表示，对于亲戚朋友，要获得其帮助并不需要太刻意，而要想与县政府的各个部门打交道，以期把他们变成客户，就会涉及更多的正式社交场合。PX 为进一步扩大市场，与一些政府部门的人员建立了往来，培育了自己的外围资源网。外围资源网体现为通过礼物交换、节日问候等形式，与雄厚资源拥有者产生互动和建立稳定的关系。PX说亲戚朋友都会很自然地统一选择他的水，"那肯定都说我的亲戚朋友开着水厂，那我要吃他的水嘛"。而在政府部门则需要通过关系的铺展运作才能将水输送到办公室："你去那个院长办公室去看，还有那个院办，看到的都是我的水。那其他的科室，吃得就很杂了，七八家，那说明就是人际关系了嘛，他跟我关系好嘛，我经常去县里面，和他喝喝酒。"

可以看到，创建者的关系网络有不同层次，不同层次的网络中关系亲疏有别，其建构的方式也体现出一定的差别。对于承继的关系网络来说，日常的礼俗约束、经常的走动串门、节日往来等方式便能够实现激活，能够把原本较远的亲戚关系变得亲近起来，使亲戚变成潜在的生产要素来源。而自致关系网络由于缺乏血缘和姻缘基础，需要投入相当多的精力来维护。比如，中介朋友圈主要依靠"吃吃饭，喝喝酒"来增强联系，普通的同学、同事关系也能够为自己提供帮助，业务帮扶、资源共享是其中常见的帮助方式。而对于外围资源网来说，与政府官员、重要客户通过节日问候、请客吃饭、送礼物这些方式进行友好的往来，便能获得政策扶持、组织开展合作项目。在血缘、姻缘关系的帮助下，承继的关系网络的建构显得较为容易，因为中国的人情社会讲究家族之间的互相帮扶。而建构自致的关系网络，需要一定的技巧，可以说"面子功夫"需要做得更加充分，搭建起关系并使关系发挥作用有赖于主观努力。

建构关系网络的方式因关系亲疏程度的不同而不同，而不同关系网络给予创建者的帮助也不相同。从亲戚关系网中能够收集到一些基本的生产要素，如资金、劳动力，而中介朋友圈、外围资源网异质性程度更高，突破了地域的局限，能够为乡村经济组织提供信息、市场这样一些开放性相对更强、有利于其成长发展的生产要素，在经济组织的发展中发挥的作用越来越明显。而经济组织的管理也是如此，可以将关系较为亲近的人安排到经济组

织管理的重要岗位上，这样信任关系更容易形成，对与亲近者的
关系网络的维护也更为容易。

五　关系网络的立体化

　　路村经济组织的创建者们，依靠个人建构起来的关系网络，
主要借助亲戚关系网和中介朋友圈获取所需的生产要素，创立了
经济组织并进一步将其推向稳定状态，当经济组织的发展逐步稳
定，外围资源网通常会成为创建者突破发展困境的新力量，帮助
经济组织在进入发展突破期时加速发力。尽管创建者们采用了
"内外有别"的策略维护不同类别的关系网络以达成自己的目标，
但是上述三种关系网络的维护和发展方式并不是一成不变的。创
建者们面临的一个问题是，当经济组织步入运行正轨并发展到一
定程度，遭遇发展的瓶颈时，如何有效地获取资源。此时，根据
关系网络的"内外有别"而采取的交往与维护关系的原则不完全
适用，创建者们会将不同圈层的关系网络的特质与经济组织发展
在某一阶段所需的资源的匹配度纳入考虑，以关系网络的同质性
与异质性为切入点调度和运作不同类别的关系，本文称之为关系
网络的立体化过程，其包含了对同质性关系网络的深挖掘以及对
异质性网络的再扩展的交互运作过程。

　　在优势资源贫乏的路村，村庄中的关系网络成为一种创建经
济组织的内生性动力，创建者通过创建、维系和扩展亲戚关系网
与中介朋友圈使经济组织得以成立并发展壮大，但是这两种关系
网络的同质性较强，在经济组织发展到一定阶段后作用也在逐步
减小。路村的经济组织在发展过程中显露出一些亟待解决的难题：
蔬菜基地的大棚种植策略面临资金短缺的困境、砂石厂的长期经
营权难以落实、山泉水厂需要进一步占领市场、砖厂在扩大规模
方面还有很长的路要走、黑山羊养殖场在技术与资金上都面临困
境。在遭遇这些发展难题时，现有的关系网络的生产要素供给出
现疲态，而缺陷日益显现出来，具体表现在难以提供高层次的生
产要素，并且难以对生产要素进行合理的配置。在这种形势下，

经济组织对关系网络提出了新的要求。在新的发展难题面前，路村的经济组织创建者开始寻求新的破解思路，力图对关系网络进行不同维度上的拓展。

一方面，亲戚关系网依靠血缘和姻缘相互联结，亲戚大多在村庄中生活；另一方面，中介朋友圈在最开始阶段大多是基于爱好兴趣或是工作经历而建立起来的，在后期的发展过程中新增的关系也大多是围绕业务而进一步建立的，总的看来，中介朋友圈成员的社会生活圈子重叠较多，社会交往的范围较为接近，彼此之间获取信息的相似度较高，所以同质性较强。这种同质性较强的关系网络在经济组织的发展突破期也起到一定的支持作用，而且创建者们对这两种关系网络表现出进一步扩展的积极态度。

首先，具有同质性的关系网络依然是创建者们为经济组织持续性注入生产要素的保障，但是创建者们会有意识地筛选同质性关系网络中的优势资源。经济组织的发展在很大程度上依赖资金，资金可以说是经济组织发展突破期的一个关键要素。在解决资金问题时，求助于同质性的关系网络仍然是比较重要的选择。路村的蔬菜基地受当地气候和土壤条件的限制，在 2014 年收成不佳，其创建者 PGX 意识到建立蔬菜大棚的必要性，转而将主要的精力投入兴建大棚中。然而，当蔬菜基地需要在新的项目上实现突破，扭转当前亏损的局面时，资金筹措上的困难显现出来。PGX 表示："如果是种大棚，种满 40 亩大棚，基本上一亩要投入接近 2 万块钱……等两三个月才能建设起来。"资金上的难题让蔬菜基地的三个合伙人颇费脑筋，前期的建设和维护已经投入 25 万多元，难以再投入更多的资金搞扩大化、专业化建设，但通过对现状的考察，蔬菜基地的三个合伙人又深刻地意识到突破瓶颈的必要性。在筹措资金上，他们考虑到自身的条件，依然将过往主要依靠的亲戚关系网作为依靠，但是通过合伙进行贷款已然成为他们非常主要的资金筹集方式。"资金嘛，80 万块钱，这才是初步的……贷款嘛。一般可以贷个 10 万元，3 个人就 30 万元……剩下的再找亲戚朋友借点钱。"可以看到，同质性的关系网络依然被 PGX 所依赖，他对其中的优势资源进行深一步的挖掘和利用，但不可否认的是这种依赖正在减弱，在蔬菜基地的进一步筹资中尽管"亲戚朋友"还是主要的依赖对象，但通过贷款，外围资源网的作用也显露出来。异质性关系网络对处在发展突破期的经济组织而言意义重大，一方面，异质性关系网络是经济组织突破发展瓶颈，破解资金、信息、市场等方面重要难题的关键，而且也确实起到了作用；另一方面，扩展了的异质性关系网络使得创建者原有的关系网络走向成熟和市场化，逐渐取代亲戚关系网和中介朋友圈的角色，而关系网络的覆盖面越宽，涉及的群体分布领域越广，创建者从中获得资源的可能性越大，获得的资源就越多，这些资源成为经济组织新的增长动力。

随着经济组织进入发展突破期，进一步扩展产品市场被提上日程。在路村的五个经济组织中，扩展产品市场对山泉水厂、砂石厂、蔬菜基地、砖厂来说都十分重要，山泉水厂的老板灵活运用自己的外围资源网，将自己的品牌的桶装水卖到县城和各乡镇。山泉水厂老板 PX 表示，现在纳雍县的市场竞争非常激烈，卖水的厂家都来自当地各个乡镇，如果要进一步扩大市场，只依赖前期的关系网络明显会遇到瓶颈，创建者为使山泉水厂在发展突破期进一步开拓市场，首先依赖自己的亲戚关系网和中介朋友圈，并以此作为拓展关系网络的基础来与县政府的一些部门加深联系，扩展自己的外围资源网。PX 说："现在这个各个乡镇，亲戚朋友都有一些。一般就是靠大家互相宣传了嘛，像我们在纳雍县……单位上的这些靠大家的关系来沟通，哪些关系好一点，然后就吃哪个的，基本上是不是这个道理？……你可以看单位啊，可以说80%的单位都是我的水，包括县政府啊，县医院的院长办公室，居仁啊，宣传部那边也是我的水。"山泉水厂产品的质量固然是占领市场的重要基础，但 PX 看见的竞争中关系网络所发挥的作用更为重要，因此他需要不断扩展外围资源网。县医院、政府部门都属于 PX 外围资源网的一部分，PX 通过向占有更雄厚资源的群体扩展关系网来打开销售市场，进一步拓宽销售渠道，使山泉水厂生意持续地发展。

其次，要使创建者的关系网络涉及更广的范围，进一步得到巩固,利益链条必不可少。他们采取灵活的方法创造更多的机会和与其利益链条相关的各个关系节点的人员开展更深层次的交往,获取资源。山泉水厂老板 PX 通过朋友的介绍以及第一桶免费等方式,已经建立了与县医院和县公安局各科室的联系,成功打入县城市场,更妙的是他还在教师节时往本地的学校运水,免费赠予老师。"你看去年教师节的时候,一、二、三、四中的教师,有1400 名教师,我就送了水去。我就直接拉水去,说大家教师节辛苦了,我们水厂表示一小点心意,送你们一个(人)一桶水。"这样一来不仅为自己的山泉水厂打了广告,还给学校留下了好印象,能继续激活潜在的利益链条。砖厂老板 CCW 也有类似的经历,砖厂的发展离不开政府,经人引荐,CCW 与本村几个在县政府工作的官员建立了良好关系。通过日常与政府人员的往来,砖厂避免了来自政府的阻力,减少了 CCW 的顾虑,有利于砖厂的稳定发展。

可以看到,经济组织发展到一定阶段后,同质性关系网络的作用日渐减小,创建者对同质性关系网络的要求也更加苛刻,尤其是在信息获取方面,由于信息化时代获取公开信息十分容易,而非公开信息的获取则需要通过私人交往获得,他们希望交往对象能够提供一些人们通过公开渠道无法获取的独特信息,因而为了占据市场先机或是获得重要的政策扶持,创建者主要依靠拓展异质性的关系网络补充信息。异质性关系网络强调的是关系网络中的人占有着独特而又重要的资源,这些资源与创建者之前固有的关系网络——亲戚关系网、中介朋友圈中的资源相比存在显著的差异性,并且他们的关系网络与创建者的存在很大的异质性。大体上说来,异质性关系网络指向外围资源网。蔬菜基地筹措资金考虑到贷款,而贷款正需要异质性关系网络的支持。

创建者所调用的关系网络不是一成不变的,而是时时变动的。关系网络自身也有新陈代谢和实时更新的功能,对于经济组织的创建者而言,随着经济组织发展阶段的改变,关系网络中不同层次网络的占比和作用不断发生变化,由以同质性关系网络为主向以异质性关系网络为主转变是一种发展趋势,而这种趋势在发展突破期得以展现,在这个阶段中,关系网络更加多元,不仅伴随着对同质性关系网络的深挖掘，也伴随着对异质性网络的再扩展。

在路村的各个经济组织中，扩充外围资源均成为经济组织创建者在发展突破期的重任。蔬菜基地的负责人在市场扩展方面提出将蔬菜批发常规化，同时联系稳定的小贩，而这也需要外围资源网的支持。黑山羊养殖户对未来的规划中体现出"打造品牌、建设网站"的愿望，在当地没有网线的现实条件下，外围资源网提供支持的空间显现出来。砂石厂的进一步发展依赖于获得长期的开采许可权，而这需要与政府的国土资源局（2018 年改为自然资源局）进行沟通，砂石厂的老板 WC 依靠其曾在村委会任职这一点，将县里相关部门的负责人纳入了其关系网络之中，才有了不断地就开采权的问题进行协商的可能。WC 的砂石厂在创建初期依赖于亲戚关系网提供资金和劳动力，也使得亲戚关系网稳中有变；在寻求合伙人、招募技术工人的过程中依靠关系网络逐渐扩大中介朋友圈；再后来，砂石厂出现了资金持续投入困难的问题，WC 对同质性关系网络成员进行了精细的挑选，选取优势资源的拥有者加强彼此之间的联系互动并通过贷款这一外部渠道寻求资金。长期开采权的获得需要与政府相关部门［国土资源局（2018 年改为自然资源局）等］进行持久的协调，而这也使 WC 充分利用其在村委会任职期间的"活动"，持续扩展外围资源网这一异质性关系网络。

可以发现，围绕在经济组织创建者周围的关系网络并不像"差序格局"的波纹比喻那般平面，由内及外推广扩展，而是更加立体化。以创建者自己为基点，亲戚关系网、中介朋友圈和外围资源网围绕在其四周，而且这三个关系网络各成为一个层次，这三个网络层次如同若干从不同角度围绕着星球的轨道，不同的是一个网络层次是一个平面：以创建者为圆心、以自身网络为延展面。如果以经济联系的密切程度来考察关系网络中的互动亲密程度，那么在发展突破期，纵向深化意味着创建者与同质性的关系网络中的优势资源拥有者加强联系，表现在立体化关系网络中就是优势资源拥有者靠近创建者，反之，资源不足者会远离创建者，日益接近圈层的边缘。相比之下，横向扩展更容易使人理解，即每个层次的延展面是可以扩张和收缩的，当发展突破期对异质性网络需求增强时，外围资源网会进行扩展，寻求社会中可以利用的优势资源。以此模型，可以窥探关系网络的立体化建构、变化，乃至走向成熟的过程。

经济组织创建者建立起一套横纵联结网络的历程，是贯穿了经济组织整个发展过程的，这个全方位、多层次的立体化关系网络，为经济组织的长期发展奠定了坚实的基础。

六　结论与讨论

在缺乏外界资源带来的外源性动力的贫困山区，内生性动力成为乡村"造血"脱贫的重要基础。本文细致剖析了贫困山区的经济组织创建者运作关系网络以谋求其组织发展的微观机制，展现了人在发展、维系、拓展不同的关系网络中所采取的不同策略及其背后的乡土社会结构。本文分析了行动者如何铺展关系网络收集生产要素使经济组织从无到有、发展壮大，并在此过程中，根据关系网络的亲疏远近来采取"内外有别"和利益互惠的原则争取所需的资金、信息、市场等资源。乡土社会的"差序格局"[①]结构影响着行动者对关系网络有针对性的选择与运用。而随着经济组织的发展，行动者需要更多的市场、信息等要素，因此其通过拓展关系网络以谋求更大的发展空间。他们的关系网络由同质性网络向异质性网络发展，力求通过异质性网络扩展自己的外围资源网，提高关系网络质量，完善立体化关系网络，为乡村经济组织得到长足的发展提供后续动力。在打造立体化关系网络的过程中，行动者以另一种视角看待不同的关系网络，更"亲"的关系网络意味着同质性强，而他们需要拓展异质性更强却更"疏"的关系网络。以创建者自己为基点，亲戚关系网、中介朋友圈和外围资源网围绕在四周，而且这三个关系网络各成为一个层面，以创建者为圆心、以自身网络为延展面，共同打造出一个立体化

[①]　费孝通：《乡土中国》，上海人民出版社，2006。

的关系网络。行动者以经济组织不同发展阶段的需求为出发点，由此展现出除以乡土社会基本结构为基础之外的理性运作关系网络的另一种行动逻辑。经济组织的不同发展阶段与行动者据此调用不同的关系网络以达成其目的的做法相互交融，形成了根据乡土社会的基本结构运作关系网络和依据功利性原则理性运作关系网络的两种行动逻辑。创建者不断地建构、维系和拓展关系网络，优化资金、技术、劳动力等生产要素，为经济组织的发展提供持续动力。由此可以发现，在地处偏远、资源匮乏的路村，经济组织的创建和发展，在很大程度上是依靠关系网络实现的。以立体化与"内外有别"的方式铺展和维系关系网络是一个动态过程。

关系网络推动了乡村经济组织的发展，认识到关系网络可以作为贫困山村脱贫的内生性动力，能使资本、技术等资源匮乏的贫困山区获得发展，对于贫困山村脱贫及长远发展具有重要意义。一方面，贫困山村经济组织十分脆弱，如果没有资源输送和政策扶持，它们只能依靠关系网络维系自身发展；另一方面，关系本身是中国社会不可脱离的，关系的好坏不在于关系本身，而在于怎么利用。如果能加以正确引导，关系网络就会成为辅助贫困山村经济组织成长的最有力的工具。经济组织的发展能够吸纳农村剩余劳动力，除去务农之外，村民还需要有其他的方式赚钱养家，乡村经济组织无疑给村民提供了机会。但是，这些经济组织能够给这个村庄的发展带来多大的益处呢？乡村的创业者通过铺展关系网络而创建经济组织获得发展的思路能够被同村更多的人运用吗？乡土社会的关系网络交织在一起，那么关系网络运用的上限在哪？关系网络基于乡土社会的差序格局结构而生，行动者基于乡土社会的伦理和理性交往的准则建构、维系与拓展关系网络，这也在一定程度上强化了村庄中个体的联系；经济组织本身的发展将村庄的劳动力聚集到了一处，使村民间多了经济利益的链条，却也带来了村民因为利益冲突而产生矛盾的更多可能。本文探讨了行动者在运作关系网络、发展经济组织中的两种行动逻辑，即嵌入乡土社会基本结构与采用功利性原则，而随着对经济组织利益最大化的追求，是否会产生关系网络圈层的分化，进而影响乡土社会的团结与整合呢？本文强调了关系网络的动态发展过程中两种行动逻辑的交织，当行动者试图突破差序格局向外延展关系网络时，究竟是存在"有限差序"带来的发展限度①，还是有更多可以拓展的空间，关系到乡村经济组织是否能够进一步发展，也关乎乡土社会结构在城乡社会面临深刻转型背景下的未来走向。

认识乡村经济组织发展中关系网络能够发挥的作用及其局限性，也有一定的现实意义。经济组织不断追求发展与突破时，需要持续的资金支持、广阔市场的开拓、新技术的引进等。在资金方面，经过创建和经营期，经济组织对关系网络中资金的获取已经接近极限，在突破发展的阶段很难从亲戚关系网和中介朋友圈中获得足够的支持，所以寻求贷款支持成为很多经济组织创建者的首选。但是他们也表露出对贷款难的担忧，而在这一方面政府可以有所作为，可以为贫困地区的小型经济组织提供获取资金的渠道，降低贷款的标准；同时在技术方面，政府的相关部门可以组织技术培训班，避免有名无实②，针对不同的经济组织开办专门、专业的培训，让培训工作落到实处。

---

① 谭同学：《有限差序的社会结合及其现代性转化——基于新化数码快印"同乡同业"的思考》，《南京农业大学学报》（社会科学版）2020年第5期。

② 我们在对纳雍县政府部门的调查中发现，技术培训确实是农牧业部门的一个常规项目，开办了很多期，但是本文中的五位创建者普遍反映没有参加过，路村村民也表示对此并不了解。

农业产业化对留守老人生计的影响[*]

——基于中部地区某村庄树莓产业的经验分析

摘　要：在城镇化和工业化的背景下，农村地区出现大量留守老人，其在经济收入、社会交往和身份认同方面陷入困境，生计系统较为脆弱。本文在积极老龄化的视角下，基于对中部地区某村庄树莓产业的调查，通过描述留守老人进入产业的不同路径以及扮演的角色，试图探究农业产业化对留守老人生计系统的影响，具体从"利益-关系-身份"三个维度展开分析。研究发现，农业产业化对留守老人的生计系统具有改善作用，具体表现在收入增加、网络拓展、去边缘化三个方面，且具体影响存在一定的年龄梯度。在强调留守老人的主体性的同时，本文对在市场背景下如何维护留守老人在产业化中的权益进行了讨论。

关键词：农业产业化　生计系统　积极老龄化　老年人权益

一　问题的提出

改革开放后，我国城镇化、工业化快速发展，地区之间、行业之间要素流动壁垒逐渐消除，这吸引了大量青壮年劳动力逐渐从农村向城市转移[①]，"留守老人"群体因此产生，农村家庭面临着"空巢化"的危机。第六次人口普查数据显示，到 2010 年，我

[*]　执笔人：张文军、罗骏、罗雅琳、阎妍、杨柳清、郑博文。
[①]　王小龙、兰永生：《劳动力转移、留守老人健康与农村养老公共服务供给》，《南开经济研究》2011 年第 4 期。

国有约 1 亿的 60 岁及以上老年人生活在农村，农村人口老龄化现象严重，留守老人群体规模庞大。[①] 留守老人往往面临着子女给予的经济赡养资源较少、生活仅维持在温饱水平、存在代际隔阂、交往范围狭窄等经济和社会关系方面的问题。以上问题可能导致留守老人精神孤独，生活质量下降，在家庭和社区中逐渐边缘化。[②] 对于如何解决上述问题，学界已经进行了诸多思考。

以往相当多的文献都是在被动视角的指导下来探索留守老人问题的解决路径的，比如有学者从政府、社会、子女个人方面探讨农村留守老人经济赡养和生活照料资源匮乏等问题的解决途径，提倡建构完备的供养体系[③]，或者依靠农民工的回归来解决"老人农业"和"空心村"的问题[④]，带有较强的依附性色彩。另外，大多数研究只针对留守老人某方面的问题进行分析，呈现碎片化特征，比如仅关注农业产业化解决留守老人在经济收入、家庭代际关系、精神状况等某一方面问题的作用[⑤]，无法多维度全面破解留守老人面临的"边缘化"困境。可见，在以往研究中我们尚无法找到解决留守老人问题的方法。

① 宋月萍：《精神赡养还是经济支持：外出务工子女养老行为对农村留守老人健康影响探析》，《人口与发展》2014 年第 4 期。

② 叶敬忠、贺聪志：《静寞夕阳——中国农村留守老人》，社会科学文献出版社，2008。

③ 周祝平：《农村留守老人的收入状况研究》，《人口学刊》2009 年第 5 期；孙鹃娟：《劳动力迁移过程中的农村留守老人照料问题研究》，《人口学刊》2006 年第 4 期；Jane Falkingham, Angela Baschieri, Maria Evandrou and Gail Grant. *Left behind in Transition? The Well-Being of Older People in Tajikistan*. Butterfill, 2010。

④ 程必定：《中国的两类"三农"问题及新农村建设的一种思路》，《中国农村经济》2011 年第 8 期。

⑤ 叶敬忠：《农村劳动力外出务工对留守老人经济供养的影响研究》，《人口研究》2009 年第 4 期；姜睿清、黄新建、谢菲：《为什么农民无法从"公司+农户"中受益》，《中国农业大学学报》（社会科学版）2013 年第 3 期；Guo-ping He, Jian-fei Xie, Jian-da Zhou and Si-qing Ding. "Depression in Left-Behind Elderly in Rural China: Prevalence and Associated Factors." *Geriatrics & Gerontology International*, 2015；Q. J. Song. *The "Great Migration" and Mental Health of the Left-Behind Elderly: Bringing in Urbanization and Community Perspectives*. SUNY Albany, 2015.

中共中央越来越重视"农业产业化"① 在"三农"发展中所发挥的作用，针对以往研究的缺陷，本文立足于积极老龄化视角，将留守老人置于农业产业化这一结构性背景之下，借鉴《云南三村》和《江村经济》中研究结构性社会力量对农民的影响时所用的衡量指标——生计②来探讨留守老人在农业产业化中的变化，并从经济利益、社会关系、身份地位③三个方面对其进行综合维度考量，尝试回答"留守老人是否可以通过农业产业化自主化解其困境"这一问题。

本文研究中主要采用半参与式观察和半结构式访谈等收集资料的方式，基于在河南省新乡市 A 村④获得的大量关于该村参与农

---

① "农业产业化"由 John M. Davis 和 Roy A. Goldberg 所提出的"agribusiness"一词翻译而来，他们认为农业产业化就是农业（agriculture）和商业（business）的结合，强调两者内在的相互依赖和关联，这个词的含义为"农产品的生产、储存、加工、销售各环节的综合"，本文中的农业产业化也将继续沿用此含义。具体参见 John M. Davis, Roy A. Goldberg. *A Concept of Agribusiness*. Harvard University，1957。

② 费孝通、张之毅：《云南三村》，社会科学文献出版社，2006；费孝通：《江村经济——中国农民的生活》，商务印书馆，2002。

③ R. Chambers 和 G. Conway 认为"生计是谋生的方式，该谋生的方式建立在能力、资产（包括储备物、资源、要求权）和活动基础之上。而如果该谋生的方式可以使主体能够应对风险并从震荡中恢复、保持并提高其能力与资产、为下一代创造获得可持续性生计的机会以及通过发展个体甚至共同体的短期应对机制和长期适应机制增强他们应对外部环境变化的能力，那么这是一种具有可持续性的生计模式"，该可持续性生计含义中所倡导的"适应性、参与性、赋权性发展"本身就暗含着对主体物质与精神生计的双重考量，因此本文将"生计"操作化为"经济收入、社会关系、身份地位"，关注主体物质和精神方面的生计质量。具体参见 R. Chambers and G. Conway. Sustainable Rural Livelihoods: Practical Concepts for the 21st Century. IDS Discussion Paper 296. Brighton: Institute of Development Studies，1992。

④ A 村树莓农业产业化发展初具规模，但大多数青壮年为了能够获得更好的生活条件及提高自己的经济水平到外省或者是邻近的城市郑州、新乡打工，使得大量的老人留守，妇女由于在家照顾孩子或者照顾老人等原因留在家中，这两个群体构成了 A 村主要的留守人口。A 村全村有 2740 人，共 575 户，全村外出打工者约 860 人，其中男性约 600 人，女性 200 余人，该村有 1800 余人的留守人口，且大多为留守老人，构成了发展该村树莓产业的主要群体。如今 A 村树莓产业发展良好，拥有河南省林业产业化重点龙头企业，其生产的果汁饮品在 2010 年、2011 年连续两年被评为全国农产品加工业投资贸易洽谈（转下页注）

业产业化的留守老人的材料①，在积极老龄化视角的指导下，探讨
农业产业化对留守老人在"利益－关系－身份"三个维度上的生计
影响。首先，通过描述当地留守老人参与树莓农业产业化以及树
莓龙头企业吸纳当地留守老人的三种途径，展现当地留守老人和
树莓农业产业化的结合模式和过程。其次，描述当地留守老人在
树莓农业产业化中扮演的相应角色，展现其在树莓农业产业化过
程中的工作、生活、资源获得的情况。再次，在原因描述和角色
呈现的基础上探讨树莓农业产业化对当地留守老人利益、关系、
身份三方面生计的影响。最后，总结回顾农业产业化对于留守老
人独立自主发展的真正意义，反思农业产业化与留守老人结合这
一模式存在的问题和未来可能的改进方向。

二　留守老人参与树莓产业的路径

以往研究已发现农业产业化的三种基本模式：合作社一体化、
"公司+农户"以及"公司+中介组织+农户"。② 而本文研究中调研
地点 A 村的树莓产业同样存在合作社一体化、"公司+农户"以及

（接上页注④）会优质产品，并通过了原农业部农产品质量安全中心的"无公
害农产品认证"。现已开发的树莓产品有树莓鲜果、树莓速冻果、树莓饮料、
树莓酒等，在国内和国际都占有一定的市场份额。A 村树莓产业不断发展的过
程，也是树莓农业的产业化过程，这一过程中该企业不断建设发展自己的树
莓生产基地和自己的加工厂，延长树莓产业链条，并将当地劳动人口大量纳
入其中。

① 包括个人基本情况（经济收入、工作类型以及内容、工作变化历程、生活作
息、闲暇活动等），家庭基本情况（人员构成、经济收入、工作类型及地点、
工作变化历程、子女养育、老人照顾、家庭关系等），如何被纳入产业化过程
（企业的筛选机制、农民的选择思路），在产业化过程之中充当什么角色（生
产种植、加工、销售），留守人口被纳入产业化过程之后的变化（个人方面有
心理情感、收入、身份、生活方式的变化，家庭方面有收入结构、经营结构、
家庭分工、代际关系等的变化）。

② 周立群、曹利群：《农村经济组织形态的演变与创新——山东省莱阳市农业产
业化调查报告》，《经济研究》2001 年第 1 期；王亚飞、唐爽：《我国农业产业
化进程中龙头企业与农户的博弈分析与改进：兼论不同组织模式的制度特性》，
《农业经济问题》2013 年第 11 期。

"公司+中介组织+农户"三种形式，留守老人主要通过以上三种形式进入农业产业化过程中。

（一）合作社一体化

合作社一体化模式是指由农民成立合作社，在合作社发展壮大后成立企业实体来销售、加工合作社内部成员生产的农产品，从而实现农业产、加、销和贸、工、农一体化经营。[①]

这种形式在 A 村表现为村支书带动成立新特优果业协会，其特征是小范围、小规模种植。随着加入种植树莓的农户逐渐增多，A 村成立树莓合作社，并开始流转土地，严格规范种植的技术、流程和种植成品的质量，种植趋于规模化、专业化，在我们调查时已拥有接近 1000 亩的种植基地。在此基础上，合作社发展树莓加工业，销售渠道也逐渐呈现在国内国外多方拓展的特点，并最终成立生产、加工、销售一体化的农业食品发展有限公司。

在这一路径之中，留守老人主要利用自身所拥有的土地、劳动力两种资本参与农业产业化。留守老人将自家土地流转给合作社，由其种植树莓，自己赋闲在家，只管理剩余的一小部分土地，或者只在种植基地打零工。另外，留守老人也可以通过直接进入合作社种植基地或者工厂生产车间工作而参与农业产业化，当然也有在将自家土地流转给合作社的同时又在其种植基地或工厂车间工作的情况。

对于流转土地的留守老人来说，自身身体状况欠佳或家里劳动力不足、土地租金有吸引力等原因促使其流转土地给合作社。另外，对于工作的留守老人来说，由于树莓本身的易腐性，工厂车间温度极低，对于工人的身体素质要求较高，因此只有 60~65 岁的留守老人能通过工厂标准化要求的筛查，相对较高的工资激励其承担这份工作。而处于 66~75 岁的年龄段，具备一定劳动能

---

① 郭晓鸣、廖祖君、付娆：《龙头企业带动型、中介组织联动型和合作社一体化三种农业产业化模式的比较——基于制度经济学视角的分析》，《中国农村经济》2007 年第 4 期。

力的老人，也希望能够为家里多挣一些收入，因此便在工作要求较低、内容轻松灵活的种植基地打零工。

（二）"公司+农户"

"公司+农户"组织模式是龙头企业与农户通过签订农产品远期交割合同，事先约定双方交易的数量、质量和价格，从而形成契约关系的一种合作模式。[①] 随着 A 村的树莓产业不断发展，A 村附近的 B 村、C 村也开始大规模种植树莓，笔者开展调查时与公司事先约定买卖的农户发展到 1800 余户，树莓种植面积达8000 余亩。他们在自家的土地上自主种植，直接与树莓公司进行市场交易。自主种植的散户与树莓公司签订订单，并使用公司统一提供的篮子盛装树莓，运送到指定地点由公司称重人员统一验货收货。据 A 村工厂[②]的称重工人 LFT 介绍，针对每一个来供货的散户都有详细记录，并且有专门的账本记录散户的订单："我负责的主要工作是每天等着人送来果子，给他们称重、记录，再给个票子，把果子送到里面去，再发发筐什么的。公司地里的和散户种的都要记录下来，本子上（有）名字、斤数、红莓还是黑莓、几筐，这样才知道产量，只有散户的才发这个红票子。"由此一来，部分留守老人作为树莓散户，在与公司形成的契约关系之中同样受到数量、质量等标准化规则的限制，由此参与到农业产业化之中。

选择这一路径的留守老人年龄极差较大，遍布老年中的各个年龄段，原因在于这种选择的收益相较于其他几种路径更为可观，在此基础上工作还较为自由灵活。如果自家拥有充足的劳动力，老人便会选择此路径，甚至通过承包他人土地扩大种植规模来参与农业产业化。

---

① 王亚飞、唐爽：《我国农业产业化进程中龙头企业与农户的博弈分析与改进：兼论不同组织模式的制度特性》，《农业经济问题》2013 年第 11 期。
② 公司是对其的正式称呼。在公司制度下，有具体的生产加工车间。A 村的受访对象习惯用"工厂"指代公司。在本文中，沿用已有表达习惯，在涉及具体工作时，用"工厂"指代公司。

（三）"公司+中介组织+农户"

中介组织作为公司和农户的连接纽带，使众多分散的小规模生产经营者联合起来形成统一的较大规模的经营群体①，这一模式是对"公司+农户"模式的改进。

树莓企业逐渐发展壮大，辐射范围也在扩大，需要中介组织介入协助生产。A村的树莓公司与18个中介组织合作，其中包括合作社和树莓协会，依靠其组织、协助、监督树莓的种植，统一供应农产品原材料，保证其数量和质量。公司直接与中介组织签订协议，规定定期收集的农产品原料数量、质量，并向其提供技术、种子、化肥等方面指导支持，而中介组织又把此规则、资源供给具体落实到农户身上，同时还给予他们统一收购、统一运输的保障。

不同于松散形式的散户供货，与中介组织签约的留守老人在风险承担方面有了组织上的保障。除了提供技术和树莓苗，统一收购、统一运输外，中介组织在企业和留守老人之间还扮演着协调者的角色，比如开展价格、质量、产量上的协调，增强了留守老人作为弱势市场主体与企业直接谈判的话语权。因此，"公司+中介组织+农户"这一路径抵消留守老人参与产业化可能面临的一部分风险的能力成为留守老人通过该路径参与农业产业化的重要原因，不同年龄段的留守老人都存在选择该路径的趋向。

留守老人与中介组织签约后，种植和销售都有中介组织的协助，留守老人便由此参与到农业产业化之中。

三　留守老人在树莓产业中的角色扮演

根据留守老人在参与农业产业化后对土地的依附程度，本文将

① 郭晓鸣、廖祖君、付娆：《龙头企业带动型、中介组织联动型和合作社一体化三种农业产业化模式的比较——基于制度经济学视角的分析》，《中国农村经济》2007年第4期。

其划分为"离地人群"、"半离地人群"和"留地人群"三种。离地人群是指完全流转土地、进入工厂之中的留守老人,其一般进入车间进行生产。半离地人群是指保留部分土地,同时参与到企业的生产之中的留守老人,其一般利用闲暇时间在企业基地进行生产,处于"兼业"状态。留地人群是指仍完全依赖土地进行生产、以土地收入为主要经济来源的留守老人。

(一)离地人群

离地人群通过农业产业化进入工厂生产体系,其主要工作地点为生产车间。企业生产车间主要进行树莓的初级加工,包括挑选、冷藏等。在生产车间工作的留守老人年龄相对较小,其年龄在 60~65 岁。由于车间工作需要一定的技术和体力,其进入车间前需经过企业的挑选,挑选标准主要为年龄、身体状况等。在进入生产车间之后,其主要工作地点根据流程线而定,树莓加工依据"称重记录—挑选分类—冷藏保鲜"这一流程进行。留守老人分别担任记录工、挑选工和冷藏工等岗位。

生产车间具有一定的规章制度,对员工的上下班时间和工作安排有明确的要求。其每天的工作时间为 8.5 个小时,起止时间为早上 8 点至晚上 6 点,中间休息 1.5 小时。在工作时间内,老人按照规定进行操作。记录工主要负责协调前来送果的合作社或私人农户,对树莓进行品质分级,并进行称重记录。在称重的过程中,工厂一般会派一名年轻工人进行指导和监督。挑选工主要负责对称重后的树莓进行筛选,对不同质量的树莓进行分类。挑选工一般为女性,其工作灵活度较高。冷藏工主要负责树莓的冷藏保鲜及成品的搬运,其年龄一般较小。

在薪酬方面,以各工种承担的工作量为标准进行计算,其工资为月结制。在三个工种中,冷藏工承担工作量最大,技术要求最高,其工资为 1800 元/月;挑选工其次,其工资为 1600 元/月;记录工收入最低,其工资为 1500 元/月。除正常工资之外,企业会在中秋节、春节等节日发放礼物。留守老人对于车间工作的认同度较高:"年纪大了,也不想出去了,身体还算壮实,来这也不忙，工资是不高，可按月拿钱，不累，也算舒坦。"

（二）半离地人群

半离地人群保留部分土地进行生产，以满足家庭需求。同时，其将剩余劳动力或剩余时间投入工厂生产基地的工作中。企业的生产基地主要通过土地流转进行集中化的生产，以满足加工需要。在生产基地之中，留守老人的年龄集中于 66~75 岁，其主要工作为树莓的除草、采摘，根据工作时间和工作性质的差异，其分为采摘工和管理工。

生产基地的管理主要由两名队长负责，分片经营，每人管理500 亩土地，采摘工和管理工直接对其负责。采摘工专门负责树莓的采摘，其工作时间不定，每天只需在规定时间到称重处进行称重记录。其工资为日结制，按照称重量进行结算，具体标准为 1.5元/斤。其工作时间较为自由，可自行安排时间进行采摘。管理工主要负责土地的全面管理，包括种植、采摘、除草、浇水、翻地等，企业会对管理工进行一定的技能培训。其上下班时间固定，与车间工人一致。其工资为1500 元/月，采用月结制的形式。在节假日，他们也享受企业的福利。

在生产基地中，采摘工占大多数，其选择采摘的主要原因在于时间上的自由，据采摘工 YLH 介绍："光干采摘，工资是不高，可是想啥时候来都行，也没啥约束，年纪大了，也听不得别人说咱啥咯。"而管理工人数相对较少，每个队长负责管理 8 个工人，其大多居住在本村或者邻村，经熟人介绍而来，其年龄相对采摘工更为年轻，且具有一定的技术。

（三）留地人群

在留地人群中，留守老人保留自家土地甚至流转他人土地进行生产，其生产单位为家庭，因此本文以"户"的形式对其进行描述。在这一人群中，根据其生产的标准化程度，本文将其划分为标准户和散户。部分留守老人按照企业的标准进行种植，与企业签订相应的合同，其为标准户。同时，部分留守老人的种植处于标准化生产体系之外，经营规模小、组织化程度较低、无契约保障，可被称为散户。留地人群的年龄分布较为分散，年龄主要在 60~75 岁，工作时间和日常活动由其自行安排。

标准户按照树莓企业对原料质量以及数量的要求进行生产，本文根据种植树莓的既有土地类型对标准户进行进一步划分。一部分标准户在企业的生产基地中承包土地进行种植，其为承包户。另一部分标准户在生产基地之外的土地上进行种植，与企业签订订单以及合同，其为订单户。

承包户在企业生产基地内承包一片土地进行生产，并对其劳作及收成全权负责。承包户承担一定的管理责任，工作量较大，负责田地的除草、采摘、浇水、施肥等工作。管理并非其主要职责，其主要角色依旧是种植者。为防止货源不足，树莓加工企业往往会选择发展一批合作农户，即与企业签订协议或者订单的订单户。对于成为订单户的留守老人，企业会定期派送技术员对其进行技术指导。这部分留守老人大部分只负责种植树莓，向企业提供原材料。与企业进行合作的留守老人又可以分为私人种植以及以合作社为单位种植两种。私人种植即以个人家庭为单位进行的种植，私人种植订单户 YLQ 这样描述他的情况："我们种的树莓都是这个厂家发展的，我们摘果要雇人，每斤 1 块钱。公司会给我们装树莓的筐，我们摘多少他就给多少筐给我们。我们每一年都往这里送货。"订单户以私人身份与企业进行沟通，并通过既有合同获得收入。以合作社为单位种植的订单户即加入合作社、在合作社之中种植树莓的留守老人，他们种的树莓一般以合作社为单位统购统销，这种合作社一般以村庄为单位。在访谈过程中，ZHY 如是描述这一过程："是队里统一决定种的，我们也有这个想法，所以就种了树莓。它（合作社）说让你加入，一起来种。"企业只需要与合作社签订协议，由合作社对农户种植进行统一的要求以及指导。

相对于标准户而言，树莓种植散户即指那些处在标准化体系之外，以家庭为单位进行小规模树莓生产的农户。散户种植的随意性较强，往往可以根据自家情况灵活安排。散户家庭需要自家负责种植、加工、销售三个环节。其一般会根据自身的经验以及邻里之间的相互交流来进行树莓种植。在采摘结束获得原料之后，一般会有三种销售途径：直接销售给企业、自家对其进行零售、对树莓进行初级加工（比如加工成树莓酒、树莓醋）再对加工产品进行零售。

四 留守老人参与产业化的结果

随着农业产业化的发展，留守老人的生活发生了变迁，主要表现在利益、关系和身份三个方面。

（一）经济利益：收入增加

在传统农村生活中，留守老人的收入来源主要包括三部分：第一，个人务农所得，即通过经营土地获取的收益；第二，外部支持，如在外务工的子女对老人的经济补贴；第三，政府补贴，如为满足一定条件的老人发放的补助。留守老人整体收入不高且较不稳定，难以满足更高的生活需求。

当留守老人进入树莓产业后，其收入渠道拓宽，收入增加。对于离地人群和半离地人群而言，其收入主要为工资所得及土地流转费用；对于留地人群而言，其收入主要为树莓经营所得，包括土地产出和家庭观光业所得。

通过比较可以看出，留守老人的收益有了明显增长。以完全流转土地、进入企业车间的留守老人为例，其可获得土地流转的费用，经过与企业的协商，当地土地使用费用为1200元/年；进入工厂之后，其工资一般为1500~1800元/月。这样，其总体性收入远远超过以往粮食作物种植所得。正如村中种植户LXN所说："你看啊，以前俺们种植玉米，一亩也就1200多斤，今年每斤七毛五，一亩地也就能得900多元，这还不算投入。这莓子，今年减产了也能收2000多斤，按3块钱的价卖，还能得大几千（元），肯定是种莓子来得划算嘛。"利益的增长推动留守老人参与到产业化的过程中。

同时，就年龄梯度而言，不同年龄段老年人的收入存在差异。年龄较小的老年人，即 60~65 岁年龄段的老年人，其自身劳动能力更强，承担任务更多，因此其收入高于其他年龄段的老年人。

（二）社会关系：网络扩展

在进入树莓产业后，留守老人的社会关系得到拓展和延伸，其社会关系的改变主要表现在关系强度和广度两个方面。其中，关系强度是指留守老人与其他群体关系的紧密程度，关系广度是指留守老人的交往范围。这两者在不同方面共同构成留守老人的社会关系，并通过紧密互动相互影响，建构起留守老人的社会网络。

在关系强度方面，集体安排下留守老人的互动增多，相互关系改善。在传统家户安排下的农村生产中，农民以家庭为单位进行活动。在留守现象日益严重的情况下，留守人口在此种生产模式下难以找到倾诉和交流的对象，其家庭内外部互动的缺失使其处于严重的"孤立"状态，孤独感和不安全感严重影响着留守老人生活质量的提高。在参与产业化之后，留守老人可选择进入生产基地，进行集体生产，或承包土地，觅人做工。在这种情景下，留守老人之间互动和交流的机会明显增多，增强了以往家庭生产下薄弱的外部关系，缓解了留守老人的孤独感。

在关系广度方面，树莓产业经营形式的多样性扩展了留守老人的关系网。在传统村庄生活中，农民的生活圈子主要在居住的村落中，留守老人尤其如此，在村庄之中社会关系较为单一，其交流对象多是家族内部成员及邻里，且关系紧紧依附于土地。在参与产业化之后，留守老人通过企业、合作社形成了新的社会网络。企业的进入，打破了村庄间的界限，不同村庄、乡镇的农民一起进入企业务工，甚至还有外省的技术人员和管理人员。留守老人在进入工厂和基地从事生产的过程中，不断和他们打交道。在此基础上，留守老人慢慢了解了村庄之外的生活方式和理念，并逐渐摆脱土地对社会关系的束缚，通过做工等形式逐渐建立起与企业、与工厂的关系，其关系圈层呈现多样化、多重化的特点。

(三) 身份地位：去边缘化

在传统生活中，留守老人在"家庭-村庄"体系内的身份认同较为尴尬。在家庭生活中，一方面，其生活需要子女的外部供养，而其自身劳作难以为家庭运行提供有效帮助；另一方面，由于子女长期在外，留守老人具有强烈的孤独感和不安全感。另外，在村庄生活中，留守老人也极少有机会参加村庄政治、经济、社会交往等活动。正如老人 WTP 所说："现在老了，挣不来钱，倒成了儿女的累赘，他们也不在身边，真是没用了。"总体而言，留守老人在家庭和村庄中都处于被排斥和边缘化的状态，身份认同和社会认同相对较弱。

进入树莓产业后，留守老人的身份地位发生转变。在家庭生活中，由于经济能力的提升，他们不仅能够满足自身的生活需求，甚至还能在一定程度上助推家庭的整体运行，其在自我认同中逐渐摆脱"累赘"的身份定位。在村庄生活中，技术较好和经验较丰富的老人成为树莓种植的"权威"，对同村甚至邻村人进行经验指导。在与同辈群体、邻里等群体的频繁互动中，留守老人的关系网络得到拓展，其在村庄生活中的地位也得到了提高。家庭和村庄角色的转变，使留守老人对于自身和社会的认同感在不断增强。

同时，留守老人的身份认同开始由"农民"向"工人"转变，产业化强化了其与市场的关系，并逐渐使其形成"工人"这一身份概念。在传统的村庄生活中，农民缺乏市场的概念，农村中的集市是简单交易的平台，而未形成正式、完整性的市场。当树莓产业不断发展，不同规模的土地流转、计件式和计时式的薪酬计算方式、农民与企业的契约关系等，都在推动村庄市场的形成。留守老人在参与产业化的过程中，逐渐明确与市场的关系，与企业商讨土地流转的费用，与基地管理者协商工资的发放方式，与企业签订合作合同及收购合同，这些都反映出留守老人正在逐渐适应与市场的关系，为自身利益而与外界进行博弈。在这一过程中，产业化使留守老人增强了与市场的关系，逐渐成为市场中的个体，由"农民"向"工人"转变。

五 结论与讨论

通过树莓产业的发展，留守老人的生计系统"利益-关系-身份"得到改善。同时，留守老人在产业体系中的行动也受到年龄梯度因素的影响，年龄较小的留守老人在产业化中的转变更为迅速，表现更为积极。这表明，留守老人这一群体仍具备相当程度的发展能力，留守老人主体性的发展，对其自身和村庄都有积极的价值。但在以往的研究中，学者大多将完善外部支持体系作为留守老人的发展道路，而忽视其主体性。叶敬忠与贺聪志认为政府、社区和社会应共同发力，充分发挥社区的支持作用，提供工具性和情感性支持，以解决留守老人的问题。[①] 其过分强调外界支持体系的作用，而未对留守老人的主体性做出探讨。而阿玛蒂亚·森认为，社会排斥导致人的困境，社会排斥是个人或团体被部分或整个地排斥在充分的社会参与之外，其本身是能力贫困的一部分。[②] 因此，本文认为，在市场化背景下，重视留守老人的参与，赋予留守老人发展的权利，以积极老龄化视角看待留守老人现存问题的解决和未来发展方向，是破解当前留守老人面临的物质与精神的双重困境、提升其生活质量的重要途径。

对于如何提升留守老人的主体性和市场参与能力，农业产业化提供了一条可行的思路：赋权增能，实现其物质生活和精神生活的双重发展。随着树莓产业的逐渐发展，留守老人作为主要劳动力参与其中，并通过不同的路径在产业化中扮演不同的角色。在这个过程中，留守老人在利益、关系和身份三方面发生着变化。而这三方面也在互动过程中塑造了留守老人新的生活。利益是留守老人参与产业化的决定性因素，收入的增加增强了其参与的意愿；利益诉求实现后，其身份和关系的转变才具有可能性。在长

---

① 叶敬忠、贺聪志：《静寞夕阳——中国农村留守老人》，社会科学文献出版社，2008，第458页。
② 阿玛蒂亚·森：《论社会排斥》，王燕燕译，《经济社会体制比较》2005年第3期。

时间的参与中，留守人口的社会关系网得到扩展，其关系深度、广度和强度都发生改变；其收入的增加和关系的扩展，增强了其自身认同感和社会认同感。在"利益-身份-关系"三维度的互动中，留守老人物质与精神生计系统得以构建。

在强调留守老人发展主体性的同时，如何在市场参与中更好维护留守老人的权益，成为我们必须关注的问题。在产业发展过程中，作为劳动主体，留守老人依旧具有特殊性。一方面，他们自身生产能力有限，难以承担高强度的劳作；另一方面，他们在与企业的对话中，由于自身能力的局限而处于相对弱势的地位。在此情况下，对该群体给予充分的照料，是使他们充分发挥自身主体性的重要保障。一方面，应对留守老人进行相关培训，在技术方面进行指导，以提升其人力资本；另一方面，应通过相关政策对留守老人的权益进行保护，维护其正当利益。只有充分发挥留守老人的主体性，并保证其在市场之中能够持续发展，才能够真正提升留守老人的生活质量，帮助他们在一定程度上走出困境。

农村贫困家庭的多维表达及精准识别[*]

——基于豫中三村的经验分析

摘　要： "十三五"期间脱贫攻坚任务要求我们对农村贫困家庭进行精准识别。本文在反思已有研究的基础上，立足于精准扶贫的实践，通过参与式观察法和访谈法对农村家庭贫困进行多维表达，以期实现对农村贫困家庭的精准识别。研究发现，在制度表达中，其规定的贫困多停留在物质层面，且在实际操作过程中缺乏监督和考核机制导致的"祛真"和"纳伪"使得其对贫困户的识别难以"精准"。在社区表达中，贫困呈现由物质贫困向能力贫困和权利贫困过渡的趋势，其对贫困内涵和外延的认知更加深刻。在自我表达中，贫困内容涵盖物质维度、能力维度、权利维度和精神维度等多个维度，而且其对贫困维度的加总和贫困户的识别过程表现出严重的关切。通过农村贫困家庭的多维表达，本文发现，贫困是建立在一定客观事实基础之上的一种社会建构，多维表达对于贫困的合理建构大有裨益，也为贫困的精准识别奠定了基础，使得精准帮扶有的放矢。在多维表达的基础上，本文对精准识别何以"瞄不准"进行了反思。

关键词： 农村贫困　贫困家庭　精准扶贫

　　中国的扶贫开发始于 20 世纪 80 年代中期，作为一项在改革开放过程中逐步得到明确和强化的重大战略决策，其主要目标在于解决农村人口的温饱问题。随着社会的发展和扶贫形式的变迁，

---

　　* 执笔人：田丹盟。

基于对国情的准确把握和对贫困状况的深入认知，精准扶贫被党和国家提上了日程。在"十三五"时期国家脱贫攻坚的行动指南中，精准扶贫的具体行动要求我们要进一步明确帮扶对象，即对贫困家庭或贫困个体进行精准识别。位居"六个精准"①之首的精准识别（扶持对象精准），强调在准确、有效地识别贫困家庭的基础上，通过切实可行且具有针对性的帮扶措施，帮助贫困家庭摆脱贫困，并以行之有效的动态管理保障其健康发展。在扶贫实践中，作为认识贫困问题的基础和实施扶贫策略的前提，贫困认知和测度的清晰与否直接影响着扶贫政策的效果。实现对贫困家庭的精准识别，既关乎精准扶贫事业的开展，也关乎贫困家庭成员的权益。然而，精准扶贫在落实的过程中往往出现"瞄不准"的现象——精准扶贫所划定的贫困名单，并非只涵盖最贫困的农户，而是往往将那些贫困线以上的农户也划进来②，导致扶贫项目资金使用效益相对低下，阻碍精准扶贫事业的开展，损害贫困对象的权益。因此，探讨农村贫困家庭的精准识别问题不仅有助于深化对农村家庭贫困的理论认识，而且具有现实的政策意义。

一　研究问题的提出

贫困现象早已有之，但对贫困问题的专门研究则是近百年才逐步开展的。在对贫困的认知过程中，人类并不是简单地认识或发现贫困，而是在这个认识和发现的过程中不断赋予其意义并建构贫困。作为一种社会现象，贫困并不能定义自身，它必须由个人、团体或组织建构。正是通过这种将贫困逐渐定义为令人忧虑甚至难以忍受乃至必须采取行动加以解决的问题的建构，贫困

---

① 2015 年 6 月，习近平总书记在贵州考察时明确提出了六个精准的要求。六个精准是：扶持对象精准、项目安排精准、资金使用精准、措施到户精准、因村派人精准、脱贫成效精准。参见《习近平：谋划好"十三五"时期扶贫开发工作 确保农村贫困人口到 2020 年如期脱贫》，中华人民共和国中央人民政府网，2015 年 6 月 1 日，https://www.gov.cn/xinwen/2015-06/19/content_2882043.htm。
② 王雨磊：《精准扶贫何以"瞄不准"？——扶贫政策落地的三重对焦》，《国家行政学院学报》2017 年第 1 期。

才呈现在了大众面前。随着社会的发展，学界对贫困的认知也日益深入，从最初只关注收入等经济因素到逐渐关注贫困者的可行能力、社会权利等因素①，贫困的内涵与外延不断得到拓展和丰富。

满足基本生活需要一直是人类社会发展的核心问题，因此，社会对于贫困的认知也肇始于对生活消费水平的认定。英国的 Rowntree 最早对贫困进行货币量化处理，他通过对英国约克市贫困线的估量，测算出一个六口之家一周收入为 26 先令的贫困线，并给出了贫困的经典定义——"总收入水平不足以获得仅仅维持身体正常功能所需的最少生活必需品"②，并据此划分出初级贫困和次级贫困两种贫困类型。但用收入和消费来解释贫困，忽视了家庭经济活动的持续性。因而，一些学者提出了贫困还意味着投资水平低下，无法实现扩大再生产。古典经济增长理论和新经济增长理论都充分肯定了投资对于消除和缓解贫困的重要作用，如 Nurkse（讷克斯）的"贫困恶性循环理论"③、Nelson 的"低水平均衡陷阱理论"④ 等。随着人类社会的发展，只关注经济层面的"贫困"的思想因其局限性而受到日益广泛的质疑。⑤ 发展学另辟蹊径，以能力来看待贫困，从而使人类对贫困的认知实现了具有突破性的飞跃。Sen（阿马蒂亚·森）主张从权利的角度分析贫困问题，认为贫困是对可行能力⑥的剥夺。联合国开发计划署接受这一观念，并于 2000 年正式使用"人力贫困"一词来指称生活在贫困状态中

---

① S. Alkire. "Choosing Dimensions: The Capability Approach and Multidimensional Poverty." Chronic Poverty Research Centre, 2007.

② B. S. Rowntree. *Poverty: A Story of Town Life.* London: Macmillan, 1901.

③ 讷克斯：《不发达国家的资本形成问题》，谨斋译，商务印书馆，1966。

④ R. R. Nelson. A Theory of the Low-Level Equilibrium Trap in Underdeveloped Economies. *American Economics Review*, 1956, 46 (5).

⑤ 朱晓阳：《反贫困的新战略：从"不可能完成的使命"到管理穷人》，《社会学研究》2004 年第 2 期。

⑥ 阿马蒂亚·森认为的可行能力包括免除饥饿与疾病的困扰、避免营养不良及过早死亡、接受良好的教育、享受生活乐趣等。具体参见 Amartya Sen. *Poverty and Famines—An Essay on Entitlement and Deprivation.* Oxford University Press, 1983; Amartya Sen. *Development as Freedom.* Anchor, 2000。

的人群缺乏诸如健康、长寿、自由、尊重等人类发展的基本机会和选择的情况。① 进入 21 世纪以来，从 Sen 的"能力集"及"能力贫困"视角出发，利用多个维度来衡量贫困已经成为理论与实证研究的主流。随着社会的发展和对贫困认识的深入，对贫困的实际测度也逐渐呈现由单维测度向多维测度发展的趋势。目前构造多维贫困指数的方法主要有基于信息理论的方法、公理化方法、模糊集方法、投入产出效率方法、"双界法"、主成分分析法、多元对应分析法等，较具有代表性的测量指标有联合国开发计划署公布的 HDI（人类发展指数）和 OPHI（牛津大学贫困与人类发展中心）与联合国开发计划署共同发布的 MPI（多维贫困指数）等。总的来讲，学界对贫困的理论认知经历了从静态到动态、从客观到主观、从确定到模糊、从一维到多维的动态发展过程。② 但多维贫困测度的前提依然是单个维度的精准识别，因此维度的选取也就极为关键。

审视已有研究，我们可以得到如下启发：（1）诸多学者基于不同的学科视角、价值理念、个人偏好等因素对"贫困"进行了精细化研究与操作，使得对贫困的认知与测度也日益趋向多维与精细，但从整体上说尚未达成共识；（2）家庭贫困是多维的，既有研究强调包括物质内容和精神内容在内的维度，但忽视了贫困主体内容之外的客体内容，而识别贫困户是一个综合性的社会问题，需要社会各种力量共同推动解决；（3）贫困家庭的精准识别不仅仅是一个具体的行动，涉及博弈与"变通"等问题，而且是具有过程的一个行动事件，涉及识别行动及行动响应等内容。借鉴已有研究，本文将继续探究贫困家庭的精准识别问题，将精准识别置放

---

① 张有春：《贫困、发展与文化：一个农村扶贫规划项目的人类学考察》，民族出版社，2014。

② 叶初升、王红霞：《多维贫困及其度量研究的最新进展：问题与方法》，《湖北经济学院学报》2010 年第 6 期；方迎风：《中国贫困的多维测度》，《当代经济科学》2012 年第 4 期；高艳云：《中国城乡多维贫困的测度及比较》，《统计研究》2012 年第 11 期；王素霞、王小林：《中国多维贫困测量》，《中国农业大学学报》（社会科学版）2013 年第 2 期；丁建军：《多维贫困的理论基础、测度方法及实践进展》，《西部论坛》2014 年第 1 期。

于"过程-事件"之中，并依据布拉德肖的四种需求理论对其进行分析①，在对豫中王村、朱村和李村三个村庄的经验资料进行详细分析的基础上，揭示精准识别过程中不同主体对于家庭贫困的认识及其差异，进而进一步回答为何扶贫过程中精准扶贫"瞄不准"的问题。

二 研究方法与个案

本文研究主要采用参与式观察法和访谈法。在建构主义看来，事实本身与权力、话语等因素密不可分，因而尤其关注"谁运用哪些事实为谁说出什么话"。在探究这一问题的过程中，不同的事实或事实的不同方面会逐渐浮出水面。所以，本文采用定性研究方法，以对文本和话语的研究来寻找答案。在资料收集方面，笔者运用了实地研究法（包括访谈法、观察法）、档案文献资料（包括学术著作、官方资料）收集法等方法。在资料分析方面，笔者运用定性分析法解读收集的资料，具体包括比较分析法、归纳总结法等。此次调查中，笔者共访谈 32 人，收集到 400 多分钟的录音，整理出 13 万字的录音稿和 2 万多字的访谈笔记。同时，笔者经过多种渠道收集到 80 份资料，其中包括纸质公文及文件 5 份、电子公文及文件 17 份、贫困家庭全景照片 8 张、流程图及表格等图片 50 张。这些资料为笔者撰写本文提供了坚实的支撑。

根据收集到的经验资料，调研时王村有人口 2036 人，其中男性 1031 人，女性 1005 人，分为 7 个生产大队，拥有耕地 2091 亩。

----

① 布拉德肖的四种需求理论可以帮助我们根据表达判断人们有怎样的需求。对于布拉德肖四种需求理论的阐释具体参见 Jonathan Bradshaw. "A Taxonomy of Social Need." In G. Mclachlan（ed.），*Problems and Progress in Medical Care*，Oxford：Oxford University Press，1972。在市场化的社会中，不同群体基于不同的行为逻辑、利益立场、价值观念、判断标准、表现形式等因素，会对贫困有不同的认知和表达，对不同的表达加以梳理，有助于我们对贫困的社会建构有更加清晰的认知。因此，笔者在对农村家庭贫困进行多维表达时，即采用"政府：制度表达"-"普通村民：社区表达"-"贫困家庭：自我表达"这样一种纵向分析结构。

村中有困难户 16 户，低保户、五保户 31 户，共 59 人。这些人主要是老、弱、病、残、独（寡）群体，贫困档次集中在 B、C 两类。村庄主导产业是制香业①，近年来多由小作坊式生产转向机械化操作，呈现规模化发展的趋势。总体来讲，王村经济发展具有活力、村庄基础设施建设良好、文化氛围融洽、居民生活便利且生活水平较高。

朱村有人口 2319 人，其中男性 1147 人，女性 1172 人。村庄现有耕地 2674 亩，并有 5 个生产大队。村庄有贫困户 13 户 17 人，其中 15 人为 A 类贫困，2 人为 B 类贫困。由于王村制香手艺传入，近年来部分村民开始进行作坊式的香业生产，大部分青壮年劳动力以外出务工来维持生计，留守妇女则在邻近的王村参与制香作业。总体来讲，朱村的村庄建设不完善，经济发展势头疲软，但大体上可以满足居民日常生活的需要。

李村是一个贫困村，人口数量和耕地比王村和朱村都要少得多，且李村是一个自然村，调研时已经并入孟村。李村有居民 841 人，其中男性 442 人，女性 399 人。有贫困家庭 63 户 77 人，贫困档次集中在 A 类和 B 类。孟村有 3 个生产大队，拥有耕地 1513 亩。由于村庄年轻男女多以建筑工人的身份外出务工，村内多为留守老人和孩童，村庄建设滞后。

三　农村家庭贫困的制度表达

县、乡（镇）两级人民政府对国家精准扶贫开发工作的具体落实影响重大，其遵循的扶贫标准和流程关乎对贫困户的精准识别。目前，贫困人口的识别多采用规模控制法，即根据上级部门的规定，将贫困人口的规模由市到县，再由县到镇，最后由镇到村进行分解。县、乡（镇）政府作为基层行政机构，有将国家法律法规和政策方针落实到农村地区的责任。村民委员会是乡镇政府与群众沟通的桥梁和纽带，村干部则扮演了国家政权代理人和

---

① 制香业指的是生产敬神供佛、祭祀所用香的产业。

村庄自治管理者的双重角色，因此，村干部对贫困的认知便衔接了县乡（镇）干部对贫困的认知与普通村民对贫困的认知，具有承上启下的关键作用。捋清县、乡（镇）两级政府部门及相关干部在表达上对贫困的界定和操作，有助于我们深化制度上对农村家庭贫困的认知，也有助于在实践过程中进一步实现对贫困家庭的精准识别。

（一）制度表达中的贫困认定内容

对农村家庭贫困进行认定的过程主要涉及对贫困对象、贫困指标、贫困标准、扶贫档次、扶贫途径、扶贫内容和扶贫形式的制度表达。就制度表达指向的贫困对象而言，《开市①民政局关于低保救助保障支持脱贫攻坚实施意见》（以下简称《意见》）在具体表述中，将其明确界定为"低保家庭中的老年人、未成年人、重度残疾人、重病患者等特殊困难对象"，尤指无劳动能力，无生活来源，无法定赡养、抚养、扶养义务人或者其法定义务人无履行义务能力的"三无"人员。就制度表达中的贫困指标而言，县民政部门通过户籍、人口、收入、土地、住房、机动车、家庭成员患重病和残疾情况等指标来综合评估家庭贫困状况。其中收入作为认定贫困对象的基本要件，在制度规定中按照统计部门统计口径，以实际核定收入计算，并将贫困标准规定为年人均可支配收入不超过 2850 元。就制度表达中的扶贫标准而言，《意见》规定"按照国家扶贫标准综合确定农村低保的最低指导标准"，以"确保三年内农村低保标准达到国家扶贫标准"，并采用"农村低保标准与物价上涨挂钩的联动机制"，"以省定扶贫标准为主要参考指标综合确定农村低保标准，做到农村低保标准与扶贫标准同步提高，确保农村低保标准不低于按年度动态调整后的省定扶贫标准"。

> 说来说去，最后帮哩差不多还是那些人。都是些老头儿老婆儿家，要么是一些残疾的，不管干活儿挣钱哩，要么是

---

① 王村、朱村、李村均在开市。本文中，"开市"等地名均经过了匿名化处理。

一些生了大病儿，跟那偏瘫啊啥嘞。俺都是根据上头要求来做，看下面报上来的资料合适不，主要还是看一项，就是家庭年人均收入，这一项都妥了差不多……其他哩也看，不过不真严重。要是这个超了，那就不管用了。（县扶贫办工作人员张某）

就制度表达中的扶贫档次而言，县民政局、扶贫办依据贫困家庭的贫困状况将其划分为 A、B、C 三档来进行差别化帮扶；就制度表达中的扶贫内容而言，主要有住房扶贫、教育扶贫、医疗扶贫、技能扶贫、产业扶贫、金融扶贫和政策兜底扶贫等，通过进行危房改造、推广新农合、发放奖助学金、办理养老保险（金）、开展就业技能培训等对贫困家庭进行帮扶；就制度表达中的扶贫形式而言，根据贫困家庭的实际情况，分别采用分散供养、集中供养和供养服务机构管理等救助形式。

俺都是按照县里头哩标准来确定谁家穷谁家不穷，不过村儿跟村儿情况有点儿不同，会有些变化……咱镇上也给那贫困户划了档次，补助哩钱不一样儿，也是 A、B、C 三档。帮哩也多，读书上学也给钱，看病住院还给钱，上了年纪的老头儿老婆儿也给他养老。帮哩样儿多。（镇政府工作人员苏某芸）

在对贫困对象的识别过程中，上述各项内容是为了实现"应保尽保"，避免扶贫过程中出现"祛真"的情况。但同时，还应对"纳伪"现象进行规避。为此，县扶贫办明文规定"户口性质改变、迁出本县，家人有出国经商、打工、留学经历，义务教育期间子女择校就学，有赌博、嫖娼、吸毒、卖淫等行为，拥有机动车辆、高档电子产品，有商品房或装修住房者以及有法定赡养、抚养、扶养义务人但其未履行义务"的人员，不具备申报低保、五保和困难补助的资格。为避免"纳伪"，市民政局、扶贫办也相继形成了"八个精准"和"八个机制"组成的筛选体系来规避此类情况。

（二）制度表达中的贫困认定流程

实际上，文本上的制度表达只有通过实践才能得到落实，进而发挥其指导作用。县民政局公示的贫困户的认定程序为：农户申请—乡镇受理—乡镇初审—县级审批。笔者所调查的镇民政所则将认定流程进一步细化为：农户申请—村委会评议初审—村委会公示—镇审核—镇民政所公示—县民政部门审批—县民政部门公示。同时，为了保证对农村贫困家庭进行精准识别，该镇民政所制定了低保收入核查制度、民主评议制度、公开公示制度、分类施策制度和动态管理制度。可见，文本规定在很大程度上贯彻了国家扶贫开发原本的制度设计，遵循"扶真贫、真扶贫"的原则，力求实现精准识别、精准扶贫。但文本规定落实到实践中，往往会偏离制度设定的初衷。

> 上头都给分了一个镇有多少贫困户，都是按这个来搞的，镇里再分到村里头，最后差不多是镇上给村里分配任务，村干部再去做。（镇政府工作人员刘某）

在对贫困家庭进行认定的过程中，村"两委"会在一定程度上保证识别程序的公正性。但由于压力型体制、贫困识别的规模控制和村"两委"干部"权轻责重"的状况，村干部在具体认定贫困户的过程中，对贫困家庭产生规模排斥，导致"祛真"现象的发生。此时驻村干部本应发挥监督作用，但三年后的脱贫考核使得他们不得不慎重行事：此刻纳入更多贫困户，会加大他们之后脱贫工作的难度。并且，他们的工作很多需要村干部配合并执行，核查过甚，势必影响与村"两委"的关系，很有可能导致村干部对自己工作的不配合乃至与自己的对立，加大自身工作难度。同时，作为一个外来人，他们缺乏地方性知识，短期内无法完整真实地掌握村庄情况。而且，无论这些贫困家庭是否真的得到认定，对驻村干部来讲，都和他们没有切身的利害关系，因而驻村干部监督考核的作用就被大大削弱了。

公示啥啊，说哩，就那些钱，都来争，你咋弄啊。这事
儿没法儿说，都抹不开脸！那要是出个啥事儿，那可得了。
都是村"两委"班子都搁一坨儿商量下，再找各队队长说说，
差不多都知谁家难，谁家不难嘞！你要是去呦呦哩（一个一
个地）说，也不见得有人搭理你。贫困户确定嘞肯定告诉他
一下啊！（村干部肖某）

同时，对于村干部来讲，作为一个理性的社会人，在识别贫
困户的过程中，其会尽可能在规避风险的前提下追求个人利益最
大化。作为对贫困户进行识别第一环节的负责人，村干部的识别
结果对后面的识别环节具有先决作用。在实际操作过程中，由于
信息的垄断和不透明而滋生的暗箱操作也为村干部"以权谋私"
提供了空间和可能性。同时，监督和考核的缺位使得村干部公权
私用，导致"纳伪"问题。"祛真"与"纳伪"耦合，使得制度
表达中的精准识别在实践过程中一定程度上受到妨碍。

对制度表达的内容加以汇总，我们不难发现，无论是关于农
村家庭贫困的文本表达，还是关于其认定的实际操作，二者所表
达的"贫困"都涉及不同群体、涵盖不同类型、辐射不同范围，
包括不同程度的贫困，但其对"贫困"的认知多停留在物质层面，
对于非物质层面的"贫困"关注度有待提高。同时，制度表达过
程中的"祛真"与"纳伪"现象对精准识别产生的不容忽视的妨
碍作用也值得反思与规避。

四 农民贫困家庭的社区表达

普通村民对农村家庭贫困的表达，即农村家庭贫困的社区表
达，联结了农村家庭贫困的制度表达和贫困家庭自身对贫困的自
我表达，具有承上启下的关键作用。村民由于共同生活在村庄内，
基于熟识带来的亲切感和信任感[1]，彼此之间认知的准确性与完整

---

[1] 费孝通：《乡土中国 生育制度》，北京大学出版社，1998，第11页。

性更高，相互了解的程度也更深。在贫困的社区表达中，普通村民由于身处体制之外，就贫困的认知而言，同县乡民政部门工作人员和村干部存在一定的差异。

（一）社区表达中的贫困内涵

社区表达中的贫困对象正是以老年人、妇女、残疾人等为主体的弱势群体。就具体内容而言，社区表达中的贫困包括物质贫困、能力贫困和权利贫困，还带有以能力看待贫困的意味，呈现由物质贫困向精神贫困过渡的趋势。

> 要是说，祖祖辈辈儿都没啥钱，说不定还欠一屁股债，到他根儿家里头没个男哩，老哩老，小哩小，再说那不中听话儿，家里头有个瘫痪啊，神经啊，这样儿哩吧算是真难，挣不来钱。他没钱办不了啥事儿，学不来啥本事，还没人看得起，更别指望旁谁帮啦。（村民刘某）

在市场经济中，贫困最鲜明的表现就是经济和物质层面的匮乏。但不同于制度表达，社区表达中的物质层面的贫困既包括收入贫困，也包括资产贫困，还包括支出贫困，对物质维度的贫困进行了更为详细的划分。同时，不同于制度表达多把贫困限定在物质层面，社区表达中的贫困包含了能力贫困和权利贫困，并将三者有机结合，呈现一种过渡、融合的趋势。农村贫困家庭中家庭成员，尤其是主要劳动力的可行能力不足导致人力资本匮乏，进而致使家庭谋求正常发展的能力受到限制、权利受到剥夺，加剧物质层面的短缺乃至匮乏。而物质层面的短缺和匮乏反过来又加剧了其能力贫困和权利贫困，进而导致农村贫困家庭陷入贫困的恶性循环，难以自救。社区表达里的贫困中，物质贫困、能力贫困和权利贫困三者之间不是断裂分割的，而是呈现一种有机连接、逐渐过渡、逐步深化的关系。

与制度表达相同，社区表达也流露出一种"克制"的姿态，即对于贫困户识别的参与意愿较低。对于制度表达而言，维稳体制、规模控制和责任目标制等多种限制造成基层干部"责重权轻"的局面，使得其不敢、不能也不愿过多发挥主观能动性。对于社区表达而言，随着市场经济的发展，市场伦理和市场逻辑的介入使得村庄共同体日益成为一个半熟人社会，理性化逐渐成为影响人际关系的最重要因素。作为一个有限理性的社会人，普通村民出于人文关怀表达了对贫困家庭的关切，但在缺乏有效机制切实保障自己合理有序参与贫困户识别的情况下，为规避风险，其参与意愿自然较低。

（二）社区表达中的贫困外延

社区表达中的贫困不仅涉及贫困的内涵，还涵盖贫困的外延。社区表达中的贫困外延既关注到了绝对贫困，也关注到了相对贫困；既关注到了短期贫困，也关注到了长期贫困；既关注到了贫困的代内传递，也关注到了贫困的代际传递。同时，基于旁观者的视角和对贫困家庭的人文关怀，其还关注到了贫困的模糊性、动态性和贫困家庭的脆弱性。

> 最穷哩那些人村里头谁不知啊，从上一辈儿就难，家里头要啥没啥……除了这些人还有谁家老难啊？搁不当难为人家。村里头有几家跟沟李那样那么难哩啊？朝阳家那样儿哩，觉着一直都会难，再找不出来第二家儿嘞！有哩那么难，但孩儿闺女慢慢长大，打个工挣个钱，中间没出啥事儿，说不定到时候好些！（村民朱某龙）

当我们离开极端的和原生的贫困[①]时，对贫困人口的识别甚至对贫困的判断就会变得模糊不清，这是由"贫困"的模糊性导致的。在社区表达中，对作为一种社会现象的贫困的横向比较是不可避免的。贫困既有绝对贫困，也有相对贫困。社区表达与制度表达在对贫困档次的划分上具有显著差异（见表1）。

---

① 此处指的是一个家庭的总收入不足以获得维持家庭成员体能所需的最低数量的生活必需品。

表 1   不同贫困档次贫困对象名单

	特别困难（A）	比较困难（B）	相对困难（C）
制度表达	张某江、张某美、张某良、张某现、张某军、张某海、	高某贵、张某超、刘某言、张某胜、张某璞	李某来、李某河、李某来、张某锋、张某营
社区表达	张某江、张某美、张某海	张某璞、张某现、刘某言	缺失

注：此表格非完整的贫困对象名单，而是对笔者访谈对象谈及的贫困对象的汇总。

总的看来，制度表达中的贫困对象规模远大于社区表达中的贫困对象的规模，并且制度表达中的三类贫困与社区表达中的两类贫困也有很大的差异。就贫困对象的认定规模而言，规模控制识别的贫困对象与比较视角认定的贫困对象由于基于不同的出发点和行为逻辑，自然在识别规模上存在一定的出入。就贫困的程度和档次而言，制度表达与社区表达都认定农村贫困家庭中存在"特别困难"的类型，并主张对其进行现有帮扶措施中力度最大的A类帮扶[①]。这主要是因为绝对贫困的相对确定性，使得社会各群体在对其的认知上更易达成共识。但在"比较困难"和"相对困难"的档次中，二者的分歧逐渐扩大，制度表达中部分"特别困难"的家庭在社区表达中只属于"比较困难"，甚至制度表达中部分"比较困难"和"相对困难"的家庭在社区表达中根本算不上贫困。二者依据相同的指标来对贫困家庭进行界定，但在程度判定标准上的不一致，导致制度对贫困的表达与社区对贫困的表达存在较大分歧。实际上，贫困的概念中始终存在着一个不可缩减的绝对贫困的内核[②]，相对贫困则是对绝对贫困的延伸和补充，使得贫困的意涵更加丰富。

在社区表达中，农村贫困家庭物质层面的贫困不仅仅表现为由其自身可行能力的不足和权利被剥夺导致的收入贫困，还包括

---

① A 类帮扶每月补助 120 元，B 类每月 100 元，C 类每月 80 元。

② Sen 在《贫困与饥饿》中将其表达为"饥饿、营养不良以及其他可以看得见的贫困"。具体参见 Amartya Sen. *Poverty and Famines—An Essay on Entitlement and Deprivation.* Oxford University Press, 1983, pp. 23-32。

由贫困的代际累积导致的资产贫困①。贫困作为一个动态变化过程，从家庭生命周期的视角来看，往往是家庭劣势积累的结果。贫困家庭在依靠自身力量谋求正常发展时，由于物质、能力、权利等层面的匮乏，难以有效应对和抵御风险，时刻处于一种脆弱的状态。

五　农村贫困家庭的自我表达

贫困这个概念描述的是一个人或一个家庭的生活状态，对这个生活状态的评判不仅与被评判者的客观生活状态有关，也与评判者的主观偏好有关。为此，世界银行于 20 世纪 90 年代推出了一种被称为"参与式贫困评估"（PPA）的方法，由利益相关的贫困者从自身实际的角度来评判贫困，以减少对贫困概念认识的主观性，力求使其与贫困者的实际生存状况和客观现实相符。

无论是农村家庭贫困的制度表达还是社区表达，都缺乏将贫困者自身的表达包括在内的意图。在制度表达中，文本规定的内容未涉及贫困家庭的自我表达，实际认定流程中的暗箱操作也使得信息垄断在扶贫干部手中，进而导致贫困家庭成员的知情权被剥夺。在社区表达中，由于利益关系不密切，加之普通村民权责有限，其也没有明确表现出将贫困家庭自我表达纳入考量的意图。并且，在熟人社会中，碍于人情、面子，普通村民也不可能去向贫困家庭打听其自身如何看待贫困。因此，农村家庭贫困的自我表达就这样被有意或无意地忽视了。了解贫困家庭自身对贫困的表达，揭示最不应被忽略的这一部分群体自身对贫困的认知，有助于对"贫困"进行精准识别。

（一）自我表达中的贫困内容描述

1. 贫困家庭的贫困构成

对于发生在"家本位"伦理占据主导地位的社会中的农村贫

①　此处的"资产贫困"指的是贫困家庭资产积累不足或负有外债等情况。

困，要探讨它就不能避开对家庭情况的分析。在很大程度上，农村家庭贫困既是由家庭状况导致的，也是导致家庭现有状况的因素，二者在这种动态互构的过程中互相影响、互相作用。

> 她家还是早些年建哩老房嘞，就是那老砖盖哩房，家里头连个正儿八经哩电器都没有。老头吧三十出头，正是挣钱哩时候，以前批墙伤着腰了，也干不了重活儿。她也不敢生病儿，住不起医院啊！有个小孩儿，上学弄啥哩都得媳妇儿搁家看着，也没法出去打工。她婆子吧是个痴呆，连自己都管不了还帮她啥啊！她过哩不好，以后孩儿、闺女也跟着作难（吃苦），人家看不起，抬不起头！要是他两口儿喏好好干，做点儿难，给孩儿闺女攒够钱了，他俩长大了就不这么难为了！实际上，村里头儿难哩人家不都这样儿啊，老头儿老婆儿家还难些！（贫困者李某孩）

农村贫困家庭的基本情况主要包括人口状况、经济状况、医疗和健康状况、就业状况、未来预期和社会融合状况。就人口状况而言，贫困家庭的人口规模较大，且人口结构中男性比例更高，老年人所占比例也较高。家庭主要劳动力虽大多已婚，但迫于现实往往只能由一方外出务工，一方留守养家，使得家庭劳动力抚养比很高。就经济状况而言，家庭收入主要来源是作为家庭主要劳动力的成年男性的外出务工所得，其支出也主要集中在生活消费支出，尤其是基本生活支出上，而转移性支出尤其少。其家庭在财产问题上倾向于进行储蓄且由男方继承财产，但同时由于家庭成员的伤残疾患、上学、婚丧嫁娶等花销，家庭往往欠有"巨额"债务。家庭中的住房、耐用消费品等固定资产也往往破旧，甚至不足以满足其基本需要。就医疗和健康状况而言，家庭成员有伤残疾患的概率很高，往往是大病与慢性病交织，健康状况堪忧。就就业状况而言，其家庭成员就业率很低，往往只有1~2人有工作，多为外出打工且收入不稳定。就未来预期和社会融合状况而言，年轻人倾向于持乐观态度，中老年人则相对消极。其遭到一定的社会排斥，社会融合度一般。在农村贫困家庭的自我表达中，在对家庭基本情况的清醒认知的基础上，其对家庭不同成员间的贫困程度的差异也有涉及。在农村贫困家庭中，匮乏导致的消费挤压，使得老人、未成年人和女人遭受更严重的贫困。

对贫困家庭基本情况的了解，一方面使得我们对农村家庭的贫困认知更加细腻，对家庭成员遭受的窘困有更加深切的感知，能够对作为抽象概念的贫困与作为现实状况的贫困进行有机连接，避免陷入深究贫困抽象概念的窠臼；另一方面使我们得以据此探究影响农村家庭贫困的因素，为之后的精准帮扶奠定良好的基础。

2. 贫困家庭的贫困认知

较之贫困的制度表达和社区表达，贫困者自身由于身处贫困之中，饱受折磨和煎熬，对贫困的认知更为深刻，也更为苦涩。

> 咋样儿个穷法儿啊，就�样儿呗。年纪大嘞，还生着病儿，越老越没用。底下没儿没女哩，要房没房，要钱没钱，缺吃少穿哩，要啥没啥哩，再穷不也就这样儿啦……那小孩儿他爸前年给人家打农药，人没了，他妈又是个傻子，我吧六十多岁了，他奶今年都八十多岁啦，小孩儿才六岁多，他姐喏撂外头打工，顾住自己都中啦，家里头也就这样儿嘞。（贫困者张某江）

与正处中年的贫困者关注当下的窘困有所不同，已步入暮年的单身汉对于自己身后的悲凉已经有了一定的心理准备。

> 没个媳妇儿，打一辈子光棍儿，别说孩儿嘞，连个闺女都没有。年轻哩时候邋邋遢遢哩，到老了跟前都没个人，死了连个烧纸儿的都没有，这一辈子也算白搭嘞！（贫困者张某海）

从访谈中不难发现，农村贫困家庭成员自身对贫困的认知更加

丰富。他们所认定的贫困，既包括收入、消费、资本等物质产品的
匮乏，也包括社会保障和福利的缺失，同时还包括伤残、技能缺乏
等，甚至也涵盖精神层面上生命价值中本体性价值①的丧失。同时，
他们注意到了贫困的脆弱性与动态性，不仅意识到了短期贫困，
也意识到了长期贫困，对贫困的代际传递表露出深切的忧虑。由
于自身人力资本、社会资本等要素的缺失及流失，贫困家庭难以
凭借自身力量摆脱贫困，因而，如何谋求脱贫之路的问题一直困
扰着贫困家庭。

在自我表达对家庭贫困的描述中，贫困呈现一种"由表及里、
由浅入深"的变化趋势，在其对家庭贫困感知日益细腻、深刻的
过程中，难掩其对贫困识别的严重关切。

（二）自我表达对贫困识别的关切

自我表达对贫困的关切是其对贫困维度的深切认知的延伸和
发展，它既包括对贫困维度加总方式的关切，也包括对贫困识别
过程的关切。

1. 对贫困维度加总方式的关切

> 有哩是没钱，有哩是没人，有哩是要啥没啥，光给钱有
> 哩也不解决事儿。你看那村干部评谁家穷谁家不穷，就看恁
> 家有钱没，房啥样儿，家里头有啥电器没这些。要说也是
> 哩，但是不可能都一样儿啊！那穷跟穷还不一样儿哩穷法儿
> 哩！不能说啥就是啥，对吧！得看你看哩是啥哩！（贫困者孟
> 某洁）

选取贫困维度后，就得考虑维度的加总。无论是物质维度，
还是能力维度，或是精神维度，在对各项指标进行选取后，都需

---

① 贺雪峰将农民价值区分为本体性价值、社会性价值和基础性价值三类，其中本
体性价值以传宗接代为核心，它赋予农民生活以根本意义。具体转引自桂华
《礼与生命价值——家庭生活中的道德、宗教与法律》，商务印书馆，2014。

要运用某种方法对这些要素进行加总，以形成贫困总体图像。由于"总的描述"具有一定随意性，因而还需要进行伦理评价。但是，伦理评价依旧会存在类似的含糊性。因此，在加总的过程中，执行者除了接受贫困描述所固有的含糊性之外，所要做的就是尽可能搞清楚何谓"贫困"。一般情况下，这个加总的过程往往需要多方协商与合力才能保证其科学性和公正性，这也为精准识别过程中的具体操作带来了启迪。

2. 对贫困识别过程的关切

你压根儿都不给俺说咋弄啊，俺咋知道咋弄啊！最起码你得搁喇叭上吆喝一下，才知道有这事儿……也没公示过啊，那谁知道都谁是贫困户啊，老百姓谁管这事儿啊，管不了！上头也没咋管。前头有个"危房改造"的钱，听说哩，也没发到手里头，下头也没说嘞！（贫困者张某江）

对农村贫困家庭的识别过程严格、精准与否直接关乎识别结果的好坏。由于和自身利益密切相关，贫困群体对贫困识别的操作流程分外关注。自我表达在揭露基层扶贫干部在识别操作过程中疏漏的同时，更表达了对识别过程进行严格监督与动态考核的意愿。贫困者希望通过促进信息透明化来规避暗箱操作，以知情权和监督权来保障自身的合法权益并谋求自身福祉。可见，在精准识别中，除去维度的合理选取及科学加总之外，还需要对精准识别过程进行精准管理和动态考核，以保障精准扶贫能够准确"瞄准"贫困户。

梳理农村家庭贫困的自我表达，发现从其对贫困的描述到其对贫困的关切，呈现一种由"表达"向"实践"过渡的趋势。这一方面是由于贫困家庭对贫困有切身的经历，对贫困的认知更为细腻、真切；另一方面是由于当下精准扶贫的开展，大量的资源涌入，为了追求利益最大化，贫困家庭会有意无意夸大自身的贫困范围和贫困程度，以获取更多资源和帮扶。

六 结论与讨论

借鉴吸收默顿对社会问题的划分①并参照布拉德肖划分四种需要类型的方法，本文对贫困精准识别中通过制度表达、社区表达和自我表达的形式进行的多维表达进行分析。

在以政府为主体的制度表达中，由于规模控制和压力体制，其对贫困的制度认定多停留在物质层面，对于贫困的非物质维度关注度有待提高。在以普通村民为代表的社区表达中，基于比较视野，在有限理性和风险规避双重作用下，其认定的贫困在物质维度上不仅包括收入和消费方面的贫困、资产的匮乏，同时也包括能力贫困和权利贫困，对贫困的认知呈现出一种由物质维度向精神维度过渡的趋势，但由于保障机制和参与机制的缺失，其对贫困户的识别持有"克制"的态度。在贫困家庭的自我表达中，出于自我认知与认同，其表达的贫困更为细腻，既包括上述物质、能力和权利贫困，还包括精神维度的贫困（见表2），同时流露出强烈的参与贫困识别过程的意愿。这一方面是由于其身处贫困之中，对贫困有更真切的感知；另一方面是由于作为一个有限理性的社会人，其希望尽可能实现自身利益最大化。比较三种表达，随着表达群体与贫困关联程度的提高，对农村家庭贫困的认知也呈现走向全面、多维、细腻、深刻的趋势。

表 2 农村贫困家庭多维表达的内容

趋势	多维表达	物质贫困	能力贫困	权利贫困	精神贫困
表达实践	制度表达	+	±	−	−
	社区表达	+	+	±	−
	自我表达	+	+	+	+

注：+表示明确涉及，±表示有所指涉，−表示未涉及。

---

① 默顿根据社会普通成员和专家学者对社会问题的识别和定义，将社会问题分为显性的社会问题、虚假的社会问题、隐性的社会问题和正常的社会状态四种类型。具体参见罗伯特·K.默顿《社会研究与社会政策》，林聚任等译，生活·读书·新知三联书店，2001。

将多维表达的内容加以归总，我们可以发现，制度表达、社区表达和自我表达在表达主体、表达逻辑、表达标准、表达形式和表达结果上均存在显著差异（见表3）。实际上，三种表达就是一个三重"聚焦"的过程。

表3　农村贫困家庭多维表达的区别

	制度表达	社区表达	自我表达
主体	政府、扶贫干部	普通村民	贫困家庭
逻辑	维稳体制+规模控制	有限理性+规避风险	利益最大化
标准	外在客观指标	比较视野	对贫困的认知和自我认同
形式	制度、文件、公告等	村庄舆论	倾诉、反馈
结果	确定贫困对象	影响贫困对象确定	调整贫困对象

作为制度表达主体的政府和扶贫干部基于维稳体制和规模控制目标来对农村贫困家庭进行识别和认定，以制度、文件、公告等文本规定的外在客观指标来最终确定贫困对象；作为社区表达主体的普通村民，则从一个有限理性的社会人的角度出发，作为一个风险规避者，以比较视野来看待贫困，并形成村庄舆论，影响贫困对象的确定；作为自我表达主体的贫困家庭则是出于谋求家庭利益最大化的考虑，以对贫困的认知和自我认同为标准通过倾诉和向扶贫干部反馈来促进制度表达所确定的贫困对象的调整。

落脚到农村贫困家庭的精准识别上，我们也可以清晰地看到"多重聚焦"情况的存在。精准识别顶层设计通过直接聚焦，旨在瞄准贫困对象，但在具体的落实过程中，往往无法如制度最初设定的那样，完全按照各项指标来操作。国家试图瞄准贫困家庭，但中央和省扶贫办等并不能直接负责瞄准任务，具体落实有赖于县/乡（镇）扶贫办、村干部和驻村干部。正如上述三种表达一样，县/乡（镇）扶贫办、村干部和驻村干部也遵循不同的行动逻辑。县/乡（镇）扶贫办负责锁定贫困村，村干部负责锁定贫困户，驻村干部负责指导、监督、核查村干部的工作。不同的部门、不同的工作内容和不同的立场使得三者的行动逻辑存在一定差异。

具体来讲，就是县/乡（镇）民政部门和扶贫办在确定贫困村时，要在遵从上级的规模控制要求和应对现行的维稳体制和压力体制时，回应底层多元的利益诉求。村干部则在一定程度上希望在政策落实过程中谋求村庄甚至个人利益。驻村干部和村庄关联微弱，缺乏地方性知识，难以详细把握村庄情况，加之工作上对村干部存在依赖，使得其默认村干部的变通行为，甚至与之合谋。每一重聚焦，都对国家的贫困认定制度进行了一次微调，每一重聚焦单位也都在尽力让聚焦方式有利于自身。如此一来，三重聚焦之后，政策难免存在一定的走样。

实现对农村贫困家庭的精准识别是一项动态性、相对性、主观性、多维性和复杂性杂糅的综合工程，既"难为"又"可为"。所谓"难为"指的是在精准识别的过程中，无论是维度的选取还是加总，又或是识别过程中的监督与考核，都会存在"聚焦"，都难免涉及认知分歧、利益冲突和价值对立。所谓"可为"指的是精准识别是建立在一定的识别指标和标准之上的，明确的识别方案可以很大程度上保证识别的结果良好。深入理解精准识别"瞄不准"的社会原因，将扶贫开发过程中的各相关组织行动逻辑在体制机制上予以贯通并捋顺，有助于切实保障精准识别。

精准扶贫与农户发展[*]

——基于鄂东县三镇的经验分析

摘　要： 精准扶贫对农户社会生活的影响是理解中国反贫困实践的重要线索之一。鉴于既有研究对该议题缺少整体式的描写和结构性分析，本文以一个国家级贫困县的精准扶贫实践及其对农户生活的具体影响为主题，通过深入的田野调查进行经验分析。文章的核心发现如下：精准扶贫在农户的基本生存、生活发展和经济盈利等方面对农户生活的影响受到政策目标的倾斜性和村庄原有资源格局的塑造。不同农户群体因精准扶贫战略而受益的程度不同，又会反过来深刻地影响村庄内部的社会结构和权力结构。这一变化趋势应引起学术界和政策界的关注。

关键词： 精准扶贫　农户　村庄结构

一　导论

　　解决农村贫困问题，是我国构建社会主义和谐社会的需要，自 1986 年扶贫开发以来，我国扶贫开发事业历经由"救济式扶贫"到"开发式扶贫"再到"参与式扶贫"的历史演进。[①] 习近平总书记

---

　*　执笔人：郑博文、阎妍、贺子新、张轩鸣、杨柳清、左静怡、刘晓宁、黄心烨、刘子微。

　①　靳永翥、丁照攀：《精准扶贫战略背景下项目制减贫绩效的影响因素研究——基于武陵山、乌蒙山、滇桂黔三大集中连片特困地区的调查分析》，《公共行政评论》2017 年第 3 期。

2013 年 11 月在湘西考察时提出："扶贫要实事求是，因地制宜。要精准扶贫，切忌喊口号，也不要定好高骛远的目标。"① 其后，中共中央办公厅、国务院办公厅在 2014 年 1 月印发的《关于创新机制扎实推进农村扶贫开发工作的意见》中，将建立精准扶贫工作机制作为六项扶贫机制创新之一。精准扶贫的提出，是为了解决之前各阶段我国反贫困实践暴露出的一些问题，通过精准识别和精准帮扶、管理、考核来尽可能地减少误差和解决问题②，通过为真正贫困的人口和家庭提供针对性的帮扶，从根本上消除导致贫困的各种因素和障碍，达到可持续脱贫的效果③。由此可知，精准扶贫制度是一项精准到"户""人"的反贫困制度。

国家制度对于社会生活变迁有着直接或间接的影响和作用，一项国家制度的出台可能极大地影响社会生活变迁，推动社会生活的改变。既有研究表明，以国家名义制定并支持国家的各级各部门代理人行使其职能的"正式制度"与社会人的日常活动、民情以及各种"非正式制度"会互相促进和融合，正式制度的出台、发布和实践可以重塑生活，在与生活的互动中，制度也会得到重塑和再生产。④ 循此分析路径，研究者对精准扶贫对社会生活的影响进行了探究。部分研究者肯定了精准扶贫对农户生活的改变和对其生活水平的提升，认为精准扶贫制度实现了制度预期的目的性效果，如产业扶贫为贫困户提供了稳定的就业机会、稳定的收入来源，实现了造血功能⑤；普惠性农业政策和扶贫专项政策显著缓解了贫困地区的收入贫困⑥。不过，也有研究者注意到精准扶贫

---

① 《以习近平同志为核心的党中央治国理政新理念新思想新战略》，人民出版社，2017，第 102 页。
② 左停、杨雨鑫、钟玲：《精准扶贫：技术靶向、理论解析和现实挑战》，《贵州社会科学》2015 年第 8 期。
③ 汪三贵、郭子豪：《论中国的精准扶贫》，《贵州社会科学》2015 年第 5 期。
④ 肖瑛：《从"国家与社会"到"制度与生活"：中国社会变迁研究的视角转换》，《中国社会科学》2014 年第 9 期。
⑤ 尹利民、赵珂：《产业扶贫的确定性与不确定性——基于产业扶贫政策的一项效果分析》，《南昌大学学报》（人文社会科学版）2017 年第 2 期。
⑥ 向玲凛、邓翔：《西南少数民族地区反贫困政策绩效研究》，《三峡大学学报》（人文社会科学版）2014 年第 4 期。

制度实施中存在的现实问题，如未能精准识别贫困户①、扶贫项目未能给贫困户带来更多收益②，这些现实问题的存在，影响着精准扶贫制度预期目标的实现，也影响了其对农户生活的改变。以上研究虽然对"精准扶贫实践与农户生活发展变迁"这一议题有所涉及，但对于精准扶贫战略下农户生活的变化情况仍缺少一个整体式的描写和勾勒。如此，后续对精准扶贫效果的认知、评估都会缺乏坚实的经验基础，也会影响到对精准扶贫这一反贫困实践的理论提升工作。

　　鉴于此，本文通过全面考察和分析国家级贫困县——鄂东县③的精准扶贫实践及其对农户生活的具体影响来弥补既有研究的缺憾。鄂东县位于湖北省东北部，地处大别山西端南麓，地形特征表现为"七山一水二分田"，下辖17个乡镇。调研团队根据各乡镇的贫困程度并综合考虑扶贫模式等因素，选取了C镇、Y镇、山镇作为乡镇调研点，又在3个乡镇中进一步选取了19个村庄进行调查。在调研过程中，主要通过问卷法、访谈法收集资料，既对政府干部进行座谈和访谈，从县、镇两级政府的角度把握县域精准扶贫制度实施的基本状况，又通过对村民的入户走访，深入了解村民的生活状况。

二　精准扶贫的对象与精准扶贫制度的受益群体

　　精准扶贫制度的实施需要明确的指向对象。因此，探讨精准扶贫制度与农户发展之间的关系，首先需要明确精准扶贫制度的指向对象，以及阐释精准扶贫制度中的受益群体。

（一）精准扶贫的对象识别

　　随着扶贫工作的不断深入，对于贫困的认知也逐步深化，贫困

①　邓维杰：《精准扶贫的难点、对策与路径选择》，《农村经济》2014年第6期。

②　李博：《项目制扶贫的运作逻辑与地方性实践——以精准扶贫视角看A县竞争性扶贫项目》，《北京社会科学》2016年第3期。

③　按照学术惯例，本文对田野调研地点进行了匿名化处理。

是多维度的贫困成为政策界和学术界的共识。① 鄂东县采用的"六看""七优先""八不准"正是基于多维贫困测量设计的。"六看",即一看房,二看消费能力强不强,三看劳力壮不壮,四看收入有无保障,五看有无病人在床,六看有无读书郎,采取其综合评分评判贫困程度,实际上"六看"对应着收入-消费维度(一看房、二看消费能力强不强、四看收入有无保障)、健康维度(五看有无病人在床)、教育维度(六看有无读书郎)、劳动力维度(三看劳力壮不壮)。"七优先"是指对于存在五保低保、家有重病、重度残疾、子女就学困难、无安全住房、无劳动能力、无固定收入这七种情况中任意一种情况的家庭,优先考虑将其纳入贫困对象,这七种情况对应着收入-消费维度(五保低保、无安全住房、无固定收入)、健康维度(家有重病、重度残疾)、教育维度(子女就学困难)、劳动力维度(无劳动能力)。"八不准"主要涉及收入-消费维度(高稳定收入的、有轿车等高档消费的、城镇拥有房产的)、教育维度(以高昂费用择校或出国留学的)以及其他关于个人素质的指标。鄂东县还对多个维度进行细分和操作化,赋予不同的维度相应的比重,制定了相关评分表。在鄂东县的指标设计中,缺乏劳动发展潜力(家庭缺少劳动力、家庭成员健康状况糟糕)的农户更容易成为被精准识别为贫困户的对象。

贫困测量是精准扶贫的前提和基础。对于贫困测量,鄂东县广泛动员政府干部组织和实施,同时发动村干部及村庄中受过一定教育、德行出众的"能人"协助完成。调研发现,鄂东县纪委牵头开展大数据精准扶贫,核查农户贫困信息以确保其准确性,并辅以严格的督查。在工作时间紧和压力大的双重挤压下,对参与贫困测量、精准扶贫对象识别的政府干部来说,最"保险"的做法就是纳入最显而易见的贫困人群。由此,不管是在贫困标准的制定还是相关贫困测量实践中,精准扶贫对缺乏劳动发展潜力的农户都有很强的指向性与倾向性。换言之,缺少劳动力和家庭成

---

① 王小林、Sabina Alkire:《中国多维贫困测量:估计和政策含义》,《中国农村经济》2009年第12期。

员健康状况糟糕的农户更容易进入精准识别的范围，成为贫困户。

（二）精准扶贫的受益群体

前已论及，缺乏发展能力和潜力的农户构成精准扶贫的目标人群。在此之后，精准扶贫实际进入传递和分配扶贫资源的阶段，也就是国家扶贫资源嵌入村庄的过程。在扶贫资源的下沉中，村庄实际会形成一个扶贫场域，该场域也会影响和辐射到村庄内除目标群体之外的普通农户、村庄精英。具有能动性的行动主体也会依据自身原先占有的资源情况和利益诉求采取相应的行动策略，进而获取和支配扶贫资源，影响扶贫资源的分配格局。精准扶贫制度与农户发展之间的预期实践绩效会因此受到影响，故而有必要对精准扶贫制度中受益的行动群体进行探究和分类。

精准扶贫的对象可以细分为两类：基本缺乏发展能力和潜力的贫困户与仍有发展能力和潜力的贫困户。前者是指那些五保户、因病因残基本无家庭劳动力的农户，由于缺乏劳动力等发展要素，难以通过相关扶贫政策获得发展，主要享受住房保障、医疗保障、生活保障等保障基本生存和生活的政策。后者是指因家庭有重病患者或在读子女等而贫困的家庭，这些家庭大多具有劳动力。一方面，住房保障、医疗保障、生活保障等政策能够保障其基本生活；另一方面，教育扶贫、产业扶贫等政策又能促使他们逐渐形成自我积累和发展的能力。

普通农户大多依靠外出务工或种地谋生，因原先占有一定的社会资源，不是精准扶贫制度的目标瞄准人群，缺乏国家精准扶贫制度直接倾斜的政策扶持，然而，这并不意味着普通农户无法从精准扶贫制度中受益。虽然无法直接获得相应的政策支持，但普通农户可以通过整村推进等精准扶贫项目受益。鄂东县 2016 年54 个重点贫困村项目实施进展情况统计表显示，每个贫困村都有正在进行的或已经完工的整村推进项目 5~8 个，整村推进项目建设资金主要用于村庄基础设施建设与改善，包括整修当家塘、村部建设、通安全饮用水、建造垃圾池、运营环卫体系、新建村卫生室、新建文化活动广场、道路硬化等。以 C 镇为例，C 镇 2016

年共开展 4 个重点贫困村项目的建设，整村推进项目建设资金共投入 21 个项目，合计投入 501.4 万元。① 整村推进项目改善了村庄整体的生产生活环境，提高了村庄农户的生产水平，普通农户也能从中受益。

村庄精英是指在村庄社会生活的某些领域中拥有财富、权力等优势资源，并利用这些资源取得成功的人。该群体既包括掌握村庄正式权力资源的政治精英，又包括在行政体制外而掌握有非正式权力资源的家族精英、经济精英、文化精英。② 其中，本文重点关注体制外的经济精英，因为在所抽取的三个乡镇中，家族精英和文化精英在精准扶贫制度中普遍受益的现象并不明显。村庄精英能够利用他们的政治权力优势，或者经济资源优势（两者往往会相互塑造、相互强化），对村庄扶贫资源配置产生影响，进而受益。

综上所述，在村庄这一扶贫场域中，精准扶贫制度的目标（集中体现为贫困人群的瞄准与识别，以及相应扶贫资源的下沉）和村庄农户原本占有资源的状况、利益诉求都会影响村庄各行动群体在精准扶贫制度中的受益状况和扶贫资源分配格局。

三 精准扶贫与农户生活

村庄内各行动主体在精准扶贫制度框架下受到程度不一的影响，需要进一步探究的，是精准扶贫制度对农户生活的具体影响。

（一）生存兜底型资源与基本生活保障

精准扶贫制度对贫困户来说，最基础的影响在于政府可以通过生存兜底型资源保障村庄内贫困户的基本生活。首先，针对劳动能力丧失型贫困户和因灾因病困难型扶贫户以及五保户等特殊

---

① 遵照学术惯例，对相关引用数据做了技术化处理。
② 仝志辉、贺雪峰：《村庄权力结构的三层分析——兼论选举后村级权力的合法性》，《中国社会科学》2002 年第 1 期。

困难群体，精准扶贫制度直接给予一定的生活费以及生活物资，增加家庭经济来源，使得农户可以负担基础的衣食住行支出，达到可以维持基本生活的水平，或者是提供基础的生活物资，如为五保户定时发放棉衣、被褥、大米、食用油等生活必需物资。这些都能改善贫困户的基本生活条件，保障其基本生活的运行。

其次，住房条件对民众的生活水平具有重大影响，而住房支出在普通民众的家庭开支中往往占了很大的比重，对贫困户而言更是无力承担。因此住房保障一直是精准扶贫工作中的重要内容，政府以此来保障农户的基本生活。住房保障中一项重要的政策就是危房改造，危房改造政策以改善贫困户的住房条件为目的，具体措施为发放危房改造补贴资金。鄂东县依据农村危房改造方式、建设标准、成本需求和对象自筹资金的能力等情况，制定了补助的分类标准，2016年第一批认定的D级危房为户均30000元，C级危房为户均15000元；2016年第二批认定的D级危房为户均7500元，C级危房为户均4000元。危房等级鉴定由县住建局工作人员到户进行，补助于改造后发放，在发放之前需要验收，这是因为政府需要保证危房改造工程的真实施行，以免出现套用危房改造补贴金的情况。住房保障还包括了易地搬迁政策，易地搬迁政策以解决贫困户居住地生产和生活资料不足问题为目的，由政府直接修建新房，将居住在自然生态环境恶劣或者交通十分闭塞地区的贫困户安置到交通、生产环境较好的地区。易地搬迁的安置方式可以分为集中安置和分散安置，而分散安置又分为进城进镇购房安置和就近建房安置。简言之，住房条件的改善也是保障贫困户基本生活的重要政策内容。

我们一共有两种方式，一种是集中安置，一种是分散安置。分散安置就是说视它的情况而定咯，比如说这个贫困户以前住得是比较远，往下搬一点点交通就方便了，但是如果你搬到镇上去了，他的（土）地离生活的地（方）太远了，他就只能说从上面稍微搬到这个离近一点的地方，这就是分散安置。集中安置呢，就是以村为单位或者是以镇为单位集中建房，我们现在集中安置的，大部分就是像五保（户），他一个人生活也方便。然后三人户、四人户、五人户的也有，但是（是）分散处理，分散处理也有几种情况，有一个是在村里面从这个地方搬到另一个地方，主要是生活方便，生产也方便。另一种就是说他彻底想从这个村里面搬出来，搬出来呢，有的可以进城购房，比如说他乡镇的可以到城镇来购房。（20170719 县扶贫办 GZR 访谈稿）

最后，高昂的医疗费用往往是将许多家庭拖向贫困的根本因素，针对因病致贫的现象，鄂东县提出"医疗保起来"的政策目标。在医疗补助方面，可以细分为资金补助和药物发放两个方面。贫困户基本可以享受比一般农户更高比例的医疗资金补助。此外，针对需要长期服药的门诊重症患者，鄂东县政府组织县级诊疗专家组制订服药方案，由县级医院集中采购药品并下发到乡镇社区卫生服务中心，最终再发放到相应的患者手中。C 镇 Y 村的邓某是该政策的典型受益者：邓某曾经为村里的会计，家里条件较好，但从邓某妻子和邓某先后患病之后陷入贫困，邓某妻子治病花光了家里的积蓄后去世，邓某年事已高同时因病丧失劳动能力，儿子无业且需要照料邓某。2016 年邓某住院 120 余天，约 43000 元医疗费用全部"一站式"结算，初期邓某的餐费由医院支付，而邓某也享受了送药到户的政策优惠。

（二）发展型资源与发展能力增强

为了增强村庄家庭生活发展能力，精准扶贫政策启动了整村推进工程，改善村庄基础设施建设，如修路、引入自来水、装路灯或者修公共厕所等。在鄂东县的精准扶贫实践中，扶贫项目中的整村推进工程明显改善了贫困村的基础设施建设，交通方面，几乎实现了村村通水泥公路，部分村庄实现了湾湾通水泥公路，给村庄村民的出行带来了很大的便利；用水方面，自来水管的铺设使村民能获取方便快捷、干净的自来水；通信方面，村庄中大部分实现了通信畅通，能使用手机进行与外部的联络，部分村庄更是实现了宽带网络的铺设。整村推进工程的实施有利于整体改善村庄生活环境，为村庄村民以及贫困户改善生活提供条件。上述生产生活条件的改善，为突破农户发展的各种限制夯实了基础，也为身体健康状况较好、拥有一定劳动能力的农户（包括仍有发展能力和潜力的贫困户）增强了实现家庭生活发展的能力，丰富了其发展机会。

此外，贫困户的自身发展能力较普通农户仍存在很大的不足，具体来说，有思维方式的落后和工作技能的缺失。自身发展能力不足的贫困户，往往比较安于现状，害怕尝试，缺乏了解外部世界以及国家政策的兴趣，不敢按照政策行事，因此精准扶贫工作在政策宣传方面加大了力度，包括结对帮扶人入户（贫困户）口头讲解政策，在村委会办公地点悬挂政策展板，在村庄显眼处张贴横幅、公告，粉刷墙体标语，发放公开信、宣传册、政策读本等，希望通过这些形式让扶贫政策更加深入人心。通过精准扶贫政策接地气式的宣传以及讲解，能让农户看到由救济式扶贫向发展式扶贫的转变，力求提高农户的自我参与度，实现自主脱贫意识的形成和发展。在工作技能方面，鄂东县政府则免费提供就业和创业培训以快速提高贫困户的职业技能。政策上的培训涉及了种植养殖、初级加工、家政等方面，但是在实际实施过程中会根据村庄具体情况进行调整。我们的调查显示：由于贫困户自身劳动力的限制，真正参与就业培训的贫困户占比较低，参与创业培训的人更是寥寥无几。而且据参与过培训的贫困户描述，他们所参与的培训内容一般为种植业和养殖业知识讲解，关于农业加工业和电子产业等的具有更高技术含量的培训都比较稀少。

教育往往是阻止贫困代际传递的主要途径，是使家庭获得自主发展能力的最佳途径。鄂东县政府通过救助因学致贫的家庭或者给贫困家庭发放教育补贴，提高贫困家庭后代的就读率以及受教育程度，保障贫困人口子女的教育，既减轻了贫困人口的负担，又有效地增强了贫困家庭后代的自身发展能力，带动了家庭的发展。并且，鄂东县根据学前教育、义务教育、职业教育、高等教育等不同类型教育所需费用的差异，针对性地调整了教育资金补助的力度。试举一例，A 某的女儿为在读大学生，每年能享受 5200 元的教育补贴，尽管除此之外 A 某仍需要提供一年 14000 元左右的生活费和学费给女儿，但 5200 元的教育补贴确实减轻了 A 某的家庭负担。

（三）盈利型资源与经济营收提高

经济营收的提高主要体现在产业扶贫实践和金融扶贫实践中。产业扶贫是指以市场为导向，以经济效益为中心，以产业发展为杠杆的扶贫开发过程，其目标是通过发展地方产业，提升贫困群体自身发展能力，增强贫困地区的"造血"功能。在强调多元主体参与扶贫的背景下，产业扶贫成为扶贫开发的战略重点和主要任务。在调研走访的 19 个村庄中，由于基础设施建设以及劳动力短缺等原因，大部分村庄并未出现大规模的产业发展，发展得比较突出的只有山镇的 B 村和 S 村。B 村与河南省交界，是一个"脚踏两省、鸡鸣三县"的边远山村，多山，平均海拔 600 多米，以发展绿茶产业为主，也有部分油茶，总计有茶叶基地 1 万余亩，茶企业 10 余家。B 村的贫困户主要通过在茶厂就业及自身的茶叶种植发展生产和提高经济营收。S 村位于山镇街区，属于典型的"城中村"，该村由湖北省某省级单位组成的扶贫工作队驻村帮扶，为重点扶贫村。按照该村扶贫专干的说法，该村主要发展五大产业，包括兰草、养牛、药材、水产和茶叶。其中，兰草种植发展前景最为可观。在 S 村，贫困户通过将土地流转并且参与兰草的种植和培育来获得工作机会与经济收入。金融扶贫政策也为具有发展能力和发展潜力的贫困户及带动贫困户发展的农户提供用于生产发展的资金，进而帮助贫困户突破缺乏原始资金和进一步发展资金的制约。如鄂东县主要与县农行、县农商行与县邮储银行三家涉农金融机构展开了合作，并制定了具体的实施方案。

在产业扶贫实践和金融扶贫实践中，具有发展能力和发展潜力的贫困户能从中受益，实现自身及家庭发展，产生经济营收。然而，正因为盈利型资源有利可图，所以在相应资源的下沉过程中，村庄精英，尤其是政治精英和经济精英因为拥有较多的政治与经济资源，也能够从中受益并获得进一步发展，反过来，他们也改变了扶贫资源配置的基本格局。

S村的W某是政治精英从扶贫开发工作中受益的典型，W某担任其所在村的村委会副主任并兼任扶贫专干，村庄的对口帮扶单位是湖北省某省级单位，对贫困村扶贫开发的财政投入力度较大，该贫困村也是鄂东县通过产业发展带动贫困户发展的典型。W某在村庄扶贫开发工作中通过产业扶贫帮扶贫困户，开办农民专业合作社进行肉牛养殖，共养殖肉牛60余头，投入成本100余万元。在与W某的访谈过程中，W某称自己是以贫困户的名义养牛，"贫困户会有实惠，一个人3000元的补助①，但不是贫困户在养牛，是我养"，W某还提到自己通过就业帮扶形式为贫困户提供就业岗位。但在后期翻阅村级扶贫资料的过程中发现，对口帮扶单位出资16万~20万元，购买小牛20头，交给合作社养殖，经测算年盈利约为4000元/头，在保证下年继续购买20头小牛养殖的前提下，合作社将年盈利额的25%上交村集体，作为保底金额，经营情况好时可上浮至盈利额的35%，此外相关文件资料显示该合作社分别通过就业帮扶和土地流转形式带动3户贫困户脱贫，其中一户雇佣两人做工的费用1000元/（人·年），土地流转金为1200元/年，其余两户接受土地流转金分别为2400元/年、800元/年。也就是说，W某接受对口帮扶单位16万~20万元的扶贫资金，用于购买20头肉牛进行养殖，根据4000元/头的盈利计算，由对口帮扶单位出资的20头牛一年可实现盈利8万元，按保底情况来看，将年盈利额的25%也就是2万元上交给村集体，通过就业帮扶和土地流转金带动贫困户的开支为5400元/年，那么剩余的54600元则归W某，所以W某在不花费资金成本的情况下，以贫困户的名义养殖20头牛，给予贫困户一定的帮扶后，可以享有剩余的收益。对口帮扶单位提供的扶贫资金创造的收益最终只有不到10%真正进入了贫困户的口袋。通过对W某带动的贫困户的访谈了解到，贫困户主要承担割草料喂牛等无技术含量的工作，且

---

① 根据鄂东县一建两扶三保政策明白卡，在特色种养方面"贫困户年出栏肉牛1头以上，每头给予帮扶资金1500元"。

贫困户的工作并不是长期固定的，工资报酬也是按天结算，贫困户在该农业合作社中难以获得发展能力的提升。以扶贫资金成立专业合作社的目的本应是推动产业转型发展，增强贫困户自身发展能力，带动贫困户脱贫致富，但很多村庄注入农业合作社的扶贫资金由村庄政治精英截获，形成一种政治精英以贫困户的名义入股，进行经营管理的模式，政治精英从中获得大部分利益，贫困户在这一过程中几乎没有获得任何发展能力的提升，仅仅是获得了一小部分的资金补助。

简言之，当盈利型资源下沉到村庄层面后，资源的受益群体和受益方式，似乎并不完全符合精准扶贫制度的初衷。究其原因，是村庄精英因为拥有较多的政治经济资源，利用相关产业扶贫政策及配套优惠政策发展了自身的能力，却没有如制度所设想的那样带动贫困户发展。从短期来看，村庄精英在农业产业化龙头企业、农业合作社中分得最多的利润，而从长远来看，村庄精英以带动贫困户的名义享受国家提供的扶贫资金，大多数扶贫资金用于修建大棚、厂房等固定资产，相当于为村庄精英以后的经营活动提供了免费的固定资产。然而，大多数村庄精英带动贫困户的形式或是每年提供现金帮扶，或是短期地雇佣贫困户做工，这种形式的帮扶只能使贫困户从中获得小部分的资金帮扶，很难真正提高贫困户脱贫致富的能力。

概括来说，精准扶贫制度对农户生活的具体影响由村庄内行动主体的特征以及扶贫资源的特点共同形塑和决定。生存兜底型资源的传递和下沉主要是为了保障缺乏发展能力和发展潜力的贫困户的基本生活运行。发展型资源的下沉则有益于改善仍具有发展能力和发展潜力农户的发展环境，提升该群体的发展能力以及增加发展机会。在相应发展型资源嵌入村庄，如整体推进项目建设的过程中，普通农户亦能够从中获益。而在盈利型资源的注入过程中，由于这些资源能够直接产生经济上的收益，故村庄精英通常会利用自身已经积累的政治经济优势影响这部分资源的配置状况，成为从中受益最多的群体，相反，贫困户则受益较少。

四 农户生活与精准扶贫的制度困境

通过上述分析可以发现，精准扶贫制度的确能够影响农户的基本生活和发展，甚至改变农户生活的村庄场域，与此同时，在精准扶贫制度的实施中，农户生活实践也诱发了相应的制度困境。

（一）贫困测量与制度瞄准对象的"隐性"排斥

在精准扶贫制度对农户的覆盖中，精准界定贫困对象的难度大。村庄中农户的具体情况千差万别，很难将各种情况都纳入贫困测量中，这就给贫困测量的实践和精准扶贫制度的覆盖带来了难度。更关键的是，因为贫困测量的设计和实践具有倾向性，那些缺乏发展能力和潜力的农户更容易被精准扶贫制度瞄准，反而会出现下述这种实践困境。

> 有一个低保户，家里儿子两个，老二是一个傻子，从小就得了脑膜炎，老大和老大媳妇，都是教师，有工资，那就是"八不准"，是吧？老大拿了国家工资，但是他那个兄弟是个傻子，是个"五保"。老人是个"低保"，他这个"低保"和"五保"是两个钱，一个70多（块），一个80多（块）。老二有病，这个钱也是在治病，最后还是困难。然后老大媳妇死了，留下老大拿工资，但是还是没有能力照顾他自家儿子。就是很麻烦，是扶持还是不扶持啊？（20170716 TX 访谈稿）

这种对某些贫困维度的侧重，在基层扶贫的贫困测量实践和精准扶贫制度的目标对象之间制造了分歧。这种分歧还会体现在对村庄里老年人的贫困测量中。对于居住在村庄中的老年人来讲，如果有儿有女且子女有稳定的收入，那么就无法被识别为贫困户。然而这一贫困测量默认了儿女赡养父母的传统伦理，但事实上，有些老年人身患重病，子女怕增加负担，较少探望和赡养父母，极端情况下，甚至会联系不上、处于"失踪"状态。

（二）扶贫资源下沉中"过度""不足"的实践形态

在生存兜底型资源的下沉过程中，出现了"过度"救助的实践困境，这一困境在后续的救助实施中得到了一定程度的化解。过度医疗是指贫困户在不需要住院的情况下也住院，在很快就可以出院的情况下也保持最长的住院时间，即过度占用医疗资源，这样效率低下，又滋生了很多中间环节的问题。在这个过程中，出现了不少为攫取利益而进行的"灰色"操作，比如有很多医院为了创收，跟乡村赤脚医生达成协议，由赤脚医生拉或者劝贫困户特别是五保户去住院，每隔一段时间他们就会去住院，这中间赚取利益的是医院以及参与分成的中间人。

> 但是现在就有好些政策没有办法落实，比方说那个医疗政策，以前那种精准扶贫对象可以不要钱，免费治疗。现在这些医院，不管是公立的还是私立的，都把这些人拉去住院。私立的医院拖过来让你住过去，又没病，就相当于让你去养老一样……所以就把那块国家的医疗资金给用完了，全部都透支了……有人专门就以这个为职业，他来介绍啊，给你做工作，他就给这些精准扶贫的低保户、五保户做工作，你跟着我去，什么钱都不要花，管你吃，给你住，有病给你检查病治疗病。没病，你可以在那里休养。（20170718 MZY访谈稿）

医疗救助过度使用的另一种表现是贫困户长期住院，赖着不走，占用和浪费公共医疗资源。

> 后来发生了一个什么问题呢，就是那个贫困户住了不出去，就老住，就像当疗养院一样住，吃药住院不花钱，而且还有生活费。特别是那种年老的精准贫困户，他在家里都是五保，无儿无女，家庭条件很困难。他在医院住，床单不用洗，饭也不用做，这就搞出了很大的问题，县里马上叫停了，立马调整了这个政策。（20170719 LJ访谈稿）

　　与生存兜底型资源的"过度"透支不同，发展型资源、盈利型资源的下沉都展现出一种"不足"的实践形态。这既表现为宣传的不足，也表现为政策落实的不足。就政策宣传而言，一方面是农户了解政策的主动性不够，另一方面是村干部在扶贫方面的工作量很大，扶贫干部缺少主动思考的空间，他们只是按照规定在村委会门口设置宣传栏，张贴告示，或者将传单分发到特定的精准扶贫户手上。对于普通农户而言，由于住所离村委会较远、没有机会参与村委会政策宣传会议或者身边没有在村委会任职的人等原因，他们对精准扶贫制度的相关政策或者实施情况不了解。在这种情况下，就容易产生疑虑，在听说了某些贫困户名额分配不公正的事例之后会以为这是常态，产生很多不必要的矛盾与误解。甚至在贫困户群体中也会出现类似的情况，他们可能对产业扶持政策的相关内容不甚了解。

　　在精准扶贫制度的政策落实层面，由于被纳入贫困户范围的大多是因病、因残致贫或缺乏劳动力的农户，贫困户自身发展和获得经济营收的意愿与能力不足，其自身发展能力有很大的局限性。因此，以金融扶贫为例，该项政策的准入条件对于这些农户来说是特别严苛的，这直接导致了虽然有金融优惠政策存在，但是很少有贫困户可以真正贷款。另外，由于劳动力的丧失，即使有就业机会和创业机遇，他们也无法实现真正的就业或者创业，因此他们参与不到产业扶贫当中。王某是 B 村少有的种植茶叶的建档立卡贫困户，但是家中劳动力的缺乏迫使他不得不放弃了油茶种植，将其中的一部分转给亲戚打理。除此之外，贫困户的生产发展意愿也不强，究其原因，是由于贫困户在进行生产发展时面临着不可预测的风险，如市场的风险——他们随时可能因为需求变化、政策影响、疫情险情等因素蒙受经济损失，又或者是种养本身的风险——在种养过程中经济作物和家禽家畜有死亡、生病等风险。例如，在对 H 村养殖贫困户进行访谈时，我们得知养鸡容易丢，损耗比较大。

　　　　刚开始养了几十只。你刚刚从那边下来，也知道这里山很大，杂草也多。这里，鸡很容易丢。（那您到今年那个鸡还剩多少？）没多少了，现在不到100只鸡了。光是小鸡，这几天就丢了好几十只。（那对于鸡丢了的话有什么样的措施？）那没什么措施，你从那边走下来也知道鸡要是不上去还好，只要是上去的话，基本上就找不到了。（20170723 HJG访谈稿）

而从新型农业经营主体的角度来说，有些农业经营主体会利用国家为贫困户提供的金融或者产业优惠政策来获得自身的利益，进行欺骗性的操作。例如在某些村庄会发现如下现象：由于贫困户自身发展不了产业，某些熟悉政策运作的人便会利用政府的优惠政策，套用当地贫困户的名义来进行种养业的发展，从而获得政府的扶持资金。这部分人多为村干部或者与贫困户关系较好的"熟人"。在实际情况中，即便带领贫困户脱贫能够获得相应的金融优惠政策支持，部分新型农业经营主体也会因为与村委会或者贫困户的合作难度大而放弃金融优惠政策。下面以一个产业养殖大户为例来体现这一点。

> **问**：说雇几个贫困户就会有政策补贴，您听说过这个吗？
>
> **答**：是的。但是我没带……跟他们难讲话……不如少一事，世界都在帮他，他不领你的情啊。他的意思是他享受国家政策，应该带他、应该给他的。嗯，就是国家政策，让我带一户嘛，我们是个体户，说要带一户嘛。现在我就很干脆，我自己干，我不稀罕那5000块钱，我何必嘛，还多操一份心。上面的来，我还这儿收拾那儿收拾，还添麻烦了。我不带那一户，不操那个心，不添麻烦。我自己干，干多少是我自己的事。我也不稀罕国家的钱，我有钱，不要你的钱。我何必呢？（20170718 WDY访谈稿）

以上种种政策实行"过度"或是"不足"的实践形态，都集中展现了精准扶贫制度（特别是治理资源的下沉）与村庄农户生活交汇后诱发的制度困境。

五 结论与讨论

（一） 精准扶贫制度与农户生活

国家制度能够通过不同方式影响社会变迁和人民生活[①]，推动民众的生活变迁。精准扶贫作为中国在扶贫开发领域、脱贫攻坚阶段提出的新型战略，成为农户生活中新的制度性引擎。无论是从制度运行过程还是实际制度成效来看，精准扶贫均对所牵涉的农户生活产生了多方面的影响，从各个层次影响了农户的发展，按照扶贫资源的类型和各农户的资源禀赋、行为能力的差异，农户的发展主要体现在农户的基本生存、生活发展和盈利水平三个层面。

对于因病、因残、因弱致贫等困难型贫困户来说，其基本生存都难以为继，也基本没有发展前景和能力，因此精准扶贫制度主要通过下沉生存兜底型资源对其进行政策兜底，通过生活、医疗和住房等方面的保障政策、资源来保障和改善他们的生存生活条件。对于仅仅是受制于当前的生活负担、生活环境或者其他发展难题但仍有发展前景的农户而言，一方面，可以在精准扶贫制度下，通过开展整村推进项目，改善制约村庄农户发展的条件、环境，提升这一群体生产生活发展的可能性，村庄中的普通农户、村庄精英也能从中受益；另一方面，这一农户群体尽管有一定的发展能力和潜力，但毕竟在既有资源的占有上仍弱于普通农户和村庄精英，因此，在精准扶贫制度中，政府也会通过实施教育补助、技能培训等政策增强他们自身的能力，促进其生活发展。另外，政府同样会为这一群体提供产业、金融等更高发展层次的扶持政策，力图提高这一群体的经济盈利水平，使其获得更深层次的生活发展，其中，政府也会鼓励村庄精英带动贫困户脱贫致富

[①] 周雪光：《国家与生活机遇——中国城市中的再分配与分层 1949—1994》，中国人民大学出版社，2015。

和持续发展，但由于政府提供的扶贫资源具有经济盈利性，村庄精英会利用原本占有资源的优势截获和攫取相应的扶贫资源，从而获得更进一步的发展。

反过来说，农户生活也会对精准扶贫制度实践产生影响[1]，并诱发相应的制度困境，一方面，在农户生活与精准扶贫的贫困测量和识别之间会产生不可预期的张力与"两难"；另一方面，扶贫资源下沉过程中的"过度"与"不足"都促使精准扶贫制度在某些政策内容层面进行调适和再生产。

（二）扶贫资源下沉与村庄内部结构

若从贫困户、普通农户、村庄精英三类农户群体出发，本文发现，精准扶贫制度的资源分配、农户生活发展的结果，还会深刻地影响村庄内部结构。细言之，贫困特征明显、自身资源拥有量较少的贫困户，如因伤残、大病等陷入贫困的农户，可以从精准扶贫中享受到相应的资源，获得生存兜底型资源较多，同时也能受益于发展型和盈利型资源，只不过受限于自身的发展能力，无法获得进一步的发展。与之形成对应的是，带有明确国家意志和中央权力印记的扶贫资源，尤其是盈利型资源，又无法避免受到村庄层面微观政治结构和原本经济、资源格局的影响。于是，围绕那些可以用于逐利的扶贫资源，村庄精英会通过自身策略性行动进行博弈，试图使扶贫资源的分配朝有利于自己的方向开展，让自我收益最大化。因此，在这场精准扶贫资源的下沉中，除了被纳入精准扶贫扶持范围内的农户能够享受到国家的扶贫资源外，村庄精英也能够在资源分配中受益。而绝大多数的普通农户只能通过整村推进扶贫项目等间接地受益于精准扶贫制度。因此本文提出了一个观点：在精准扶贫的推进中，随着行动主体原先资源拥有量的增加，其受益程度呈现出类似 U 形曲线的变化趋势，即拥有资源量最少的贫困户和拥有资源量最多的村庄精英能够获得

---

① 郑杭生：《中国特色社会学理论的探索：社会运行论、社会转型论、学科本土论、社会互构论》，中国人民大学出版社，2005，第 765 页。

较多的资源，而普通农户则受益较少。这就改变了精准扶贫制度推行前村庄内部接近直线的内部结构，即村庄精英占据较多的村庄资源，普通农户次之，贫困户（精准扶贫制度实施前资源禀赋最差的农户）享有的资源最少。

从精准扶贫受益群体和资源分配来看，即使贫困户能够从中受益，也可能因自身能力、意愿等多方面因素的限制而无法获得进一步的发展。除了生存兜底型资源分配外，在发展型和盈利型资源的分配中，资源效益的发挥在很大程度上依然需要建立在原先家户能力的基础上，因此反而是村庄精英利用这些扶贫资源获取更多的资金、资源，成为受益最大的村户群体。就此而言，精准扶贫制度有可能进一步拉大农户之间的差距，尤其是让那些有"关系""权力""门道"的村庄精英扩大他们与普通农户的差距，并由此进一步强化当前村庄中的权力-资源结构。以上村庄内部结构的变动应当引起学术界和政策界的持续关注，以便形成有效的风险应对之策。①

---

① 乌尔里希·贝克：《风险社会》，何博闻译，译林出版社，2004。

城中村改造后租户的居住
状况及其原因分析[*]

　　摘　要： 城中村是我国城市低收入流动人口的主要居住场所，然而当下大规模城中村拆迁对流动人口居住状况产生的影响鲜少得到关注。本文以武汉市小何西村为例，采取非参与式观察和访谈相结合的方法，以曾经或仍然居住在小何西村的租户为调查对象，对城中村改造后租户的居住状况进行探究，并借助社会排斥理论分析其形成的原因。研究发现，城中村的拆迁对城中村租户的居住权益造成了挤压，迫使其只能承担更高的居住成本而搬进"小区单间"，或者选择群租忍受更加恶劣的居住环境，又或者寄居在看不见的城市角落或边缘，离开仅是少数人暂时的选择。正规住房与住房政策相互嵌套而形成的对低收入流动人口的排斥，以及非正规住房市场与社会关系对其的有限接纳导致了城中村改造后租户较为恶劣的居住状况。低收入流动人口的住房排斥难以在短期内缓解，边缘、流动的生活仍是这一群体的主旋律。

　　关键词： 城中村改造　流动人口住房　社会排斥　住房排斥

一　问题的提出

（一）研究背景与意义

　　城中村改造^①以其规模之大、牵涉利益之广，毫无疑问地成为

　　＊　执笔人：刘晓宁。
　　①　城中村改造在广义上已成为包含村民户口"农转非"、"撤村建居"、（转下页注）

进入 21 世纪以来中国城市建设中最令人瞩目的工程之一。在 20 余年的实践中，城中村改造经验愈发丰富、方式愈发成熟，曾遍布各大城市的城中村已逐渐消失在人们的视野中，这使得舆论与学界的关注点从早期的失地农民补偿和生计问题转向了大城市。[①]

当下城中村改造研究在"改造"的惯性思维下，主要是有关如何使改造顺利进行的应用型研究，较少对城中村的功能进行客观评价，更极少对城中村改造的后果进行反思。[②] 然而当决策者略过被普遍认为是改造难点的中低收入流动人口住房问题，直接进行大刀阔斧的城中村改造时，探究改造后流动人口居住状况就显得尤为重要。流动人口的居住状况不仅关乎其居留意愿和城市融入程度，还是其生活质量的关键影响因素，解决中低收入流动人

（接上页注①）出台解决村民转制后的生计与社保问题的一系列政策方案在内的系统工程，本文主要关注城中村改造的空间属性，即"城中村"房屋拆迁、居住环境改造、土地权属转化等问题。在此意义上，城中村改造的实践可分为"异地拆迁"与"就地改造"两种形式，参见闫小培、魏立华、周锐波《快速城市化地区城乡关系协调研究——以广州市"城中村"改造为例》，《城市规划》2004 年第 3 期。本文选取的案例属于"异地拆迁"，也是城中村改造中最为普遍的形式。本文为与现有文献与政策保持一致而采用"改造"一词，其在大多数语境下指的是拆迁，且原建设部课题组也区分了"整治"与"改造"，认为前者是指"除少量市政公用设施外，基本不涉及建筑的新建，通过多种手段改善城中村的居住环境"，后者是指"通过建筑物的拆除和新建等手段彻底改造城中村的建筑形态和居住环境，原则上改造必须满足城市规划和建设的标准，改造后按照相关规定可以取得完全产权，且城中村空间形态基本上和城市一般社区相同"，参见厉基巍《北京城中村整治初步研究》，博士学位论文，清华大学，2011。此外，城中村改造在不同的政策话语中被表述为"旧村改造""拆违""棚户区改造"等，一方面从实践来看城中村的确是违章建筑与棚户的主要集聚区，另一方面由于本文关注低收入流动人口住房问题，被视为违章建筑集中区域和棚户区的诸多其他存在其实也可以被归为"城中村"，它们在空间上的表现与实际承担的城市功能均有相似之处，可被统一称为低成本生活区。具体而言，低成本生活区在如北京、上海等历史比较悠久、城市空间发展较为成熟的城市一般表现为旧里、棚户区，而在近年来拓展较快的城市如深圳、武汉等一般表现为城中村。

① 需要说明的是，据统计，2019 年仅北上广深四城的流动人口已达 3552.43 万人，占全国流动人口的 15%，大城市高昂的住房成本与大规模的人口流动，是流动人口住房问题化的关键背景。尽管许多研究没有指明其是在大城市语境下讨论流动人口住房问题，但绝大多数研究都基于大城市的经验。

② 仝德、冯长春：《国内外城中村研究进展及展望》，《人文地理》2009 年第 6 期。

口住房问题是"人的城镇化"推进的重要前提。对于流动人口存量巨大的各大城市而言，使外来务工人员安居乐业不仅是城市健康持续发展的基础，更应该是目标。本文探究城中村改造背景下中低收入流动人口的居住状况，并分析其形成原因，可以为未来中低收入流动人口居住问题的解决提供参考。

（二）租户何处去？

靠近二环线的小何西村在武汉市洪山区主干道之一的雄楚大道上，距离武汉的新起之秀"光谷"不足 4 公里，是"十三五"期间计划拆迁的 49 个城中村的一个，也是武汉最著名的城中村之一，曾是行政村卓刀泉村的一个自然村。小何西村于 2014 年被纳入"卓刀泉二期"的改造范围，然而由于其周围学校众多，调剂用地进展缓慢，在 2018 年 2 月土地才正式挂牌。同年 3 月，当地政府将土地出让给万科和保利公司合办的武汉子公司等，成交价约 64 亿元。

政府、开发商和村民之间的利益博弈决定了城中村的改造进度，小何西村也不例外。不过小何西村拆迁的困难主要在于外地房主与本地房主的赔付标准不同，导致前者迟迟不愿意签字，而外地房主的人数又是本地房主的 3 倍。2018 年 4 月 22 日拆迁工作启动，至 2019 年 4 月，仍有 100 余户尚未签字交房，在路边闲聊的房东们仍然在招揽着租户。当时有房东透露，如果小何西村无法在 2019 年 6 月拆除，拆迁将必须因为即将于 7 月召开的军运会停工，而承包拆迁的公司则需要赔付开发商高达 1.5 亿元的违约款。在笔者 2018 年 11 月进入田野时，已经是第二支拆迁队来进行小何西村的拆迁工作。拆迁办、拆迁队、本地村民、外地房主的斗争固然值得书写，然而本文关注的重点并非这些必然或多或少能获得赔偿金的群体，而是人数多达本地村民与外地房主之和近百倍的租户群体。

2018 年 4 月初，一位租户在"小何西村吧①"上倾诉了他对

---

① 百度贴吧"小何西村吧"，https://tieba.baidu.com/f? kw=%D0%A1%BA%CE%CE%F7%B4%E5&fr=ala0&tpl=5&traceid= 。

拆迁的焦虑：

> 说真的，我才搬到这边不久，以前是在白沙洲那边一个挺偏的地方住，然后知道了这个城中村，花了大概五六天时间把我琐碎的东西全用箱子一点一点搬过来。来之后听说要拆，查了百度这里从很久很久之前就说要拆了，也就没那么在意。我工作在软件园那边，每天过去一个小时。不是没想过搬过去，但是应该也有人知道那边租房价格，稍微正常的1200~1500元一个单间根本不是我这种工资3000元左右的小可爱可以住得起的。可现在，能不能出来官方一点的通知（不限制于贴条），告诉我们这种工资不高，住不起1200元一个单间的人，这里的房子什么时候拆，拆迁办什么时候来，让我们在多久时间内走（微笑）希望拆迁办可以看到这一段，然后至少提前一个月告诉我，我好顺利辞职回家，不要拿不到最后一个月的工资，拜谢。再说大家都是有工作的人，找房子也要时间啊，半个月也就四五天休息，还得搬东西，我这一栋小楼，就住了11户好吗！最后，希望各位一有拆迁的靠谱消息就告诉我一声，我向来不惮以最坏的恶意来揣测别人的，但毕竟房东也是要收房租的，利益在身。我也因为刚出社会不久，有被二房东骗走钱住了一段时间后房东找上门的经历，所以，在此拜托各位了。

这位租户网友的焦虑得到了众多的共鸣：

> 反正我不希望拆，拆了住哪哟，现在房租比工资还高，睡大街。（zxc12034）
>
> 我也想知道到底拆不拆？希望不要拆！有点担心了开始，我这点工资上哪里去找这么便宜的房子住啊！心累！要是真的要拆那要找人合租啦！（无敌的饭饭1）
>
> 刚刚看了一下现在附近的房租都是八九百上千。还是合租，唉。（ssszszx）

小何西村并非孤例，2016 年 4 月，武汉市市长提出在"十三五"期间将完成中心城区剩余的 49 个城中村的改造，换言之，至2020 年，即将跨入新一线城市行列的武汉的中心城区将再无城中村。面对城中村的拆迁——一个被认为阻碍城市发展、损害城市形象的城市伤疤的去除，为何租户们如此愤怒、焦虑与无奈？为何租户不希望城中村拆迁？既然小何西村拆迁已是板上钉钉的事实，那么这些租户又要如何解决自己的居住问题？为何小何西村的拆迁竟会导致他们不得不选择回家？他们真的选择辞职回家了吗？城中村的拆迁到底给他们带来怎样的后果，这些后果又是如何酿成的？这些是本文希望探究的问题。

二　文献综述与研究设计

（一）　文献综述

当下关注城中村改造后果的研究较少，赵晔琴发现在改造中，租户的沉默使其居住权利更加边缘化，而大规模的城中村拆迁在住房方面再一次把外来人员推向尴尬的境地，居住不确定性的增强导致外来人员在城市的日常生活受到干扰甚至中断，这将在一定程度上加剧社会的断裂和分化[①]；汪丽、李九全通过分析网络文本，发现城中村改造从资源、情感和机会三方面形成了对城中村租户多重的空间剥夺[②]。也有学者关注了租户应对城中村拆迁的策略，朱婉莹等对上海市联明村的调查结果显示，大多数租户在城中村之间转移。[③] 而孙林在对农民工居住权的研究中指出"逃离"和"群租"是"后城中村改造时代农民工"的有限选择，其中

[①]　赵晔琴：《"居住权"与市民待遇：城市改造中的"第四方群体"》，《社会学研究》2008 年第 2 期；赵晔琴：《法外住房市场的生成逻辑与治理逻辑——以上海城中村拆违为例》，《华东师范大学学报》（哲学社会科学版）2018 年第 4 期。

[②]　汪丽、李九全：《西安城中村改造中流动人口的空间剥夺——基于网络文本的分析》，《地域研究与开发》2014 年第 4 期。

[③]　朱婉莹、赵伟宏、汪明峰：《城中村拆迁与外来人口居住选择的影响因素研究——以上海市联明村为例》，《人文地理》2018 年第 4 期。

"群租"是在城中村改造过程中农民工居住权未能得到基本的尊重和保护的情况下催生和复制出的"类城中村",这种非正式的廉租房市场作为低收入群体聚居区比城中村更隐蔽、复杂、难治理,而"逃离"城市也成为越来越多人的选择。[①] 顾书桂也指出大规模的城市更新会加大和提高城市住房群租的规模与严重程度。[②]

鉴于城中村租户主要是低收入的流动人口,本文探讨的问题实际上从属于低收入流动人口住房问题,这方面既有研究主要表现出对农民工群体的关注。相关研究普遍显示,农民工群体的聚居性特征十分明显,聚居区主要分为以下三种类型:一是早期以地缘为纽带的外来人口聚居区,如北京的"浙江村"[③];二是城市扩张时期外来人口聚集的"城中村"[④];三是在城市工业区或经济开发区中常见的工厂宿舍[⑤]。农民工群体表现出住房支出少、人均住房面积小、房屋缺乏基础设施、住房满意度高的居住特征,其住房具体的分布受到职业、收入、家庭结构、流动特征等个体因素的影响。[⑥] 任焰、梁宏则认为相比农民工的个人特征,行业、企业规模、企业性质等组织因素对农民工的居住状况影响更大。[⑦] 郑志华对新老农民工居住状况进行对比研究,发现新生代农民工的居住状况相对而言有所改善,但聚居模式仍未改变,定居意愿较高的同时流动性增强。[⑧] 近年来农民工居住状况的新特征是住房负

① 孙林:《农民工居住权视角下城中村改造问题的思考》,《城市观察》2015年第1期。
② 顾书桂:《城市住房群租的政治经济学分析》,《云南社会科学》2012年第5期。
③ 项飙:《跨越边界的社区:北京"浙江村"的生活史》(修订版),生活·读书·新知三联书店,2018。
④ 李培林:《村落的终结——羊城村的故事》,商务印书馆,2004。
⑤ 周大鸣:《外来工与"二元社区"——珠江三角洲的考察》,《中山大学学报》(社会科学版)2000年第2期。
⑥ 黄轶凡:《成都市农民工住房消费研究》,硕士学位论文,西南财经大学,2009。
⑦ 任焰、梁宏:《资本主导与社会主导——"珠三角"农民工居住状况分析》,《人口研究》2009年第2期。
⑧ 郑志华:《新生代农民工居住状况和发展趋势》,《中国青年研究》2011年第1期。

担加重①、合住程度高②、家庭居住比例上升③。鉴于农民工群体与本地居民的居住状况差异，以及基础设施缺乏、住房负担重等客观困境，大多数研究者将农民工当下的居住状况视作需要解决的社会问题，尽管也有学者认为农民工的居住状况是由其"过客心理"决定的④，但大多数学者还是认为其不是"不愿"而是"不能"改变自己的居住状况⑤，并将问题归咎于住房市场过度市场化、住房保障缺失、城市土地制度等宏观因素。

不少学者从住房排斥的角度来解释低收入流动人口的居住困难，认为以农民工为代表的流动人口和低收入群体是当下中国受到住房排斥的主要群体，前者由于支付能力限制而受到住房市场的排斥，而公积金、贷款和经济适用房等住房政策也对低收入群体设置了难以跨越的门槛。⑥ 不过随着我国住房保障制度的完善，尤其是对廉租房的逐渐重视，具有本地户口的低收入群体的住房问题逐渐得到解决。因此，当下有关住房排斥的研究主要聚焦于流动人口，尤其是流动人口中的低收入群体。谢宝富认为当下低收入流动人口的主要居住模式有城乡接合部模式、群租模式与集体宿舍模式，前两者都属于"非法租赁"⑦，陈映芳也认为非正规的租赁市场是低收入流动人口解决居住问题的主要途径⑧。

---

① 刘梦琴、傅晨：《城市农民工的住房问题与改革政策》，《城市观察》2013 年第 4 期。

② 熊景维：《我国进城农民工城市住房问题研究》，博士学位论文，武汉大学，2013。

③ 王星：《市场与政府的双重失灵——新生代农民工住房问题的政策分析》，《江海学刊》2013 年第 1 期。

④ 林李月、朱宇：《两栖状态下流动人口的居住状态及其制约因素——以福建省为例》，《人口研究》2008 年第 3 期。

⑤ 简新华、黄锟：《中国农民工最新情况调查报告》，《中国人口·资源与环境》2007 年第 6 期。

⑥ 李斌：《社会排斥理论与中国城市住房改革制度》，《社会科学研究》2002 年第 3 期；崔凤、毛凤彦：《社会排斥与城市贫困家庭的住房问题》，《学习与探索》2005 年第 5 期。

⑦ 谢宝富：《中低收入流动人口居住问题的解决路径》，《城市问题》2015 年第 5 期。

⑧ 陈映芳：《"违规"的空间》，《社会学研究》2013 年第 3 期。

　　吴维平、王汉生对北京、上海流动人口的住房状况进行调查，发现流动人口基本被排斥在主流住房供给体制之外，而致力于解决计划经济下福利分配住房不公正问题的住房改革也忽略了这一群体。① 至今大多数城市仍将户口作为享受廉租房等住房保障的前提，农民工等流动人口被排斥在现有住房保障之外。② 赵晔琴进一步发现，在城市改造过程中，租户作为第四方群体的沉默，加剧了对自身的住房排斥，她认为城市政府通过对居住门槛的设置和居住权分层，创造了新的社会排斥机制。③ 彭华民、唐慧慧从社会排斥视角分析低收入农民工的住房问题，认为嵌入城市就业的住房提供制度和城市租房制度、嵌入城市户籍的住房保障制度和住房规划制度均排斥低收入农民工。排斥低收入农民工的多项制度互相嵌入，强化了低收入农民工被社会排斥的困境，形成制度性社会排斥，阻碍了他们在城市的社会融入。④

　　上述研究对作为流动人口聚居区的城中村的分析，以及对低收入流动人口居住现状及其原因的探究都已经取得了丰富的成果，对本文具有重要的参考价值，但低收入流动人口住房问题作为具体的社会民生问题，具有很强的时空性，仍需要进一步补充具体经验，解释框架也可以进一步完善。在城中村大规模拆迁的背景下，低收入流动人口的后城中村居住状况仍不明晰，且前述研究多采用调查问卷收集信息，难以深入了解这些群体居住的具体状况和细节感受。在分析居住现状的原因时，也多注重群体内部的个体因素，探究居住状况分化的原因，对作为拥有相同社会经济特征的该群体的住房状况差异的分析相对不足。尽管住房排斥视角在分析作为整体的低收入流动人口的住房困境时较有解释力，但目前主要停留在分析低收入流动人口如何被排斥在特定社会保

① 吴维平、王汉生：《寄居大都市：京沪两地流动人口住房现状分析》，《社会学研究》2002 年第 3 期。
② 杨菊华：《制度要素与流动人口的住房保障》，《人口研究》2018 年第 1 期。
③ 赵晔琴：《吸纳与排斥：城市居住资格的获得路径与机制——基于城市新移民居住权分层现象的讨论》，《学海》2013 年第 3 期。
④ 彭华民、唐慧慧：《排斥与融入：低收入农民工城市住房困境与住房保障政策》，《山东社会科学》2012 年第 8 期。

障制度之外上，未能全面地展现该群体受到的住房排斥。

（二）研究思路

本文借助质性研究方法，在对研究开展时正处在拆迁过程中的武汉市小何西村进行实地调查的基础上，从租户的角度详细地描述了离开城中村后的居住形式，并借助社会排斥视角从政策、市场、社会三个角度来分析城中村租户居住状况呈现相应特征的原因。具体围绕以下三个问题展开论述：租户离开城中村后去哪了？城中村拆迁对租户的居住状况产生了怎样的影响？这种影响产生的原因是什么？对城中村改造这一事件对租户居住状况的影响及其原因的探讨，实际上是在特定的情境下讨论低收入流动人口住房问题。对租户因为城中村拆迁而不得不重新选择居住方式的过程的展现，更能揭示出低收入流动人口面临的居住困境及其原因。

首先，不同于前述研究大多将调查对象限于农民工群体，本文的调查对象是城中村租户，这一方面是由于目前农民工是一个内部分化很大的群体，其居住状况的分异也相对较大，难以作为一个整体分析，另一方面也是因为近年来城城流动人口比例也逐渐上升，其中不乏社会经济状况较差的群体，若只关注农民工群体便会将其排斥在外。更重要的是，正如陈映芳所言，当下对流动人口排斥的考察不应仅局限于二元户籍制度，仅研究农民工的住房排斥问题同当下排斥机制复杂的社会现实不符，而且"将某种社会问题简单地归因于某个制度的因果论分析，容易让我们天真地期望某个'恶的制度'的终结会带来问题的根本性解决，而忽略对已经形成或正在形成的种种新制度的审视和批判"。[1] 其次，不同于前述研究多少存在将农民工等群体客体化的倾向，本文持一种人本主义的态度，不用客观的数据来展现其居住状况，而更多站在租户的立场上，关注城中村租户的居住感知与生活逻辑。最后，

---

[1]　陈映芳：《城市开发与住房排斥：城市准入制的表象及实质》，《宁波大学学报》（人文科学版）2009 年第 2 期。

不同于前述研究对居住状况个体因素的关注，本文倾向于将城中村租户作为一个整体①，并较为系统地从宏观的结构因素入手来分析其居住状况的成因。

（三）理论视角

对社会排斥概念存在多种解释和理解，在不同学科中其强调的层面也不同，本文主要关注社会政策学科内贫困与剥夺维度的社会排斥。在此意义上的社会排斥理论起源于对社会剥夺的研究，早期在政治思想中强调个体与社会整体之间的断裂，或者对穷人和少数群体的歧视与偏见。社会剥夺指社会上大多数人认为或风俗习惯认为应该享有的食物、基本设施、服务与活动的缺乏与不足。人们常常因社会剥夺而不能享有作为一个社会成员应该享有的生活条件，社会剥夺概念内涵在后期逐渐从物质层面转向文化层面，并进一步发展出社会排斥理论。

Sen 尤其关注剥夺与排斥之间的关系，他区分了建构性社会排斥和工具性社会排斥，前者指作为一种社会排斥的能力剥夺本身，而后者指能力剥夺导致的社会排斥，Sen 强调对排斥造成的贫困的关注。Sen 还区分了积极排斥与消极排斥，积极排斥指排斥主体故意排斥特定人群，而消极排斥则是一种非人为造成的结果，Sen 认为积极排斥和消极排斥都会对人的生活造成影响，但是其影响方式不同，尤其需要关注的是二者相互作用产生的不利影响。② Silver 区分了团结型排斥、特殊型排斥与垄断型排斥。其中团结型排斥指个体同社会之间纽带的削弱和断裂；特殊型排斥是一种歧视的体现，忽视了特定群体的权益；垄断型排斥则是社会垄断集团造

---

① 尽管城中村租户是一个在一般分类意义上异质性很大的群体，这也是为何在城中村作为居住空间消失后，他们做出了不同的选择，但是本文根据城中村租户都具有刚性的廉租需求这一特征，将其归纳为一个群体。本文提到的低收入流动人口属于城中村租户中相对更加弱势的群体。

② Amartya Sen. "Social Exclusion Concept, Application, and Scrutiny." Asian Development Bank, 2020.

成的，表现为当权集团限制甚至禁止外来者的进入。①

社会排斥理论为本文提供了视角和切入点，面对城中村改造后租户的居住现状，本文关注租户群体如何被排斥在特定的住房供给体系之外、这种住房排斥导致的住房剥夺、排斥主体的具体表现，以及各种排斥相互作用的机制。尽管在对社会排斥的定义上众口不一，但各种定义都包含个体或群体被排斥在社会系统之外的含义，鉴于此，本文中住房排斥指城中村租户被排斥在某一住房供给体系外，根据社会排斥理论，住房排斥既是动态的过程，又是剥夺既成的结果。同时，鉴于社会排斥理论关注由排斥导致的无法正常参与社会生活的情况，本文中住房排斥和剥夺不仅仅关注是否"拥有"住所，更关注在特定居住形式下租户居住权益的状况。

（四）研究方法

本文采用质性研究的方法，以个案的形式描绘出城中村租户在面对拆迁时面临的具体困境和应对策略，以及这个群体的居住偏好和行动逻辑，从而以微观的视角补充之前研究对租户具体需要关注的不足。相关资料主要来自笔者对武汉市有名的城中村小何西村的观察、分析，选择小何西村是由于其被称为"武汉最后的城中村"，作为流动人口聚居区发育成熟，拆迁前流动人口聚居规模大，其租户的行动策略和需要更具有典型性。具体的资料收集措施如下。

首先，为了了解城中村拆迁后租户的去向，自 2018 年 11 月至 2019 年 4 月，笔者前往小何西村现场进行观察、访谈共计约 15 天，访谈一般发生在街头、快餐店，后续微信上也会进行二次访谈。在访谈的过程中，得知许多租户选择搬去其他城中村和附近的小区，为了增强样本的代表性，更为全面地描绘出城中村租户在城中村拆迁后的居住状况，笔者还走访了小何西村所在的洪山区的大多数城中村及小何西村周围的小区，在其中进行观察和访

---

① Hilary Silver. "Social Exclusion and Social Solidarity: Three Paradigms." *International Labour Review*, 1994, (133).

谈，访谈对象达 30 余名，其中深入多次访谈 10 余名对象。此外，由于小何西村在武汉非常有名气，网络上有诸多相关的新闻报道、学术研究和租户本人在如"小何西村吧"等平台上的发言。笔者均对此进行了收集和研究，并且在此过程中，有幸加入一个租户 QQ 群，观察租户自 2018 年 11 月至 2019 年 6 月对相关事务的讨论，并与他们进行交流。最后，为了进一步探究租户居住状况的成因，笔者收集了武汉市住房相关政策等文件和数据，并对其进行研究和分析。

三 城中村租户的应对策略

敢怒不敢言呀！怒，因为武汉的房价就这样，小区里的房间就一千（元）嘛，一个单间。你对于一个打工的人来说，现在学生很少了，就是打工的比较多，他的月薪也就是三四千块钱。你要租个一千多（元）的，他肯定是（承受不了）。你像小何西村的房子肯定是便宜，三四百（元）嘛，这样把自己的生活就弄起来了。有怒，但是你跟谁说呢？谁能帮助你呢，你说了，能起到什么作用呢？只能自己闷着，生闷气，怪这个世界对自己不公喽。（29 号，20190422）

（一）住房消费提升策略

"小区单间"是小何西村拆迁后租户们面临的最为便捷的选项——"那些有稳定工作的，七八千上万的可能就搬进小区了吧。刚拆的时候，门口中介都摆满了。"苗何是"有稳定工作的"，搬去了附近的一个老小区，表示居住环境比之前好了很多："床变大了，有个最需要的书架和大书桌，还有空调！看书再也不用坐在床上了！"然而，苗何每月的生活费用基本比在小何西村时翻了一倍，每月 1100 元并且按季付的租金让他"每次交房租都要'吐血'"。除了租金的上涨，搬进小区的租户们还要承担生活费的上涨和额外的住房中介费。

租金上涨作为事实可以从两个方面得到佐证，一方面根据笔者对小何西村所在的卓刀泉区域租房市场的观察，小区单间的租金在 1000 元左右，以贝壳网上发布的学雅芳邻和教师小区①的招租信息为例，租金在 800~1500 元②；另一方面在笔者的访谈范围内，搬去小区的租户月租金都在 1000~1500 元，而小何西村在尚未拆迁时月租金大多是 500 元，拆迁开始后更是降至 300 元。一方面，租金的上涨是由于住房质量的客观提升。城中村作为"城市伤疤"，其恶劣的人居环境和卫生条件、严重的治安问题和庸碌的社区文化广受诟病。单就"环境"而言，小区便比城中村"高了一个档次"，更不用说租户的私人空间，在小区内合法、有序的规划下，其采光、配套设施、隔音等状况也都要优于城中村的住房。另一方面，就成本而言，城中村在城乡二元土地管理制度下诞生③，又是村民自行修建的，房东所付出的土地成本和建筑成本远远低于小区的房东购买房屋所花费的成本④，因此房东的定价也不同。同样受惠于小何西村低廉的土地和建筑成本的还有其中众多的商铺，它们享有的高人流量和低租金是其向讲求实惠的城中村客户提供物美价廉的商品的基础。根据大多数租户和房东的说法，小何西村未拆迁时有 3 万~4 万人住在村落里，而位于小何西村主干道路口的门面的月租金在最高的时候也不过 7000 元，远低于武汉城区建设用地区门面房动辄上万元的月租金。除了商品价格低廉，城中村的主流单间房型都配有厨房，许多租户会选择在楼下买菜自己做，"干净又便宜"。而小区里的单间是只有公共厨房或没有厨房的，这就使一些搬出去的租户在一定程度上丧失了自己做饭的机会，只能在小区或者工作地点附近吃快餐，这些餐馆并不具备小何西村商铺的成本优势，又拥有一些经济实力较强

① 分别是新商品房小区和老旧型小区。
② 其中也有个别五六百元租金的房子，但是这属于下一部分要讨论的"隔断房"，不划归选择提升住房消费策略的城中村租户的选择范围。
③ 李铁：《城镇化是一次全面深刻的社会变革》，中国发展出版社，2013。
④ 大多数小区单间的房源来自商品房。

的客户，价格自然高了一些。在这些综合因素的作用下，租户们每月的生活成本便"成倍"地增长了。

搬去小区的租户们生活经济成本的增加还体现在对中介费的支付上。以前在城中村租房，由于房东大多是"职住一体"[①]，以出租房屋为职业，且村落的空间模式是一户一栋，房东基本时时刻刻都在自己的房源附近，所以大多数租户只需要在城中村转一圈，便可以找到心仪的住房并迅速同房东确定要租住。而小区里，房东的构成更加多元化，而且许多房东以投资为目的购买房屋，自己并不住在附近，同时小区高楼层、封闭性的空间模式并不为租户自行寻找房源提供便利，租户必须事先和房东取得联系。这便极大地阻碍了房东与租户的对接，会有"之前找房东直租，打电话和房东说要看房，房东要我等1个小时"的情况。这种阻碍为租房中介带来了广阔的市场，且房东人均拥有房源也不如城中村多，为了"省心"更多的房东将房源挂在中介平台上，或者直接租给中介，结果便正如搬去小区的苗何所言：

> 虽然非常不想给中介费，但是不得不承认，中介手上的房源普遍比较好，而且租起来比较省心，直接看几套房，然后挑一套相对比较满意的租下来。（14号，20190123）

于是，缴纳第一月租金的一半作为中介费，便逐渐成为"租一套好房子"的必要条件。这些生活成本的增加，给租户们的生活造成了或大或小的影响，有的"工资就两三千块钱，几个人合租那种三室两厅，人均一个月也要1000多元，周末都不敢出去"，还有的表示"大不了少买些化妆品，像给父母寄钱、和别人应酬这些钱不能省"，也有干脆因为存不到钱直接离开武汉的，而更多的则是"存款减少了，但还过得去"。然而"挣钱"是大多数城中村租户来到武汉的主要目的，在这些存款背后是他们实现"过日

---

① 即使有房东自己搬出城中村，其也往往会找一个代理人，在出租房内（往往是一楼）打理相关事宜。

子"的追求或个人梦想的机会。①

（二）"游击"策略

采取"游击"策略的租户主要有三类，第一类是新搬来小何西村的和誓做"小何西村最后租客"的，第二类是换工作并搬去其他区域的城中村的，第三类是不换工作搬去其他城中村的，这三类租户都仍然选择城中村作为居住场地，在武汉大规模城中村拆迁背景下，不断变换着自己的落脚点。

自 2018 年 4 月正式拆迁以来，尽管大多数房东没有签字，但拆迁队断电、停水、断网以及推土机的日夜赶工，让大多数租户惊慌不已，早早撤离。搬去小区的租户事后回忆，"每天担惊受怕，生怕拆迁的趁我不在把我老窝给端了，就趁着有空赶紧搬家了"。随着大量租户的离开，房东们不得不降低租金以招揽租客，同时继续通过上访、堵路等策略阻挡拆迁的进程，并及时修复电路水网。未拆迁时，小何西村的单间月租金一般在 500 元左右，门面房月租金在六七千元上下，之后分别跌到 300 元左右和 1000 元左右。这样低廉的租金，又吸引了一小波新的住户，这些租户大多流动性极高，有因为准备回家过年辞了工作（离开宿舍）但想在年前再赚点钱的人，有（为复读生）陪读的家长，还有实习或者考研的学生。他们大多被降到 300 元的房租吸引，认为能省一点是一点。据房东透露，其中还有大量因为难以承担其他地方提升的租金再搬回来的。前文所说的第一类租户中，留守的租户有类似的考虑，他们有的一直找不到更合适的住处，有的找到了但想尽可能晚地搬去租金较高的地方。

对于第二类租户，换工作的选择得以成为可能有赖于两个基础，一是城中村租户所处的非正式劳动力市场环境赋予了他们流动性，二是武汉这样超大城市的多中心模式为他们提供了生存空间。与工作稳定的"白领"不同，城中村的租户们大多是先找住

---

① 毕文俊：《草样的年华：珠三角打工白领的生存困境与地位恐慌》，硕士学位论文，北京大学，2008。

处，再找工作。他们的工作大多没有正式的劳动合同，也没有什么晋升空间即不存在确切的职业经验积累，再加之往往没有节假日，逢年过节基本都会辞职，因此换工作对他们而言是家常便饭。大多数租户表示在武汉"工作比房子要好找得多"。

第三类租户主要是以时间换空间，搬去较远的城中村，通过增加通勤时间来获得较低廉的租金。对于小何西村的租户，这些较远的城中村主要分为两类。首先是以方家村①为代表的"城边村"，其尚处于"城乡接合部"的状态。这里的村民房东大多（除了街口一些做旅馆的房东）把自家盖的楼中的一个房间出租——这也是方家村的房屋比较破旧的原因，开发比较充分的城中村如小何西村，其民房的修建几乎全部用于出租，为了吸引年轻的租客，房东往往将楼栋装修得相对精致漂亮，甚至模仿欧式建筑风格，而且这些以村民为主的房东出租房屋时基本是三个月起租。其他城中村大多是租的时间越长越便宜，长租和短租差价在一两百元。方家村的房租在 300~1000 元，价格根据房间的位置、有无热水器、租住时间、采光情况、房屋材质等变化。其次是以东湖新村为代表的城中村，这类城中村各方面同小何西村相似，只是位于另一个商业圈。然而，武汉如此大规模的城中村拆迁对城中村的房源和价格都有较大的影响。小何西村的房东告诉笔者，2014 年陈家湾拆迁时，小何西村的租金普遍上涨了一两百元（涨幅在 30% 左右），而小何西村开始拆迁后，东湖新村的租金也涨到了七八百元。租户们表示城中村的房子越来越不好找了，"都是别人挑剩下的"。在笔者的走访中，这些城中村的房东们的大多数房源都已经出租，仅剩下一两间，而这些房东大多有 10 套左右的房源。

总的来说，采取"游击"策略的租户对廉价住房的需要更加刚性，也往往是租户群体中最为弱势的。马平在小何西村开始拆迁后，搬去了三环外的东西湖区，维持了 500 元的月租金，之后听说小何西村一直没有拆完，又搬了回来，至访谈时仍未搬出，正

---

① 方家村位于武汉三环线周围的南望山附近，有公交，距离最近的地铁站有约 30 分钟的公交车程。

如他所言，"这么大的地方才 350 元一个月，我是山里面农村人来这边打工的，要选择最便宜的"。然而，拆迁中的小何西村进入了混乱状态，停水停电断网封路，不时有人骂街斗殴，笔者最后一次去小何西村时是 2019 年 4 月初，当时几乎已经没有可以落脚的地方，到处都是泥土和建筑垃圾，拆到一半的楼房就屹立在路边，只用简单的塑料板做了区隔。

留守或者新搬来小何西村的租户们表现出了对便宜住房最强烈的偏好，他们也承受着相对最恶劣的居住环境，换工作和搬去城边村的租户们处境相对较好（同时承担了较贵的租金），但也都有着各自的困境，其中，换工作在"中心城区不再有城中村"的更新计划下只是一种权益之计。而对于搬去城边村的租户，则要承担增加的交通成本和忍受更长的通勤时间，这可能意味着"早起两小时"以及把本就不多的业余时间花在公交车上。

（三）群住策略

不同于保障私人空间和基本住房设施的"小区单间"，群住是指以超过住房原设计规划容纳住户数量来使用房屋从而降低住房成本的策略，具体居住形式主要包括隔断房、"床铺"与单位宿舍，前两种一般又被统称为群租。

隔断房，即对原房间进行非法改造，一般仍以单间的形式出租；隔断房的根本性质是"非法改造"，换言之，其是供方为了扩大合租模式下的效益对大户型住房进行重新隔断，从而提供更多的房源以获得更大的利润的产物。这种隔断改造在利益的驱动下往往采用品质低下的装修材料和蚁居式的户型，存在安全隐患，因此受到政府的治理，处于一种相对隐蔽的运作状态。其租金也由于材料、面积、配套设施等的不同而差异巨大。部分实力雄厚的中介会进行隔断，他们直接从房东那里整租，统一进行改造再出租给租户①，

---

① 相比而言，中介改造的房子更接近合租房，面积比房东改造的要大，更美观，配套和管理更完备，相应地价格更高，因此在这里将其当作合租房处理，不多讨论。

但更多的是房东们自己改造。这些房东们私自改装的隔断房，由于隔音效果极差，门锁不安全，空间极小（5~10平方米），无窗或窗小，公共空间（如厕所）缺少清理，无配套设施如洗衣机、微波炉、卫生间①等因素，尽管坐落于小区内，但要价很低，仅略高于城中村住房的租金。而无论房东私自改造的隔断房有多么不宜居，有多大的健康风险，它们都在"小区"这个中高端租房场域内接纳了支付能力低的城中村租户，给他们开辟了一个小小的私人空间。

相比而言，"床铺"群住的性质更加明显，类似于学生宿舍，在武汉目前也不如"隔断房"那样普遍，笔者也只是道听途说，但有租户分享了他们自己的经验：

> 合（群）租房人住的太多了，没有任何自己的私人空间，吃喝拉撒什么都在一起，家里人来了都没有说话的地方。要小心自己各种贵重物品的保管，身份证啊，手机啊，驾照什么的。而且人多眼杂，人比较容易烦躁。而且和室友相处容易出现矛盾，弄得心里很不愉快。我觉得住合（群）租房就是要有好的心态，要包容，海纳百川，好的心态是很重要的。（21号，20181024）

> 虽然说租住模式和学生宿舍很像，但是社会环境毕竟不同于校园那么单纯，同租的室友要擦亮眼睛挑好，不然既不方便，也不安全。而且也没有学校里的管理和一些福利，居住质量没有宿舍好。（37号，20190424）

据租户透露，像这样的"床铺"，租一个月也要300元左右，在武汉以这个价钱尚可在大量拆迁中的城中村或者开发不足的城边村找到房源。然而，不能否认"床铺"在未来可能成为低收入外来人员解决住房问题的更普遍的方式。

---

① 有的房东不保留任何公用区域，将卫生间直接改装在单间内，将单间分为独卫单间和非独卫单间。

单位宿舍①往往与上述的第二种群租模式相重合，主要特点是基本没有任何私人空间，在笔者的访谈范围内，几乎没有租户表示会为了解决住房问题而去工厂上班，在被问及原因时他们大多表示是因为"工厂不是人待的地方"。此外，值得注意的是武汉的一些城边村的大多数租户来自附近的工厂，他们放弃了工厂提供的住宿，以满足自身对私人空间和婚育的需要。

在本文案例中，选择"拆了就搬去宿舍"的往往是在酒店上班或者为美团、京东、天猫等大型企业工作的租户们，他们的职业大多为"送快递外卖"，还有厨师。而这些宿舍其实大多也在小区，由老板出面为员工整租一套房子。房间里大多是上下铺，有的还是两张，睡四个人，还有两个人睡一张床的，但也有"手艺好"的人住单间。据某中介工作人员透露，大多数房东不喜欢把房子租给这些老板，因为住的人太多，对房子的损害很大。单位提供的住宿固然节省了租金，但是这些工作普遍有较强的人身控制，而且租户们大多没有正式的劳动合同，往往出现"时刻在工作"的状况。哪怕有休息的时间，由于是和同事住在一起，也会有"从不下班"的感觉。26岁的厨师陆元更是表示："天天都和同事在一起，又都是男的，根本认识不到女孩子。"

（四）关于离开

离开武汉的人远不如笔者想象的多，毕竟还有这么多选择，笔者调研时拆了半年多的小何西村也仍然在招揽着租户。2019年过完春节后再去小何西村时，笔者碰到了过年前说不再来的阿月。阿月是荆州市人，16岁初中毕业来到武汉，工作从服务员换到商场导购，每月拿着三五千元的工资，在武汉的城中村住了10年。阿月说自己

---

① 这里根据组织模式，用宿舍指称工作提供的住宿，而前面的"床铺"表示旅店提供的住宿，另由于了解到笔者所在学校新闻学院的学生在北京实习时7人住了三室两厅的房子，因此推断在武汉的租房市场中也有租户自发组织的群租模式，但是在笔者在小何西村附近的田野中并没有发现，而且这种群租模式依赖特定的社会关系，对于大多数租户而言他们在城市主要的社会关系就是业缘，因此应该同宿舍有较大重合。

总是要回去嫁人的，来武汉是想见见世面，也为日后的日子攒一些钱，现在小何西村拆了，钱很难再攒了，总不能还贴钱。阿月很漂亮，身材苗条而修长，只是脸上起了很多疹子，阿月说是吃外卖吃的，母亲看了很心疼，让她早些回去。过年后再见到她时，阿月戴着口罩，在村口苍蝇飞舞的小吃店买了盒饭，似乎看见了笔者，但匆匆离去。与阿月一样没有离开武汉的还有坐在床边和笔者聊天的蔡姐。她18岁嫁了人，19岁生了孩子，待孩子长到11岁才随丈夫出来打工，与笔者认识时工作不到一年。蔡姐一边逗着表姐的孩子，一边告诉笔者，武汉什么都好，好吃的、好玩的，什么都有，只是他们没有钱，只能住这样的房子。

很少有人会完全因为所住的城中村被拆而选择离开，因为城中村的租户们本身流动性就很强，他们根据自己的工作和待遇调整自己的住处。哪怕有人的确走了，那也不过是因为被压上了最后一根稻草。碰上"黑中介""黑工厂""黑房东""涨房租"，被骗，"炒股又赔了"等各种"糟心事"都可能会导致租户选择最终离开这个陌生、繁华而令人窒息的城市，不过即使离开了，也不是永远，他们随时还有可能再回来。更多离开的租户并不打算回家，而是选择深圳、东莞等城市，笔者采访的租户普遍认为这些是更"包容"的城市，不像武汉这样"难熬"。不过，"逃离"武汉去其他城市的租户也有自己的困境，就笔者访谈到的租户而言，他们绝大多数是湖北人，来到武汉的原因主要也是"离家近"。如果因为武汉的"低工资，高消费"去了其他城市，除了承担相应的交通费，也要面临"一个人在外面，没个人，万一出个什么事没人管"的风险。

四 对城中村租户的住房排斥

综上所述，遭遇拆迁的大多数租户重新在城市找到了住所，且由于个人偏好和拥有的资本不同选择了不同的应对策略。但对于离开城中村的租户而言，似乎每种让他们得以留在武汉的居住策略都以挤压其原有居住权益为代价。笔者认为，这种居住权益的挤压是城中村租户，即城市廉租群体受到了住房排斥的结果，接下来本文将根据住房排斥的主体来具体分析。

（一）市场中的住房排斥

20世纪末的住房改革开展后，我国住房供给体系逐步迈向市场化，2020年央行发布的数据显示我国住房私有率①已高达96%，我国80%以上的流动人口通过购买或有偿租赁解决居住问题②。

1. 正规住房市场的廉住排斥

大城市廉住需要不仅是基于城市贫困的客观存在，相对于房价过低的居民收入、大城市的人口结构、居民的高储蓄偏好与大都市生活方式下的消费结构均促使大城市居民的有效住房消费需求不足，尽管存在刚性的居住需要，但提高居住质量的消费意愿和消费能力均不足。

我国的大城市，尤其是一线城市的房价收入比过高是学界共识，以武汉为例，2017年一间房价和面积处于平均水平的房屋的价格是收入处于平均水平的夫妻年收入的20倍左右，居民的住房支付能力不足是城市廉住需要产生的根本原因。

此外，大城市还吸纳了众多年轻的流动人口，仍以武汉为例，2017年平均年龄不足30岁的流动人口占武汉常住人口的33%。不同于已婚家庭，未婚青年的住房支付能力和支付意愿都相对更低，这进一步扩大了大城市的廉住需求。

自我国经济体制改革以来，国家在部分方面逐渐减少对居民社会福利的保障，这促使我国的居民储蓄率大大提升。对高储蓄的偏好在流动人口中更为显著，这一方面是由于我国目前仍以就

---

① 需要特别指出的是，住房私有率不同于住房自有率，前者为私有建筑面积/实有建筑面积，而后者则为拥有居住房产权的家庭数量/所有家庭数量。我国目前尚无住房自有率的官方数据，浙江大学不动产投资研究中心、清华大学媒介调查实验室等联合发布的《中国居住小康指数》报告显示北上广深等一线城市的住房自有率垫底。虽然住房私有率并不能代表我国住房市场化的程度，但足够的住房私有率是二手房市场与租赁市场发展的前提。

② 杨菊华：《制度要素与流动人口的住房保障》，《人口研究》2018年第1期。

业取向的经济型流动为主,"赚钱"仍是流动人口来到大城市的主
要原因之一,另一方面也是因为相对于户籍人口,流动人口在流
入城市的生活更加缺乏保障且缺乏持久生活的预期,对低消费高
储蓄的偏好更加强烈。[①] 在笔者访问过的租户中,一半以上的城中
村租户的每月储蓄在收入的一半以上,租户们表示房屋租金应该
控制在收入的 1/5 左右。

最后,由于大城市的文化、娱乐等活动更加丰富,以及对大
城市生活方式的认同,流动人口,尤其是年轻的流动人口在消费
偏好上更加注重教育、娱乐、社交等发展和享受型消费,住房消
费对生活在公共空间较为丰富的大城市的青年而言相对次要。

> 就是一个睡觉的地方,我一个人住,白天经常不在家,
> 怎么便宜怎么来,省下的钱可以给女朋友买好吃的。(4 号,
> 20180122)

> 我要给自己买化妆品,要和朋友出去玩,工资就那么多,没
> 办法,只能住在这里,不然怎么待得下去。(15 号,20181123)

然而正规住房市场的供应结构同大城市刚性且规模不小的廉
住需求无法匹配,表现出对持廉住需求群体的住房排斥。正规住
房市场是指在城市规划内、遵守相关法律法规、居住权益受到法
律保护的住房买卖和租赁活动,主要包括购买新商品房、二手
房,整租与合租。贝壳网的数据显示,2018 年前后无论是武汉
的中心城区还是远城区[②],想要购买可以达到落户条件的住房至
少需要 100 万元,一居室户型的整租价格在 2000~3000 元/月,规

---

① 蓝宇蕴:《我国"类贫民窟"的形成逻辑——关于城中村流动人口聚居区的研
　　究》,《吉林大学社会科学学报》2007 年第 5 期。
② 中心城区又称主城区,包括汉阳区、硚口区、江汉区、江岸区、青山区、武
　　昌区和洪山区,远城区包括汉南区、蔡甸区、东西湖区、黄陂区、新洲区和
　　江夏区。远城区和主城区的区别主要在于购房落户政策的限制不同,以及户
　　籍分量不同。主城区的购房落户条件是拥有 100 平方米及以上面积的住宅,远
　　城区则为 90 平方米及以上。

范的合租①单间的价格也在 1200 元/月以上。

在大城市有廉住需要的人显然无法以这样的价格获取住房，他们大多是底层农民工，刚毕业或者正在实习的学生，复读或者准备其他考试的学生及其家长，每回一次家就换一次工作的服务员、快递小哥和厨师等。工资在 3000 ~ 8000 元，没有劳动合同、无法稳定就业、无法获得住房贷款的他们由于收入低、缺乏社会保障、存在高储蓄偏好和住房消费意愿相对较低等原因，只能在正规住房市场之外解决自己的居住问题。

在正规市场中的住房无疑是一种商品，然而住房市场与一般商品市场不同，住房市场存在土地稀缺和房地产开发周期长等导致的供给缺乏弹性、投机性需求与自住性需求并存等特征。由此产生的住房高价值性和财产性，使得中低收入家庭很难通过自身收入以市场价购买和租赁住房。② 可支付性住房（affordable housing）难以获取的困境在全世界都普遍存在，商品房的住房排斥性来源于劳动过程中的社会排斥，是对现存社会不平等的反映和强化。③

2. 非正规住房市场：形成、排斥与被排斥

笔者在武汉所见的非正规住房主要包括前述的"床铺"、隔断房等群租房与城中村等违章建筑住房，北京、香港等城市还存在胶囊房、棺材房、笼屋、地下室租赁等。灰色的非正规住房是城市吸纳外来流动人口的主要居住空间，大部分低收入的流动人口居住在不符合政府标准的出租屋中④，其中又以城中村住房和群租隔断房最为普遍。

---

① 合租模式是房地产商主导的"大户型"开发模式的产物：外来人员大多不会拖家带口，在小户型较少的情况下，独自一人租两居室或三居室显然有些浪费，因此同其他有住房需要的人合租变成了更为合理的选择。

② 李珍主编《社会保障理论》（第四版），中国劳动社会保障出版社，2017，第351 页。

③ Michael Ball and Michael Harloe. "Rhetorical Barriers to Understanding Housing Provision: What the Provision Thesis Is and Is Not." *Housing Studies*, 1992, 7 (1): 3-15.

④ 陈映芳：《流动群体的互助网络及其道德秩序》，《国际社会科学杂志》（中文版）2013 年第 4 期。

城中村成为"民间保障房"是基于我国特殊的土地制度和城市化模式的，失地农民凭借获得区位优势的宅基地，抓住了大规模外来人口居住需求带来的商机，形成了相对独立的非正式低端租赁市场。城中村低端租赁市场的形成导致城市开发农民宅基地的经济成本和社会成本上升，为这种非正式租赁市场的进一步发展赢得了时机。以小何西村的发展为例，小何西村作为武汉最著名的城中村之一，巅峰时期容纳租户三四万人，是发展得较为成熟的城中村典范，这种成熟体现在以下几个方面。一是房东构成的多样化。小何西村的非正式租赁经济引来了众多非本地村民人员的投资，直至小何西村挂牌拆迁，非村民房主已经是村民房主的近3倍。二是租赁的专业化，不同于早期村民将自家楼中多余的房间出租给外来人员，发展较为成熟的城中村租赁经济中房东基本已经搬离城中村。城中村中的新老建筑都是后来专门为外来租户打造/改造的，以二三十平方米的"一室一卫一厨"的"单间"为主，贵一点的"单间"采光好或者有阳台，也有三居室、两居室的户型出租给家庭流动型的外来人员。大多数出租屋都配有独立的防盗门，不需要与其他租户共用空间，房东本人或者其雇佣的"管家"住在一楼，24小时为租户服务。三是城中村配套的非正式经济体系的形成。小何西村各个楼栋的一楼均被当作门面房出租，低廉的租金和庞大的人流量使城中村的各类商铺物美价廉，商品的种类也相当齐全，从食材到衣饰再到扫码支付费用的共享洗衣机都能提供，餐饮、个人护理、娱乐等各种服务也应有尽有。城中村的这种进一步发展并没有导致租金的大幅度提升，正如房东所言：

　　城中村的房子不会贵到哪里去①，因为它就是租给这些来打工的，他们的工资就那么多，你涨得太高了，就没人来住

———————————
① 这种说法也未必完全成立。在近年来深圳的城中村改造实践中，政府采取"包容"的态度，保留城中村既有的社会经济形态，引入企业进行管理和环境的改造。这样改造后的城中村环境和居住质量有了很大的提升，但租金的涨幅很快让许多租户难以承受。笔者认为这一方面是由于深圳紧张的人地关系，另一方面是由于深圳的流动人口数量更加庞大，廉租需求的分化也更加明显。

了。（22 号，20181024）

城中村的这种发展显然提高了其对外来务工人员的吸纳能力，苗何大学毕业，收入相对较高，早期住在老小区的合租房里，后来经朋友介绍来到城中村，"这里干什么都很方便，住的空间也大，还便宜，同龄人多，就选择这里算了"。

不过城中村私房的特殊产权和土地归属使得城市管理难以渗入，在利润的刺激下，各种违章建筑的诞生进一步扩大了低端住房供给①，也使城中村变得更加混乱、肮脏和危险，引起了城市管理者的重视与对其进行改造的决心。然而在改造过程中，由于我国城市更新/开发中价值正当性的匮乏②，外来人口被排斥在基于户籍、产权的补偿方案之外的同时，也失去了在相同区位获得廉价住房的机会。中国的城市更新表现出明显的士绅化倾向，在城市发展的逻辑下，这种倾向的确有其裨益，但中国的城市显然同西方国家迥异，中国的中心城区并不是衰败而令人绝望的，中国城市更新并不需要负担城市复兴的重任，相反在中国城市的大量就业机会集中在城市中心的背景下，这种士绅化显然挤压了低收入群体在中心城区的居住空间。③

如果说合租模式是大户型模式主导下的性价比之选，那么群租则可以看作非正式低端租房市场在面临挤压时向正规租房场域的入侵。群租现象在我国 21 世纪初诞生，被认为是房改缺失和土地财政的产物④，根据中华人民共和国住房和城乡建设部《商品房屋租赁管理办法》，其主要特征是人均租住面积过小、出租房间悖于原规划设计。在笔者的调查范围内，除去单位提供的宿舍，武汉由租客自行租赁的隔断房更为普遍，这与武汉近年来大规模的

① 王三意、雷洪：《农民"种房"的行动理性对 W 市 S 村的个案研究》，《社会》2009 年第 6 期。
② 陈映芳：《城市开发的正当性危机与合理性空间》，《社会学研究》2008 年第 3 期。
③ 白友涛、陈赟畅：《城市更新社会成本研究》，东南大学出版社，2008。
④ 顾书桂：《城市住房群租的政治经济学分析》，《云南社会科学》2012 年第 5 期。

城中村拆迁关系密切。以小何西村为例，一栋私房面积在 1000 平方米左右，如果按照本村房主的补偿标准，该房主可以获得总面积约 500 平方米的安置房，也就是 3~4 套三居室住房。而据外地房主透露，本村村民可能普遍拥有 2~3 栋私房，由于小何西村内共有 400 余栋私房，笔者认为这个数据基本属实。这就意味着获得拆迁补偿的原村民手中普遍持有大量的闲置房屋，无论转制的原村民有没有在城市获得就业机会，他们都有很强的动机凭借手中的房屋继续过"包租婆"的日子。相对于村民自建的出租屋，安置房的可租赁面积更小，且由于诞生于具有"中产阶级偏好"的正规住房市场，户型与配套设施等都与城中村租户的社会经济特征不符，这就催生了"非法隔断"，隔断房在降低租金从而得以招揽租户的同时，增加了房东的可租赁住房单位，从而确保了利润。一些老旧小区也存在非法隔断的现象，但一般是将厨房、客厅等隔出来，隔断的程度较低，而笔者所见的职业房东，最多可将 100 平方米左右的房子隔成 7 个单间，其中大多数还带独立卫浴。正如孙林所言，群租是被复制出的"类城中村"[1]，这种说法尤其适用于武汉出现的这种"隔断房"。

诸如棺材房、地下室、"床铺"、隔断房与城中村等非正规住房的排斥性主要体现在居住环境的恶劣上，即使是已经高度匹配低收入外来人口的城中村住房，也被一些主动或被动的租户认为"不是人待的地方"。如果早期部分乡城流动人口还会认为城中村的住房条件优于家乡而乐意居住在此的话，许多当下为获得就业机会而选择离开舒适却偏远的家乡的年轻人怕是难以接受非正规住房的居住环境。然而，哪怕租户可以忍受非正规住房，城市管理者也难以容忍。当城中村被视作城市"创可贴"而被纷纷揭去时，许多城市也颁布了群租禁令。不同于被隔绝的城中村，入侵正规住房小区的群租具有更大的负外部性：多人居住带来的噪声、非法改装带来的安全隐患、群租泛滥带来的房价跌落都使正规住

---

[1]　孙林:《农民工居住权视角下城中村改造问题的思考》,《城市观察》2015 年第 1 期。

房的居民难以忍受。2019 年北京、上海在房屋租赁条例中明确规定禁止群租，并开展了打击群租的大规模行动，这给租户们带来了新的困扰。除了居住环境的过于恶劣、政府的限制外，非正规住房的排斥性还体现在其正规化趋势带来的租金提升上，正规化主要包括近年来部分城市政府引入企业进行租赁经营管理和城中村改造，以及住房中介介入隔断房生产①。

3. 宿舍劳动体制泛化下的住房排斥

在大城市住房负担愈加沉重的背景下，许多劳动力密集型的企业通过提供住宿的方式吸纳低收入流动人口从而解决用工荒的难题。据笔者调查，餐饮、理发、快递业较为普遍地提供员工宿舍。尽管接纳了部分被正规住房市场排斥的低收入流动人口，但这种接纳方式也表现出一定的排斥性。一方面，此类行业一般对员工具有一定的技术要求，从而排斥了低收入流动人口中不具备相关技能的群体；另一方面，据笔者观察，任焰、潘毅在对跨国工厂的研究中提出的"劳动-生活居住"一体化的"宿舍劳动体制"（dormitory labor regime）走出了工厂，走进了城市中的低端服务业。在这种体制下"产品的生产空间与劳动力的日常再生产空间合二为一，工人与工厂被紧密地黏合在一起。宿舍劳动体制意味着以工厂为中心的劳动力日常生活的再生产、管理权力对工人生活的渗透、对工作日和劳动时间的随意延长及灵活控制"②。

"外卖小哥"的经历尤其具有代表性。据笔者调查，"外卖小哥"分为全职的和跑散单的，前者是正式员工，大多数公司都会为其提供住宿、摩托车，而后者则只是在 App 上接单，需要自备交通工具。阿勇是搬离小何西村后换的工作，为了省钱，阿勇时

① 自如、蛋壳等房屋中介从房东手中长期租赁大户型房屋后，对其进行改造后以"公寓"的形式出租，每个房间有密码锁，卫生间、厨房、餐厅、洗衣机等设施公用，一套房屋可分成 3~5 个房间出租。这种房屋中介进行批量开发的隔断房提供了生活的基础设施、看起来相对美观的装修和基础的房屋管理，相比多数房东自主隔断的隔断房要安全、干净和卫生，但租金相对较高，基本等同于正常合租房。
② 任焰、潘毅：《跨国劳动过程的空间政治：全球化时代的宿舍劳动体制》，《社会学研究》2006 年第 4 期。

常会回到小何西村吃饭，只有在餐桌上，笔者才能和阿勇交谈，大多数像阿勇这样穿着制服骑着摩托车的小哥们都太匆忙了。阿勇说他们只有跑完足够的单子，才能享有补贴，而这种补贴占到总收入的一半左右。公司提供的住宿让他不用担心上涨的租金，只是和同事睡在一张床上让他觉得有些尴尬，而且住在公司的宿舍里让他难以拒绝半夜的"单子"。

（二）住房保障：相互嵌套的住房排斥

根据武汉的购房落户政策，当下已经形成了以政府和市场为主导，房产、正规就业、户籍、住房保障相互嵌套的对低收入流动人口的住房排斥机制。对于流动人口而言，其获得户籍的条件是在武汉城区拥有至少90平方米的商品房产权，或者本身具有专科及以上学历且毕业超过两年、已缴纳至少一年的社会保险，抑或本身是累计纳税额在30万元以上的私营企业主的家属或其企业业务骨干。这些落户限制使得大多数城中村租户无法通过获得城市户籍而取得经济适用房、廉租房、大学生安居房的居住资格与租房补贴。获得城市住房保障的另一种途径是正规就业，签订固定劳动合同且已经在武汉稳定缴纳社会保险的群体有机会获得公租房或者租房补贴。综上所述，当下武汉住房保障对象是具有本地户籍、自身具备住房支付能力或者在城市稳定、正规就业的群体。近年来实施的"人才落户"政策和大学生住房保障政策又体现了其对人力资本较高群体的偏好，但这种偏好并不代表其放弃对稳定就业的限定，即刚刚毕业去向未定的学生不在政府的保障、扶持范围内。

然而现实情况是，只有作为稳定的"人才"才有机会获得正规就业，而只有正规就业才能稳定地缴纳社会保险，这些在武汉稳定就业的"人才"过几年又会拥有住房支付能力，并在此过程中获得本地户籍。拥有房产、正规就业、本地户籍与享有住房保障的相互捆绑，使最需要解决居住问题的低收入群体、流动群体被排斥在外。在笔者访谈的城中村租户中，仅有部分大学生可以获得签订劳动合同的岗位，他们大多从事底层服务行业，而且在工厂工作的租户都没有签订劳动合同。租户自身也并不愿意签订劳动合同，因为签订合同的工作工资相对较低，这些并不打算定居武汉的外来打工者也大多选择在家乡而不是武汉缴纳社会保险。此外，城中村租户还包括大量处于实习期或者过渡期的毕业生，在获得正式劳动合同之前，他们的居住没有任何保障。

（三）社会接纳的排斥性

格雷佛斯认为，移民"在适应周围环境时，个人会有不同的资源可供使用，其中有他们自身的资源、核心家庭的资源、扩大家庭的资源甚至邻居朋友的资源或更宽广的社会资源"[1]。除去非正规住房的接纳，"借住"也是低收入流动人口解决自身居住问题的途径。项飙在研究北京"浙江村"时，提出了"链式流动"——在"浙江村"的流动人口会从家乡带人共同生产和生活，这些亲戚或老乡适应以后，会根据自身能力选择是否自立门户。[2] 近年来调查显示亲友住房是进城务工人员第一处固定住房的主要来源。[3] 陈映芳进一步归纳了基于"缘"与"类"的低收入流动人口互助网络，认为这种互助网络的存在是众多底层群体生活秩序得以建立的基础。[4]

不过在笔者的调查范围内，尽管不少租户都有过"借住"的经历，但离开城中村后借住亲戚家的租户仅有一位，正如陈映芳所言，在个体化基础上建立的互助关系非常注重适度性。[5] 王玉君等在探究外来务工人员的住房变动时发现，早期"借住"的务工

[1] 转引自王春光《流动中的社会网络：温州人在巴黎和北京的行动方式》，《社会学研究》2000年第3期。
[2] 项飙：《跨越边界的社区：北京"浙江村"的生活史》（修订版），生活·读书·新知三联书店，2000。
[3] 王玉君、杨文辉、刘志林：《进城务工人员的住房变动及其影响因素——基于十二城市问卷调查的实证分析》，《人口研究》2014年第4期。
[4] 陈映芳：《流动群体的互助网络及其道德秩序》，《国际社会科学杂志》（中文版）2013年第4期。
[5] 陈映芳：《流动群体的互助网络及其道德秩序》，《国际社会科学杂志》（中文版）2013年第4期。

人员大多数会逐步转向市场住房。①

> 刚来的时候是和我姐一起住的，既省钱又有人带着。不过我姐和她男朋友住一起，租的房间也很小，长住总还是不方便，也麻烦她，没多久就搬出去了。后来遇到一些特殊情况也会到她家住几天，但不会太长的。（27号，20181123）

总而言之，低收入流动人口基于血缘、地缘、业缘等发展的社会网络可以为其居住提供一个安全保障，让其在最困难的时候不至于流落街头，但由于低收入群体的亲友自身居住条件、经济条件较为拮据，且借住者自身也有寄人篱下或愧疚感，这种住房接纳方式只能"救急"，表现出对长期性住房需求的排斥。

五　结论与讨论

（一）简要的结论

回到最初的研究问题：离开城中村的租户如何解决自身居住问题？后城中村时代的低收入流动人口处于怎样的居住状况？为何会呈现出这样的居住状况？研究发现，城中村的拆迁对城中村租户的居住权益造成了挤压，迫使其要么承担更高的居住成本而搬进"小区单间"，要么选择群租忍受更加恶劣的居住环境，要么寄居在看不见的城市角落或边缘，过着居无定所的日子，离开仅是少数人暂时的选择。

本文进一步从社会排斥的角度对这种居住状况的成因做了解释。城中村拆迁之所以能对租户的居住权益造成挤压是因为城中村租户由于其社会经济等特征遭受到正规住房市场与城市住房保障政策的双重排斥，底层劳动密集型的企业提供的员工宿舍起到

---

① 王玉君、杨文辉、刘志林：《进城务工人员的住房变动及其影响因素——基于十二城市问卷调查的实证分析》，《人口研究》2014年第4期。

住房接纳的作用但存在较强的劳动控制，在个体化基础上形成的流动人口互助网络只能起到"救急"的作用，无法长期接纳低收入流动人口。在特定条件下异军突起的"民间保障房"城中村的形成与发展，为这些低收入流动人口提供了相对较好的居住环境，吸纳了城市众多有廉租需求的群体。但城市政府排斥性的城中村改造政策使得相对物美价廉的城中村出租屋供应大幅度减少，原城中村租户再次被抛向充满排斥的城市住房供应体系。隔断房、"床铺"是非正规居住空间向正式居住空间的入侵，不仅居住环境恶劣，而且同样受到城市管理的强烈排斥。

而城中村租户之所以面对城中村拆迁表现出愤怒、无奈与焦虑，是因为在正式住房市场与住房政策的双重排斥下，非正规市场中租户的居住权益伴随着非正规住房受到的排斥而受到挤压，这种挤压带来的住房质量的下降又对租户产生住房排斥。归根结底，低收入流动人口并非只有经济考量的"劳动力"，他们是有追求、有策略、希望拥有美好生活的行动主体，在通过策略化解高额住房成本带来的问题的同时，他们也希望通过保障自身的居住权益而在城市生活得更加幸福。本文全篇所述，也不过是想揭示他们作为人的现实生活的一个小侧面。

（二）进一步的讨论

对住房排斥的揭示自然而然地让人想到如何消除或者至少缓解排斥，正如前文所析，正规市场的住房排斥是对当下劳动过程中社会不平等的表达与强化，因此激进的学者认为只有社会生产关系的深刻变革才能从根本上解决住房问题[1]，毕竟根据国外的经验，"联邦政府对私人住房的补贴失败；租金补贴被市场调整迅速吸收；公共住房几乎没有影响，因为它的数量太少，分布太局限（通常在穷人仍然被迫生活的地区），并且仅设计用于社会最低阶层。城市更新只是转移了问题，在某些情况下弊大于利"[2]。然而新中国

---

[1] 恩格斯：《论住宅问题》，人民出版社，2019。

[2] David Harvey. *Social Justice and the City*. The University of Georgia Press，2009.

成立以来的实践表明，相对于公有住房，以市场配置为基础、政府进行宏观调控的问题解决方式更符合我国现阶段民众的利益。近年来，限购政策、限价房以及正在商榷的房产税等宏观调控政策有望缓解当下的住房排斥问题。然而以市场为主的配置方式，意味着住房的商品性质不会发生改变，解决中低收入群体的居住问题仍需要社会保障。

这不禁让人寄希望于户籍制度的废除，但正如学者所言，"当前仅仅针对城镇居民的住房保障尚存在着住房供给不足的问题，如果将流动人口纳入住房保障之中，会诱致供给严重不足，供需矛盾更加突出"①。城市政府财力的有限不仅导致住房保障供给不足，作为城市更新士绅化幕后推手的"土地财政"更是有将房价愈推愈高之嫌。② 因此，住房保障供给的扩大可能需要寄希望于更深层次的财政制度改革。而且流动人口的不稳定性也为城市提供住房保障设置了障碍，建立全国层次流动人口专属的住房保障体系或许更具效力。此外，据笔者观察，廉租房等保障性住房与受住房排斥群体的对接亦存在极大困难。综上，笔者认为正规住房供给中的住房排斥可能会长期存在，非正式住房仍是接纳低收入流动人口的主要方式，相关研究应当进一步对城市边缘群体身处的非正式空间进行探究。

此外，笔者认为城中村群体受到的社会排斥与其生活流动性的关系值得进一步探究。正如 Ball 和 Harloe 所言，每种住房结构都表达着特定的社会排斥。③ 从本文揭示的住房排斥中，也可窥见低收入流动人口群体在劳动力市场、社会保障等领域受到的排斥。这些相互交织的社会排斥使其常常处于城市边缘，令其无法正常参与城市生活。在笔者的调查中，厨师陆元因为买不起武汉的房

---

① 马光红：《大都市流动人口居住问题研究》，《江西社会科学》2008 年第 11 期。
② 陈玲燕：《城中村改造对房地产价格的影响研究》，硕士学位论文，浙江大学，2019。
③ Michael Ball and Michael Harloe. "Rhetorical Barriers to Understanding Housing Provision: What the Provision Thesis Is and Is Not." *Housing Studies*, 1992, 7 (1): 3-15.

子被迫与女友分手，马平和新婚妻子为了节省房租各自住在单位宿舍，蔡姐因为交不起高昂的借读费和幼儿园学费不得不与自己的三个孩子异地而居。这种受排斥的生活无疑增强了他们生活的流动性，而这种流动性带来的影响是不确定的，其中有寻找新机会的积极流动——大专毕业的马平因为忍受不了工厂流水线而选择尝试从事各种服务业，陆平一次又一次地辞去工作选择单干；也有居无定所时的被动漂泊，如马平完成不了每月的"开单量"而被辞退，如陆平由于商城装修租金大涨，创业理想破灭，必须前往他处另谋生路。"漂泊"的生活似乎对其而言既是无奈，亦是希望。本文由于未能更好地走进城中村租户的现实生活和内心世界，无法对该问题进行有效探讨，深以为憾，希望未来的研究可以进一步关注该问题。

附　录

本文研究所涉及的访谈对象

编号	身份	性别	年龄（岁）	月收入（元）/房租（元）	职业	当下居住状况	访谈时间
1	外地房主	女	50			城中村	20分钟
2	外地房主	女	70		退休	自购房	30分钟
3	商租户	女	25	7000/2400	打印店老板	自购房	20分钟
4	租户	男	25	5000+/300	白领	城中村	20分钟
5	租户	女	22	3000/不明 与父母同住	服务员	城中村	30分钟
6	租户	女	26	4000/300	导购员	城中村	30分钟
7	外地房主	男	60		退休	城中村	10分钟
8	租户	女	30	3000/600 与丈夫同住	服务员	城中村	1小时
9	外地房主	女	60			城中村	10分钟
10	租户	男	26	6500/无	厨师	宿舍	多次访谈

编号	身份	性别	年龄（岁）	月收入（元）/房租（元）	职业	当下居住状况	访谈时间
11	商租户	女	45	不明/1000	快餐店老板	城中村	多次访谈
12	租户	女	20	2500/300	实习生	城中村	5分钟
13	租户	男	35	5000/300	做学历	城中村	15分钟
14	租户	男	28	5000+/1200	白领	小区合租	多次访谈
15	租户	女				城中村	线上访谈
16	租户	男				小区租房	线上访谈
17	租户	男	28	不明/350	中介	城中村	多次访谈
18	租户	男				城中村	线上访谈
19	租户	男		4500/600	白领	城中村	线上访谈
20	租户	男		不明/1000		小区租房	线上访谈
21	租户	男	25	5000/400	外卖员	城中村	1小时左右
22	外地房主	男	35			自购房	20分钟
23	租户	女	25	不明/不明 与亲戚同住	导购员	城中村	5分钟
24	商租户	女	45	不明/1500	便利店老板	城中村	5分钟
25	租户	男	23	3700/300	白领	城中村	20分钟
26	租户	女	20	不明/450		城中村	1分钟
27	租户	女	20	不明/1000	白领	城中村	10分钟
28	租户	男	25	月收入与房租之比为5:1	销售		
29	商租户	男	43		便利店老板	自购房	多次访谈
30	租户	男	30	不明/无	外卖员	宿舍	30分钟
31	租户	女	20	无/300	学生	城中村	10分钟
32	租户	女	35	4000/300	会计	城中村	2小时左右
33	商租户	女	45		卖水果	城中村	5分钟
34	租户	男	24	1500/1580	学生	小区合租	10分钟
35	租户	女	20	无/2400	学生	小区独租	5分钟

编号	身份	性别	年龄（岁）	月收入（元）/房租（元）	职业	当下居住状况	访谈时间
36	租户	女	25	3000/1000		小区隔断	10 分钟
37	租户	男	45	8000+/2400		小区独租	10 分钟
38	商租户	男	25	7000/1300	厨师	小区合租	1 小时左右

注：年龄、收入、访谈时间均为约数，如访谈对象若表示收入为三四千元，取 3500 元，年龄是研究者估计的，访谈时间可以作为参考帮助了解访谈的深入程度。

"双轨制"模式中乡村治理主体的互动关系研究[*]

——基于天镇、渭源两县光伏扶贫实践的经验研究

摘　要： 在乡村振兴背景下，国家力量的嵌入使得乡村基层社会的治理结构实现了从"单轨"到"双轨"的转变。以第一书记为代表的国家治理力量和以村"两委"为代表的基层自治力量之间会受行政命令要求或利益分配等因素的影响而形成不同的互动关系模式：当双方合作行动的实际效果难以达到对方期望、使得合作成本超过所得收益时，他们便倾向于采取权力竞争策略，相互排斥与干扰；另外，二者也可能由于第一书记所持有的丰富治理资源及其强势行政力量的介入而形成非平等性的合作关系，又或者在压力型体制的影响下组成共谋同盟。只有在良性运转的"双轨制"模式之中，二者才能够通过资源共享构建起平衡互惠的正向合作关系，从而充分发挥合力、有效推动村庄治理。

关键词： 双轨治理　乡村治理　乡村振兴

一　问题的提出与研究路径

乡村治理或者说基层社会治理是当代世界各国都尤为关注的重要问题，对于维持基层社会稳定、推进国家治理体系的优化与治理能力的提升起着重要的引领作用。2017 年，习近平总书记在

---

[*] 执笔人：邓佳欣。本文对人名、地名做了匿名化处理。

党的十九大报告中首次提出要实施乡村振兴战略，着力解决好"三农"问题。2021年初，习近平总书记宣告我国脱贫攻坚战取得全面胜利。脱贫攻坚战胜利后，我国正式迈入以乡村振兴战略为统领的后脱贫时代，这便对乡村治理提出了更高的要求。近年来，党和政府先后颁布了一系列以优化乡村治理为主题的文件，进一步强调了加强乡村社会治理体系建设在国家整体社会治理中的重要作用。可以看出，在新的时代发展背景之下，实施乡村振兴战略、优化乡村治理的关键，便在于通过推动村庄的内在发展动力与国家所给予的外在帮扶资源相结合，充分发挥农民群体的主体力量。但在日常的乡村社会治理实践之中，不同的治理主体，如由上级政府选派而来的第一书记和基层村干部，这二者同时处于管理核心地位，其行为逻辑、治理手段等本身并不相同，甚至存在一定的冲突，因而会对最终的治理成效产生深刻影响。为此，本文试图从基层社会治理结构变化的角度入手，研究乡村社会治理体系的建构逻辑，并重点分析在新的治理结构内，不同治理主体的行为选择、关系形态及其对治理成果的影响。

在乡村治理研究领域，乡村治理主体往往是一大热点话题。虽然研究的侧重点不同，但整体上来看，大多数学者对乡镇政府、村基层党组织与村民自治组织在乡村治理主体结构中的角色达成了基本共识，也基本上承认了乡村治理主体日益多元化的现实。如苏敬媛提出，除了国家正式权力机构——政府，村庄内部自发形成、受到村民认可的权威组织也是乡村治理的核心主体，且乡村治理实践在更大程度上会依靠后者的力量推动进行。[1] 李紫娟立足于对农村基层互动治理这一新治理范式的研究，指出农村基层形成了多元主体协调、合作共治的局面。[2] 张艳娥进一步从宏观制度性视角以及微观行为性视角对乡村治理主体进行了两种划分，一是将其分为制度性与非制度性主体，二是将其分为以村干部、

[1] 苏敬媛：《从治理到乡村治理：乡村治理理论的提出、内涵及模式》，《经济与社会发展》2010年第9期。
[2] 李紫娟：《农村治理新范式：构建基层互动治理》，《学海》2017年第1期。

乡村精英以及普通村民为代表的三种身份，且提出多中心治理将是乡村治理的未来走向。[①] 值得注意的是，这种在农村基层党组织领导下多元治理主体共同参与、协商共治的局面实际上是伴随着新时代我国发展方针政策的转变而逐渐形成的，相当一部分研究农村社会治理主体从一元向多元转变的学者，都在不同程度上受到了"双轨治理结构"概念的影响。

对中国农村社会双轨式治理结构的分析主要来源于两大理论传统：一是费孝通在《乡土中国》中提出的"双轨政治"概念，二是韦伯对于中国官僚制的研究。费孝通指出，正是中央与地方在社会不同层级的治理实践共同维持了国家机器的持续正常运转，造就了中国皇权社会的绵延不绝。[②] 这便打破了我国过去关于"王权政治"的说法，肯定了乡村社区中士绅群体在基层治理中的重要作用，于是政府自上而下的正式治理和以乡村士绅为主体、自下而上的非正式治理就构成了"双轨政治"的主体核心。韦伯也在研究中国皇权制度时指出，在乡村社会中，以皇权为代表的正式行政权力会在逐级下达之后褪去其权威性，士绅等群体则成为权威力量引领着基层治理。[③] 可以看出，费孝通与韦伯二人均注意到了中国的基层社会治理并非自始至终都是单一的王权治理，而是存在着双重的治理力量。近年来，随着国家政权的建立以及社会形态的转变，"双轨政治"概念也得到了进一步的发展，如黄杰将此概念进一步拓展，提出"耦合治理结构"之于大国实现良好治理的积极意义[④]；赵晓峰针对农村基层行政改革构建出有效利用自治资源、支持农村社会组织进行自我约束与管理的新型"双轨

---

① 张艳娥：《关于乡村治理主体几个相关问题的分析》，《农村经济》2010 年第 1 期。
② 费孝通：《乡土中国》，上海人民出版社，2007，第 156 页。
③ 马克斯·韦伯：《中国的宗教：儒教与道教》，康乐、简惠美译，广西师范大学出版社，2010，第 140 页。
④ 黄杰：《耦合治理结构与大国治理：对"双轨政治"的重温和拓展性解读》，《浙江社会科学》2012 年第 9 期。

政治"模式①。在乡村治理的基层实践领域,谢小芹立足于对第一书记扶贫制度的研究而发展出"双轨治理"概念,认为"双轨治理"包含代表国家治理力量的第一书记与代表基层治理力量的村支书两大核心主体,双方不同的交织互动的关系状态对最终治理成效有着不同的影响。②

在乡村治理主体互动关系的研究方面,纳入新兴主体、推动治理主体多元化、立足于对利益诉求的满足而实现各方力量的"合作共治"等均是近年的研究重点。王振海和王义指出应努力推动乡村治理主体向"多元化"转变,增强民间基层自治组织共同参与治理工作的活力与能力,同时维护其与权威性正式治理主体之间的有机合作关系③;丁胜分析总结了特定社会文化规范、价值观念、权力资源以及利益关联对各权威主体互动关系的影响,指出融合自然权威、主动让渡部分权力以及协调达成价值共识是乡村基层各治理主体构建良好合作秩序、实现有效治理的关键④;还有学者强调了构建并完善多元乡村发展主体的合作与博弈机制的重要性,认为应严格明确各方的职责分工,从而达到让各方相互制约与监督的效果,促使各方力量形成合力,共同促进有效治理⑤。总的来看,学界对乡村治理主体关系的讨论多集中于对"合作共治"模式的探索,即以有限的国家力量为主导,激发乡村基层活力,强调各方治理主体目标利益的调和以及行为逻辑的适应性,试图构建出乡村治理实践中各行为主体的理想合作关系。此方面的研究成果虽较为丰富,但多偏向于提出框架构想与抽象的措施建议,而很少涉及不同关系状态下治理主体具体行为及其影响,且缺乏

---

① 赵晓峰:《"双轨政治"重构与农村基层行政改革——激活基层行政研究的社会学传统》,《北京社会科学》2016年第1期。

② 谢小芹:《"双轨治理":"第一书记"扶贫制度的一种分析框架——基于广西圆村的田野调查》,《南京农业大学学报》(社会科学版)2017年第3期。

③ 王振海、王义:《当代中国农村制度化治理主体缺失及培育研究》,《经济社会体制比较》2008年第6期。

④ 丁胜:《乡村振兴战略下的自发秩序与乡村治理》,《东岳论丛》2018年第6期。

⑤ 陈天祥、魏晓丽、贾晶晶:《多元权威主体互动下的乡村治理——基于功能主义视角的分析》,《公共行政评论》2015年第1期。

对具体实践案例的剖析论证。

目前我国的乡村治理已经基本形成了由中央政府、乡村基层自治组织以及其他社会组织等多元主体共同参与的格局，但是在具体的治理实践中，尤其是在与扶贫发展相关的方面，则主要还是以政府与乡村为主导来推进落实各项政策。因此本文将结合对两地的实际调研，主要立足于双轨治理理论，对我国现发展阶段的乡村治理实践进行系统分析，试图探析乡村治理场域内不同资本或利益分配格局下各治理主体的行为逻辑与不同互动关系模式的形成，并总结其对最终治理效果的影响。

二　研究方法与案例概述

（一）研究方法

为了更深入地探究新政策背景下乡村社会治理体系的建构模式，把握不同治理主体的治理实践逻辑及相应的治理成效与存在的问题，笔者及笔者所在的调研团队于 2020 年 10 月前往山西省天镇县和甘肃省渭源县，主要针对两地光伏扶贫项目的发展情况进行了深入调查。① 一方面，与省、县、乡镇级政府部门公务人员进行座谈交流和深度访谈，掌握了其在整个扶贫项目开展过程中的具体作为，以及其所在县的贫困治理基本情况；另一方面，深入各个村庄，对各村的发展情况、村民的生活情况以及发展困境进行更为直接的观察了解，同时对数名驻村干部、基层村干部以及村民进行了半结构式的深度访谈，以期更为全面地展现乡村治理实践中国家与乡镇地方的具体参与行为、互动关系及相应的治理成效。此外，笔者与所在团队也通过各层级相关部门的负责人拿到了更为详细的文件资料，包括调研县的县域基本资料、扶贫工作总结、光伏项目发展情况报告和项目收益分配统计数据、村庄

① 2015 年，"光伏扶贫"被国务院扶贫办确定为我国"精准扶贫十大工程"之一，具体指利用政府性资金在具备光伏扶贫实施条件的地区投资建设光伏电站，将所得的政府性资金资产收益全部用于扶贫事业。

发展典型案例等，对调研地有了细致且深入的了解。

（二）案例概述

1. 县域概况

渭源县位于甘肃省中部、定西市中西部，笔者所在团队开展调查时，其是六盘山片区扶贫开发工作重点县，是甘肃省深度贫困县之一，也是国务院扶贫办定点帮扶县。2001年，渭源县被国家确定为扶贫开发工作重点县，有扶贫开发重点乡镇8个、重点村78个。到2013年底，渭源县共有建档立卡贫困人口2.35万户10.23万人，有深度贫困乡镇5个（其中省级2个）、贫困村135个，贫困发生率为31.66%。2014年，甘肃省被列为光伏扶贫试点省，2017年，渭源县按照甘肃省、定西市发改委的相关要求正式开始光伏扶贫电站的建设，其投入使用有效带动了贫困村及贫困户的共同发展。截至2019年底，渭源县全县共减少贫困人口2.47万户10.04万人，贫困发生率降至0.43%；累计出列贫困村130个，剩余贫困村仅有5个。[①]

天镇县位于山西东北端，地处晋冀蒙三省区交界处，属燕山-太行山连片特困地区，笔者所在团队开展调查时，其是全国扶贫开发工作重点县，也是山西省连片特困地区区域发展和扶贫攻坚试点县、全省10个深度贫困县之一。2014年脱贫攻坚工作开始时，天镇县全县有建档立卡贫困人口1.92万户4.66万人、贫困村126个，贫困发生率为26.5%。2015年，天镇县正式开启光伏扶贫电站试点建设，有效带动了当地各项扶贫产业的联动发展。截至2019年，累计脱贫19481户47313人，126个贫困村全部退出，剩余贫困人口359户799人，贫困发生率降至0.42%，低于省定的2%的脱贫标准。[②]

2. 村庄概况

本文主要基于在天镇县北村以及渭源县香村所获取的经验资料展开具体的研究分析，两地均为国家精准扶贫项目发展与建设的典

---

① 资料来源：根据《渭源县2019年度脱贫攻坚工作自评报告》整理。
② 资料来源：根据《天镇县志》整理。

型案例县，数年来国家向其中投入大量帮扶资源、针对其制定一系列政策规划、为其下达脱贫目标，地方乡镇则与国家相对接，负责政策指示的具体落实，因而这两地确实是研究具体乡村治理实践过程中第一书记（驻村工作队）与村支书（村"两委"成员）这两大主体互动模式的理想地点。进行精准扶贫对象识别时，两个村庄的基本情况详见表 1。

表 1　进行精准扶贫对象识别时香村、北村基本情况

	香村	北村
属地	甘肃省定西市渭源县田家河乡	山西省大同市天镇县贾家屯乡
村户数（户）/人口数（人）	266/1085	91/192
建档立卡贫困户（户）/人口数（人）	92/366	36/84
贫困发生率（%）	33.7	43.8
特色产业	食用菌种植、牛羊养殖、中药材培育、鲜切花培育	粗粮种植、牛羊养殖

三　乡村社会"单向度"治理的经验呈现

北村位于山西省天镇县贾家屯乡，进行精准扶贫对象识别时，全村共有 91 户 192 人，其中建档立卡贫困户有 36 户 84 人，经济条件较为落后，是光伏扶贫项目的定点帮扶贫困村，于 2016 年底建成光伏扶贫电站并正式启动运营，自 2017 年起，电站所产生的收益惠及村内全部贫困户，主要由村支书史书记所领导的村"两委"班子进行管理分配。2018 年，北村实现了整村脱贫，光伏扶贫资金在其中起到了巨大的带动作用，但笔者在调查过程中了解到，近几年来，村内负责相关工作的基层干部就光伏扶贫资金分配事宜产生了不小的争端。

（一）单一治理主体领导下的具体治理实践

史书记于 2013 年首次经由在北村全村范围内召开的村民大会

和村党支部委员会全体会议被选举成为村党支部书记，在笔者所在团队开展调查时已连任三届，担任村支书职务长达 9 年，2021 年将是其任期的最后一年。由于任职时间长、经验丰富，且与村民关系熟络，史书记在村内威望甚高、深受村民信任，村内大小事宜基本全部经其主持而得到处理。2019 年，张书记被选派前往北村担任第一书记职务，负责对村"两委"及驻村工作队的具体工作进行指导与协助，并着重推动村内扶贫事业的发展。张书记原为大同市高级技工学校的一名教师，初入村庄后，他随同村干部先后进行了两次大走访，对村内情况有了大致的了解，但由于其"村庄外来者"的特殊身份而一直难以得到村民充分的信任，在村务管理以及重大事项的决定上，张书记自身所提出的设想与方案若不经由史书记与村委会及村民进行沟通，则难以争取到村庄内多数人的认可，其驻村工作的开展也因此而遭遇极大的阻碍。

2017 年起，光伏扶贫项目收益资金每月定期发放至村集体账户，史书记便带头领导村"两委"制订分配方案：起初，决定首先预留出一部分资金用于村基础设施建设以及发展牛羊合作社等村集体经济组织，剩余资金则平均发放给村内贫困户，保障每人每月分配所得资金不低于 250 元；随后，又根据国家宏观指导政策的调整，在村内设立 32 个公益岗位（包括护林员、保安员、清洁员三大类），将光伏扶贫资金按照每人每小时 12 元的标准以劳务报酬形式进行发放，未参与或无能力参与劳动的贫困户则将收到来源于光伏扶贫资金的各项奖励补助，包含助学资金、医疗资金等现金发放以及等值生活必需品等物资发放两种形式，剩余资金依旧单独列出，用于投资发展合作社或村庄建设。① 此资金分配方案受惠面广、分配较为平均，且村民普遍对史书记的工作安排较为放心，因此在被提出后很快就得到了村民的认可并顺利推行，

① 在收益分配方面，国务院扶贫办（现国家乡村振兴局）最初曾出台文件明确规定光伏扶贫的帮扶对象为列入国家光伏扶贫实施范围的建档立卡贫困村的建档立卡贫困户，光伏电站发电收益全部下发至村集体，可用于开展公益岗位扶贫、小型公益事业扶贫、奖励补助扶贫等，还可根据实际情况用于发展村集体经济。

其间也极少出现矛盾与争议。

光伏扶贫资金数额庞大，是推动北村整村发展的坚实保障，因此张书记自入村驻村以来便一直考虑对光伏扶贫收益分配方案进行调整。一方面，他指出史书记所制订的分配方案过于死板，未能充分发挥扶贫资金的带动效益；另一方面，他还提出该方案中平均分配的倾向在一定程度上违背了上级政策规定，如入股合作社的非贫困户也能享受到光伏红利等。2020年，国家进一步对光伏扶贫收益分配管理办法进行细化调整①，张书记便想借此机会对村内已经实施多年的分配方案进行大规模的变动改换。他提出，首先，要依据村内劳动力数量调整村内的公益岗位并丰富相应的劳动形式，如设立电站看护员、水电管道维修员等，同时提高岗位工资，按照规定将扶贫资金的80%用于工资发放；其次，将剩余的部分资金用于发展道路维修、环卫设施建设等村级小型公益事业，以及培育发展以贫困户为参与主体的林果种植或畜牧养殖等村集体产业；最后，将5%左右的扶贫资金用作奖励补助发放给有先进发展事迹或承受巨大医疗负担等的贫困户，又或者用于对贫困户进行职业技能培训等。

张书记的方案一经提出便为史书记所反对，他认为张书记并未考虑到贫困村庄发展产业所面临的巨大风险以及村内劳动力不足的实际限制，且将建档立卡贫困户作为扶贫资金发放唯一对象的要求会触及众多村民的现有利益，进而引发村民不满、影响村庄和谐。因此，史书记拒绝协助张书记宣传其欲推行的政策方案，甚至私下对村民直言该方案会带来不小的利益损失，致使张书记的提案始终难以通过。

面对上级政策文件的调整变化，为兼顾协调村民利益，史书记只是在原方案的基础之上做出微小调整：其一，继续增设公益岗位，提高扶贫资金中用于支付劳务报酬的资金的比重（实际上

① 2020年，为减少新冠疫情对农民工外出务工的影响，国务院扶贫办、财政部印发政策文件进一步规定当年光伏扶贫发电收益的80%用于贫困人口承担公益岗位任务的工资和参加村级公益事业建设的劳务费用支出，疫情严重地区也可以采取奖励补助的方式发放资金。

是虚设无实际工作要求的岗位，将其分配给劳动能力不足的贫困户，使他们可以不参与具体劳动而领取相应岗位工资）；其二，将难以发放的结余资金统一用于购置各类经济作物的良种，分配给村内有需要的农户。不同于张书记的提案，该方案很快就得到了村民们的认可并顺利推行。

（二）多重逻辑下的治理主体行为分析

1. 权力博弈

在第一书记制度正式推行之前，村"两委"干部一直都是负责管理村级事务的绝对主体，其中，村支书在某种程度上更是拥有绝对的话语权，在村民面前具有相当高的威信，而由上级政府下派的驻村干部以及第一书记则深深撼动了村支书的领导地位。依据国家政策指示，第一书记与村支书应相互协作，共同负责村庄治理工作，但实际上二者之间依旧存在指导与被指导的关系，也即严格来说第一书记的话语权更大，这便极易引起村内基层干部的排外心理，具体表现为他们对第一书记的排斥与双方之间的权力争夺。访谈中张书记曾向笔者透露：

> 这个我私下跟你们说。我刚来的时候，就总是觉得这个村子的人不欢迎我，像史书记他们那一班子人，很少主动来跟我沟通村里的情况，每次都是我去问了才说，说又不全说，就好像不想让我干涉村里的事。[①]

作为村庄外来者的第一书记十分需要借助村支书的协调沟通力量更迅速地融入村庄生活、推进开展具体工作，此时村支书的不配合态度便会给其工作带来极大的阻碍。

不过，第一书记的到来会为村庄带来不少人力、物力甚至财力方面的资源，久而久之村民对其认可度便会逐渐提升。在扶贫项目的发展推进方面，村支书也往往需要借助第一书记的关系网

---

① 内容来源于访谈资料：张书记，2020 年 10 月 19 日。

络，同其一起行动以增强自身跑项目的经验与能力并积累人脉资源，而村支书在自身能力得到一定的提升后，便又会私自独立行动以巩固其在村务管理中的地位及在村民面前的威信。张书记表示，史书记在光伏扶贫收益分配方案的调整事宜上就曾刻意避开自己去"游说"村民：

> 后来还是底下驻村工作队的小伙子跟我说，史书记自己挨家挨户地打过招呼，说我那个方案不行，很不公平。具体我也不知道是怎么说的，反正后来开村代会就有很多人不同意，我解释过，也没人听，就没通过。①

笔者也多次问过史书记对驻村干部的态度，他也曾在无意间流露出不满或者说有些提防的态度：

> 他们刚来就有些想要宣示"主权"，在村里发名片，上面是他（张书记）自己的联系方式，这不是想绕开我的意思吗？

对于这件事，张书记对笔者给出的回应则是：

> 我是想让村里的人能在遇到困难的时候能想到直接找我帮忙，史书记已经在村里当了8年的书记了，大家都跟他很熟，遇事还是找他，这样我就永远也融不进去，再怎么说我也是过来指导工作的，他们按理说要听我的指挥，不能说我的决定都没人听吧？②

可以看出，北村的两位书记之间一直存在一种紧张的权力争夺关系，双方各自都对另一方有着一定的依赖性需求，但又碍于对村内事务领导权力的诉求而始终对另一方持较明显的排斥态度，

---

① 内容来源于访谈资料：张书记，2020年10月17日。
② 内容来源于访谈资料：张书记，2020年10月17日。

无法相互信任，难以建立长久的合作关系，双方的博弈实际上严重拖慢了相关治理工作的开展。

2. 工作任务与目标冲突

第一书记驻村工作中的主要任务是帮助加强村庄基层组织建设、提升治理水平、推动精准扶贫，其工作核心便是在规定时间内尽可能快地完成上级所下达的扶贫任务，各项考核制度与指标也基本围绕扶贫工作而设置，因此第一书记在参与村庄治理尤其是扶贫项目发展建设方面会更为积极。村"两委"的工作则涉及村务管理的方方面面，核心便是满足村民实际需求、维持村庄的稳定和谐，由于没有系统的绩效考核制度以及硬性的工作考核指标，其工作压力相对较小，致力于推动整村发展的积极性也就更低。

具体到光伏扶贫项目的收益分配工作，张书记首先关注的便是如何调整分配方式、发挥扶贫资金的最大效益、带动整村脱贫发展，而史书记则会优先考虑如何将资金尽可能均衡地分配以避免村民之间可能产生的利益冲突，同时其具体安排也会更偏向满足村民眼前的实际需要，而非立足于村庄整体层面作出长远发展打算。史书记曾直言：

> 我知道这么个分法本身是有问题（指虚设公益岗位的问题）的，但是你不这么做，村里那些个没法劳动的老人就拿不到钱啊，拿不到他们不就会闹了嘛！而且国家这个方面的规定也是，必须要有80%嘛，不这么做钱也分不出去……张书记说要发展什么产业，那个风险还是太大了，而且你只让贫困户参与，那其他人不就又有意见了，还说不准人贫困户自己也不想把钱用来做这个。[①]

在史书记看来，治村的关键就在于稳定民心、尽可能满足村民的实际生活发展需求，同时减少村内矛盾、维持村庄和谐。而张书记则承受着来自乡镇政府的治贫绩效考核压力，更注重分配

———————

① 内容来源于访谈资料：史书记，2020年10月17日。

方案的有效性，因此他常在方案调整事宜上与史书记发生争执：

> 他们这个办法肯定不行啊，他（史书记）就是在单纯地搬政府给的钱，这个老百姓就没有那种什么，能够持续地增加收入的途径，我是想发展产业，钱能生钱嘛，也能带动大家一起富起来，但是他就不同意，说风险太大，而且不知道他是不是说了什么，村里的人就都不同意。[①]

可以看出，正是由于村"两委"及第一书记在乡村治理工作中所承受的压力不同，其具体的工作目标以及工作逻辑均出现了相当大的差别，进而造成双方在具体工作开展过程中产生摩擦，给乡村治理效果带来了不少的消极影响。

（三）治理成效分析

由于张书记所提出的各项富有创新意义与价值的政策方案常常遭遇村"两委"干部的反对与阻碍，其所拥有的如光伏产业发展项目、企业投资人脉等各项帮扶治理资源也就几乎没有派上用场，村内所实行的资金分配方案仅关注眼前的经济利益而缺乏长远规划，使得村庄面临愈发严重的发展资源紧缺、发展活力不足等问题。另外，史书记多年以来总能通过各种方法协调好村民利益、维持村庄和谐，因而得到了村民的极大信任，久而久之也就培养了民众参与村务管理的惰性，如访谈中常有村民表示自己"很少或者几乎不去参加村民代表大会，而且参加大会的人一直都不多"，虽然村民对村干部的信任感强有益于干部们各项工作的顺利开展，但同时这也反映出其参与村庄管理事务积极性的降低。在村庄治理工作中，底层群众实际上占据着重要的主体地位，村民积极建言献策能在相当程度上为村干部的治理工作注入活力，使其政策安排更具科学性与创新性，而北村村民在村庄建设中的低参与率则"助推"了村"两委"治理模式的僵化，如此一来，

---

① 内容来源于访谈资料：张书记，2020 年 10 月 19 日。

地方自治能力便逐渐被消磨，进一步加深了村庄发展内在活力不足的问题。

总之，在村"两委"及驻村干部的带领之下，北村虽然已依靠光伏扶贫资金不断发展进步、顺利脱贫，但也受到双方互动关系的影响而在新的发展阶段中遭遇了层层困境，展露出村民参与积极性低、地方自治力弱化、治理模式僵化等各种问题，整村的可持续发展能力明显仍有待提高。

四　乡村社会治理的"双轨"转向与具体实践

香村位于甘肃省定西市渭源县田家河乡，进行精准扶贫对象识别时，全村辖 7 个村民小组 266 户 1085 人，其中含低保户 38 户 90 人、特困供养人员 15 户 17 人，共有建档立卡贫困户 92 户 366 人，另还有 28 个无劳动能力的残疾人，是国家重点关注的建档立卡贫困村。2016 年，香村获得国家第一批光伏扶贫电站项目建设的指标并于 2017 年 6 月正式并网通电，电站收益有效带动了村集体经济的壮大。2019 年底，香村实现整村脱贫，光伏扶贫资金便是一项不可忽视的关键推动因素。在村干部的协调与配合之下，扶贫项目的资金得到了高效率利用，不断推动着村庄的整体性发展富裕。

（一）双轨运作的成功转向

2017 年 8 月，时年 27 岁的李书记来到香村担任第一书记兼驻村工作队队长。在进入村庄后，李书记首先在村支书的带领下进行了全村范围内的大走访，紧接着便根据村内传统产业的发展实况组织召开了一场关于推动产业扶贫的座谈会。由于年纪尚轻且缺乏务农经验，李书记的发言数次被村民的嘲笑声打断，为赢得村民的认同感以及信任感、尽快融入村庄生活，李书记便主动提出要在空闲时间帮助村民干农活，切身实地体悟劳作、拉近与村民的距离。另外，李书记还常常在村庄内走动、探访民情，与村民及村干部建立了良好、密切的互动关系。2019 年 9 月，李书记挂职到期，在其任职的两年期间，村内人均每年纯收入增加了近800元，村集体经济总收入超过35万元，共有64户贫困户实现稳定脱贫，全村的贫困率下降了30个百分点，脱贫目标完成率达95%。李书记离任后，村民们还会经常提起他，称赞其驻村期间的工作能力。

余书记于2014年被推选为香村党支部书记，截至笔者所在团队开展调查时，已先后同三位由上级下派驻村的第一书记进行合作，共同管理村庄各项事务。每一任第一书记到村后，余书记都会主动与其进行工作对接，帮助他们对村庄各方面的发展情况进行深入了解，同时还会积极组织开展座谈会、大走访等行动，为帮助驻村书记快速融入村庄、取信于民创造机会。2019年10月，门书记接任成为香村的第一书记，在余书记的积极宣传与动员之下，他很快就获得了村民的信任，其各项工作安排也都能在余书记的协调配合之下顺利落实，并得到村民的广泛认可。

香村地势较高，平均海拔达2563米，气候常年寒冷阴湿，非常适宜种植当归、黄芪等中药材以及养殖肉羊、肉牛等。在光伏扶贫电站建成后，李书记受到其他地区"光伏+农业"发展思路的启发，第一时间前往电站进行了实地考察，依据其架构布局提出利用板下空间发展中药材培育、牛羊养殖等特色产业的想法，由于发展成本低、风险小，该想法很快就得到了余书记及村"两委"成员的支持，并在深入讨论与进一步细化调整之后被正式推行。一方面，李书记充分发挥了自身行政身份的影响力，加快了项目申报及审批的进程，领导跟进光伏板下菌种培育及畜牧养殖大棚的建设；另一方面，余书记则带领村"两委"及驻村工作队成员于村内组织召开村民大会，并逐户向村民介绍李书记发展产业扶贫的先进思路，积极动员群众参与。自2019年以来，香村已经建设起了颇具规模的特色产业链，全村依靠食用菌种植、牛羊养殖、鲜切花种植等光伏板下养殖种植业的发展综合增收30余万元。

另外，在光伏扶贫资金的分配方面，李书记在村"两委"的配合之下得以与村民迅速拉近距离、顺利展开交流沟通。在对村庄发展实际以及村民发展需求有了较为深入的了解之后，他便初步制订了光伏扶贫收益的分配方案草案：一是设立环卫员、电站看护员、网格员、水电维修员等公益岗位，按照劳动强度与技能要求高低确定工资，将扶贫资金以 15~25 元/小时的薪酬标准发放给参与劳动的贫困户；二是专门划分出部分资金用于发展小型公益事业，如建设交通水利、教育医疗、文化体育设施等；三是设立专项奖励及补助基金，将光伏扶贫资金的一部分通过五星文明户评选等奖励先进典型方式进行发放，另一部分则直接分配给生活情况困难的极端贫困户。

李书记首先将上述方案计划告知村"两委"以征求他们的建议，余书记考虑到了扶贫资金的针对性与村民对分配公平性的要求之间的矛盾，便提出要李书记想办法尽可能让非贫困户也能享受到光伏项目发展红利，另外，他还特别指出当时村内有不少因病致贫而并未被认定为贫困户的农户，导致村内的一般户一直以来都对各项扶贫资源的分配有所不满。了解相关情况之后，李书记再次意识到了加强与群众沟通的重要性，决定定期组织开展村民大会，听取村民对资金分配工作的意见，并在此基础上对原方案做出了一定调整：一是公益岗位实行轮换制度，定期对岗位负责人的工作进行监督与考核评价，若出现在岗人员工作效率不达标或劳动能力降低、自愿退出的情况，则重新推选符合条件的村民接替；二是动态调整帮扶对象，将被村民及村"两委"所承认的贫困边缘户纳为扶贫资金的分配对象，向其发放实物或现金补助等。此方案设计在一定程度上对某些较为死板的政策要求做出了灵活调整，更加注重村民的实际发展需求，且保障其享有充分、平等的参与权利，从而有效降低了一般户内心的不公感，为大多数村民所认可。

（二）双向合作治理的具体实践

1. 互惠性合作

乡村社会有效治理的实现需要充分积累、整合并优化配置各项治理资源，主要包括政治、经济、文化、组织以及信息资源几大方面。然而，由于受到各种历史条件因素的影响以及传统乡村行政体制等因素的制约，这些治理资源在农村社会中并不丰富且分配较为不均，农村内部稀少的资源完全无法满足新时代乡村社会建设发展的需要，在这种情况下，携带大量治理资源驻村帮扶的第一书记及工作队便成了协调资源配置、提升村庄治理效率的核心力量。

入村驻扎前，李书记为国务院扶贫办开发指导司副主任科员，本身就拥有丰厚的治理资源，于村庄建设发展的过程中起到了极大的助推作用：在扶贫项目以及特色产业的建设方面，他凭借自身强大的行政力量顺利拿下多个项目规划许可，节约了大量项目审批时间；在发展资金的筹措方面，他充分利用各项政策以及自身的人脉资源，多方协调社会力量，共为村内引进帮扶资金 750 余万元；在扶贫资金的分配方面，他则利用丰富的信息资源，借鉴学习其他地区的成功做法，构建起了科学高效的分配方案。另外，李书记还尤其注重对"两委"班子人才队伍的建设，制定出一套系统严明的工作规章制度。通过对村庄治理事务的主动参与与积极配合，基层村干部也积累了丰富的工作经验，治理能力得到了显著提升。访谈过程中余书记就曾感慨道：

> 李书记确实是在"两委"班子的建设上出了不少力。说实话他来之前我们的工作都还算很清闲，他后来就找我们谈，希望我们能帮他一起带头各个项目的发展。这确实是对村子、对大家都有好处的，我们肯定就答应，然后就都变得好忙了。比如我自己，李书记一方面总是拉着我一起入户走访困户，一方面还会让我跟着他去上面争取项目和扶贫资金。是很累，但是回想一下，发现我也确实积累了不少经验，还和一些乡镇领导打好了关系，值了。①

另外，作为国家嵌入的"外来者"，第一书记和驻村工作队帮

---

① 内容来源于访谈资料：余书记，2020 年 10 月 22 日。

扶行动以及各项工作安排会在相当程度上受到驻扎村本身的经济、社会、政治及文化环境的影响，需要依靠村委干部在村民心中的独特地位以及其复杂的人际关系网络迅速融入乡村社会，同时协助进行政策推行以及群众动员工作，只有在融入贫困村的复杂关系网络、处理好自身与农村社会各方主体之间的关系后，第一书记才能够进一步依靠自身的能力整合各项扶贫发展资源并实现对其的优化配置，更好地实现驻村帮扶目的。李书记就提到："刚来的时候我连听懂村民们说话都还有点难度，还是余书记他们一直在帮我翻译，每次都是他们带着我入户访问，后来才和大家融入得更快一些。只有对村民的情况了解得足够清楚了，我们的方案才能更有针对性，保证这个扶贫资金能够真正用对人、用对地方。"后来上任的门书记也表示："有些政策方案不太好推动，也是靠他们（指村'两委'干部）一直在组织开会或者入户做动员才能够落地。"①

总之，李书记、余书记两位书记在村庄治理的过程中相互依赖、密切合作，在他们的带领下，香村的经济状况得到极大改善，同时还依靠各类产业的发展实现了稳定增收，可持续发展能力大大提升。

2. 共谋性合作

中国政府的行政管理体制一直以来实行的都是由上级政府向下级政府下达具体指标、分配任务并进行量化考核的目标责任制，总体来看是一种"压力型体制"。② 这种压力驱动虽然有助于激发各级干部的工作积极性、保障国家政策的逐级落实，但在具体的治理实践中，也会导致基层治理主体形成"共谋联盟"以应对上级的检查与考核。

由于光伏扶贫资金的发放对象仅限定为建档立卡贫困户，而随着村庄及个别农户自身的迅速发展，村内逐渐出现贫困户生活境况优于一般户的情况，因此不少农户都认为扶贫资金存在分配

---

① 内容来源于访谈资料：李书记、门书记，2020 年 10 月 21 日。
② 荣敬本等：《从压力型体制向民主合作体制的转变》，中央编译出版社，1998。

不均的问题，村户矛盾不断激化。2020 年，国家相关政策进一步收紧，为缓和村内矛盾、稳定村庄秩序，门书记便与村"两委"在商讨后决定在村内继续增设 40 个"公益岗位"，选派部分村民前往鲜切花基地从事除草、修剪花枝的工作，按照每人每次做工100 元的标准发放薪酬。① 另外，由于村内劳动力大量外流，长期留驻的多是年龄偏大、劳动能力低的老人或农活繁重、空闲时间少的村户，贫困户参与公益劳动的积极性并不高，村干部还在各类村集体经济发展项目中都增设了不少类似的"公益岗位"，允许一般户自愿报名参加，其所得工资依旧出自光伏扶贫资金。以上做法本身都有违国家政策规定，但门书记表示：

> 我知道这么做是有些违规了，但是这个规定的确太死了，钱发不出去啊。这样子操作其实更好一些，他们（指一般户）之前不是总抱怨我们发钱不公平吗，这样他们的意见也少了。而且这些也都是属于村集体的发展嘛，这个产业的建设本来就需要用工，那我们与其去外面找，还不如把我们自己的贫困户带上，既带动他们发展了，我们长期结余不好发出去的钱也好处理了，一举多得。②

上述方案的推进实施主要由村支书及村"两委"干部负责，他们会主动与矛盾冲突事件中意见较大的农户进行协调沟通，允诺给予其参与公益岗位的机会，但要求其不主动向外声张工资来源，从而应对乡镇政府的核查工作。可见，为顺利完成国家下达的任务，同时维持村庄稳定和谐，驻村干部与基层村干部实际上会在可操作限度内达成共谋同盟，相互掩护以在政策执行上"打擦边球"。

（三）治理成效分析

在李书记携工作队入驻村庄后，余书记得知其携带有大量的

---

① 严格来说鲜切花基地属于另外的村集体产业建设项目，并不属于公益事业范畴，因此根据国家的政策规定，光伏扶贫资金本身不能用于此类劳动工资发放。
② 内容来源于访谈资料：门书记，2020 年 10 月 23 日。

帮扶资源，能够为村庄争取到丰富的发展项目与机会，便与其他村干部一同积极帮助作为"外来者"的帮扶队迅速融入乡村社会，拉近驻村队伍与村庄、村民的距离，主动与其分享村内信息、协助其进行政策推行以及群众动员工作。在村"两委"的配合与协调之下，李书记各项政策方案的推进实施都相当顺利，其携有的丰富治理资源也得到了充分利用，于村庄建设发展的过程中起到了极大的助推作用。一方面，村内的光伏扶贫项目得到了大力发展，同时还建设起中药材种植、菌种培育等特色"板下种植"产业，为村庄开拓了可持续增收道路；另一方面，李书记也利用自身所积累的各方人脉资源为村庄引入了大量帮扶资金，大大加强了村内基础设施建设，乡村整体发展水平得到显著提升。

总体看来，在第一书记及村"两委"的密切配合以及共同努力之下，香村高效且超额完成了发展目标任务，不仅实现了全村稳定脱贫，还积累了丰富的发展资源，为村庄进一步振兴与富裕奠定了坚实的基础。

五 双轨模式下乡村社会治理主体的互动关系模式建构

在乡村基层治理的场域中，代表国家治理力量的第一书记（驻村工作队）和代表乡村基层自治力量的村支书（村"两委"队伍）往往会受到各自任务目标或利益权衡的影响而形成复杂的关系，其中合作与竞争相互交织，随着各方行为选择的不同而不断变化。

（一）双头政治下"竞争冲突"关系的产生

从争夺治理主权的视角进行分析，以完成中央扶贫脱贫任务为核心的第一书记和以促进经济发展、维持村庄稳定和谐为核心的村支书在乡村政治领域的相遇往往会引发"双头政治"的博弈。在具体的治理实践之中，由于驻村干部与村"两委"本身的工作目标及行为逻辑不尽相同，二者的利益并不会完全一致，一方的最高利益并不一定代表着另一方的最高利益，因此双方在合作的同时也会依据自身的需求调整具体的行动，以期得到更多的合作收益。而根据前文的分析，驻村干部与村"两委"两者的合作关系部分建立在一方对另一方资源能力的估计以及对所得利益的期待之上，那么当其中一方认为当下的利益分配机制无法使自己得到所期望获得的利益时，其便会选择打破原本互惠合作的均衡局面，转而采取排斥性的竞争策略，以尽可能多地获取自身利益为目标而行动。

在二者合作进行村庄治理的具体实践过程中，若第一书记所携带的丰富治理资源能够满足村干部的期待，且其治理方案施行后能在一定程度上增添各方主体的实际利益，那么虽然积极帮助第一书记推进其政策落实会使村"两委"的在村务管理中的决定权受到影响而有所降低，但村"两委"又能借此收获村庄高效发展的结果，甚至通过第一书记积累工作经验与人脉资源等，所获利益远超于其付出的"成本代价"，在此情形下，村"两委"往往会选择继续加强与第一书记的合作关系，全力配合其工作安排。而若第一书记能力不足或缺乏优势治理资源，且其单纯以完成绩效任务为目标而制订的一系列治理方案深刻触及村庄利益分配结构、可能造成利益损失及村序混乱等后果，村"两委"则会倾向于选择维护自身利益而坚持争夺村务管理主导权力，逐渐放弃合作治理，转而采取排斥竞争策略，试图通过"独立作战"、拉拢群众、消极应对第一书记的治理工作等方法保障自身在村庄的话语权与主导地位，在此情况下，驻村干部也只能想方设法与村"两委"争夺权力，二者整体的关系状态由此走向冲突与竞争。

（二）双轨力量失衡下"非平等性合作"与"共谋"关系的形成

由于基层自治力量本身的不足以及村庄发展资源的欠缺，自第一书记驻村扶贫制度实施以来，村基层组织队伍就往往会对驻村干部所带来的资源抱有极大期待，甚至在与其协调开展工作的过程中培养出对外来力量的高度依赖性。长此以往，以村"两委"队伍为代表的基层自治力量便会逐渐弱化，村治主导权随之转移至外来的第一书记以及驻村帮扶队伍手中，而基层力量仅能起到辅助、配合的作用，此时双方的合作便呈现非平等性特征。以精准扶贫实践中产业扶贫项目发展为例，在发展资源匮乏、自身能力不足的现实条件下，村"两委"往往难以领导村庄进行大规模的产业开发，而第一书记在入驻村庄基层后，总能充分利用自身在原单位强大的行政力量及充足的资金、人才、信息等治理资源推动村庄的各类项目资源整合与产业建设，引导地方开发特色农业产业、打开发展市场，于治村扶贫领域占据绝对的优势与主导地位，村支书及村"两委"队伍则被完全压制，难以获取相关事务的管理权。

另外，由于第一书记制度本质上是一种压力型体制下的项目制治理的产物，第一书记的具体工作有着明确的进度及指标要求，各类农业产业化项目的承接发展便是其达成任务目标的主要努力方向。第一书记在短短的驻村任期内承担着巨大的考核压力，而村基层干部也面临着顽固的村庄发展不足以及发展不均等问题，为了保障各自治理业绩的良好、村庄的稳定和谐，他们往往会选择达成"合作共谋"，互相确定帮扶项目的具体推行细则以及相关的表格填报数据，共同应付上级部门的检查。

（三）双轨良性运作下"正向合作"关系的形成

第一书记与村"两委"队伍分别代表国家自上而下进行指导管理与基层自下而上推进自治的两股力量，在村庄治理场域，二者各自都具有自身的优势与不足，双轨治理的核心便是推动两者在政策制度的安排之下合理协调资源、展开合作与互助，以达成相应的治理目标，使村治效果最大化。

一般而言，传统乡村社会是一个以"差序格局"为特征、注重亲疏关系的人情社会，因此外来力量的嵌入往往会对乡村原有的关系网络以及利益分配产生深刻影响，代表国家的第一书记入驻村庄后，村"两委"以往能够依靠其独特信息与人脉优势为自身和"熟人"争取利益的格局便会受到一定程度的破坏，在此背景之下，他们便会对这一外来力量有着天然的排斥倾向。而由于国家行政命令要求以及实践中部分共同利益目标的存在，第一书记与村

"两委"在磨合初期普遍能够维持基本的合作关系：一方面，第一书记及驻村工作队具有"指导村基层组织开展村庄建设工作、推动提升乡村治理水平"等工作职责，村"两委"队伍也同时具有促进村庄经济发展、维持村庄稳定和谐的责任，行政制度的要求为双方搭建了"被动合作"的关系基础；另一方面，第一书记所代表的外生力量能为基层带来资金、人才、信息、行政等方面丰富的治理资源，能够有效化解村庄发展资源不足、组织化程度低下、自治力量弱小等发展困境，可吸引以村支书为代表的基层力量与之协调配合，而村支书由于长期扎根于基层工作而构建了良好的乡村人脉关系、拥有较强的话语权且熟知村情实况，能够在一定程度上保证第一书记政策规划的顺利推行与治村工作的开展落实。因此，双方也在工作初期形成"主动合作"的行为态度。在此种双层、双向合作关系的调和之下，第一书记及驻村工作队与村支书及村"两委"队伍在工作磨合初期所存在的排斥与冲突往往能在一定程度上被弱化，从而维持一种良好的平衡互惠的正向合作关系（见图1）。

六　结论与讨论

在乡村振兴背景下，国家力量的嵌入逐渐改变了乡村基层社会的单向度治理结构，实现了从"单轨"到"双轨"的转变。在双轨治理模式中，以第一书记为代表的国家治理力量和以村"两委"为代表的基层自治力量之间会受制度要求以及利益分配等因素的影响而形成不同的互动关系模式：一方面，当双方合作行动的实际效果难以达到对方期望、合作成本超过所得收益时，他们便倾向于采取权力竞争策略，二者相互排斥与干扰；另一方面，二者也可能由于第一书记所拥有的丰富治理资源及其强势行政力量的介入而转化为非平等性的合作关系，或在压力型体制的影响下组成合谋同盟；只有在国家行政命令要求以及双方共同利益驱动下实现良性运转的双轨制模式之中，第一书记与村"两委"之间才能够通过资源共享而搭建起平衡互惠的正向合作关系，从而充分发挥合力、有效推动村庄治理。

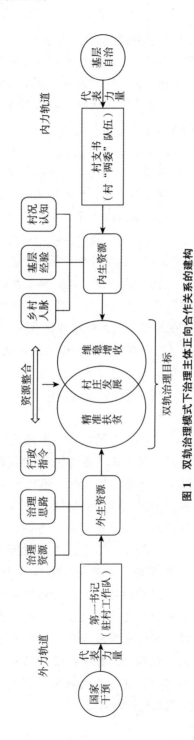

图1 双轨治理模式下治理主体正向合作关系的建构

值得注意的是，在二者建立互惠性的"正向合作"关系时，其各自所携带的资源均能得到充分利用，形成合力共同推进乡村社会的治理，但两主体也可能受既得利益因素影响而选择互相排斥、进行权力争夺，进而引发一系列冲突矛盾，对治理成效产生极大的消极影响。

第一，由于第一书记拥有的治理资源丰富、工作能力较强，因此村庄的基层自治力量极易产生依赖心理，弱化其工作积极性，第一书记则日渐占据村务管理的主导地位，使得双方逐渐形成非平等性的合作关系，进而造成地方自治能力的下降，不利于村庄的持续发展。第二，在我国行政管理的压力型体制下，第一书记可能会因想要尽早完成上级下达的任务要求、努力提升政绩而滥用其权力资源，与想要缓和村民矛盾、维持村庄稳定的村"两委"形成"合谋同盟"关系，二者互相串通以违反国家政策，从而造成政策目标与实施结果的偏差，影响村庄治理预期效果的达成。第三，在竞争关系状态下，双方对彼此的排斥加强，互动与交流明显减少，一方面，会形成第一书记村庄融入性差、村民认可度低、资源输入困难的尴尬局面；另一方面，还会造成基层干部治理思路持续僵化、地方自治能力弱化、发展动力不足等问题，使村庄治理陷入新的困境。

目前我国已经实现了全面脱贫，正式迈入乡村振兴的发展阶段，在此背景下，若想要进一步推动乡村治理模式的创新与治理体系的完善，就可以从协调治理主体互动关系这一层面发力，如明确各治理主体的责任分工、建立制度化的双向沟通渠道、优化绩效考评机制、建立第一书记驻村帮扶长期化规划等。当然，具体采取哪些措施也是一个尤其值得重视并进一步探讨的问题。

情境性支持：抗疫志愿者心理创伤修复的新视角[*]

摘　要： 新冠疫情期间社区志愿者发挥了重要作用，但也因频繁暴露于创伤性事件之中而极易产生心理问题。为探究抗疫志愿者的心理创伤程度及有效的创伤修复路径，本文使用多阶段抽样的方法对武汉市 770 位社区防疫志愿者进行问卷调查，并结合定性研究方法，借用结构化理论与社会互动论中的"情境"思想，创新性地提出"情境性支持"这一概念，即根据提供主体在志愿者服务情境中所处的不同位置将社会支持划分为情境内支持与情境外支持，关注二者对于志愿者心理健康状况的影响显著程度，以探究整体情境性支持对于心理创伤的化解路径。

本文发现：志愿者群体心理创伤程度呈"金字塔"状分布，总体逐渐好转，约 1/10 的志愿者产生创伤后应激障碍。疫情期间社区志愿者获得的整体社会支持相对充足，志愿服务情境内直接相关主体更倾向于为志愿者提供主观支持。志愿者的整体情境性支持与心理创伤之间总体呈现显著负相关关系。与情境外支持相比，情境内支持的提供对志愿者心理健康状况的影响更加显著。基于此，本文从微观与宏观的角度提出了个体、组织、国家各个主体层面的对策建议，以维护志愿者的心理健康、提升志愿服务的开展效率、推动我国志愿公益事业的长足发展、促进和谐社会建设。

---

* 执笔人：唐欣羽、汤华萌、郭静智、黄倩、汪雷婷、杜照钦。

关键词：抗疫志愿者　心理创伤　社会支持　情境性支持

新型冠状病毒肺炎是近百年来人类遭遇的影响范围最广的全球性大流行病，对全世界而言都是严重危机和严峻考验，使人类生命安全和健康面临重大威胁。在党和国家的领导下，全国人民齐心协力投入疫情防控之中，使疫情在较短时间内得到了有效控制。社区作为疫情联防联控的第一线，发挥着外防输入、内防扩散的重要堡垒作用。自党的十九大及十九届四中全会强调构建基层社会治理新格局以来，志愿者群体的力量受到了广泛的关注。而在抗击疫情的过程中，据不完全统计，截至 2020 年 2 月底，在总人口约 1000 万的武汉已有 5 万多名社区志愿者活跃在抗疫一线①，及时弥补了基层防控人员的空缺，在落实防控政策、保障居民基本生活等方面发挥了不可忽视的作用。

长期以来，我们往往将志愿者视作为服务对象提供支持的施助群体，却并未充分地意识到这一群体频繁暴露于创伤性事件之中，因而自身也是需要支持的对象。面临持续性、密切接触性、高压性以及强心理冲击性的志愿服务情境，抗疫志愿者群体很容易因经常面临破坏生活适应性的创伤事件而产生急性应激心理创伤，其会带来诸如情绪上的悲伤麻木、焦虑恐惧、自我否定等心理波动，以及身体上的疲劳疼痛、失眠多梦、难以集中注意力等躯体不适。而且随着创伤事件的累积，急性心理创伤还可能会演化为较长时期内反复发生的复合型心理创伤，不仅会削弱志愿者的工作成效，而且会威胁志愿者自身的身心健康，阻碍其正常生活及未来长远发展。例如，汶川地震 19 个月后，仍有 54.6% 的志愿者有明显的创伤后应激障碍的症状，严重影响志愿者的生活和未来发展。② 由此看来，关注志愿者的心理创伤状况并寻找相关修复路径

---

① 《武汉已组织 5 万多名党员干部、3 万多名社区干部和 5 万多名志愿者下沉社区》，"武汉发布"百家号，2020 年 2 月 29 日，https://baijiahao.baidu.com/s?id=1659825304812095466&wfr=spider&for=pc。

② 吕悦：《汶川地震 19 个月后重庆地区地震志愿者的创伤后应激障碍研究》，硕士学位论文，西南大学，2010。

迫在眉睫。

近年来，学界普遍开始关注志愿者群体的心理创伤现象，并且多以创伤事件出现次数将心理创伤划分为突发性与反复性两类。对于该群体心理创伤之成因的既有研究通常从两个角度进行：（1）主体性特质；（2）事件性影响。而在对心理创伤修复路径的探究中，许多研究已经形成共识，认为社会支持对个体心理发展具有积极影响，并且以内容导向和主体导向为标准将社会支持划分为不同类别①，借此充分探讨了不同性质的心理创伤中社会支持的作用机制。但是，既有研究对社会支持的区分往往侧重不同层次的主体提供社会支持的类别偏向，如过多关注正式主体提供的客观支持及非正式主体提供的主观支持②，而且描述社会支持对创伤的修复作用的各种效应模型也无法区分出社会支持的差异化效果③。根据情境互动理论④，社会支持对于心理创伤的修复作用往往发生于一定的"时空场所"，当社会支持的供给情境发生变化，志愿者的心理状态自然随之发生变化。因此，本研究认为不同的"情境"是我们探究社会支持产生差异化作用的一个重要切口。

为丰富与拓展心理创伤和社会支持这两个领域的研究内容，突破既有研究的局限，本文借用自戈夫曼以降社会科学所强调的"情境"概念，即根据主体是否直接在场将社会支持划分为"情境内支持"与"情境外支持"，并基于此探讨两个问题：第一，曾参

① 唐钧、朱耀垠、任振兴：《城市贫困家庭的社会保障和社会支持网络——上海市个案研究》，《社会学研究》1999 年第 5 期；陈成文：《论可持续发展视野中的农村社会支持》，《中国人口·资源与环境》2000 年第 4 期。

② 张友琴：《老年人社会支持网的城乡比较研究——厦门市个案研究》，《社会学研究》2001 年第 4 期。

③ 张文宏：《从农村微观社会网的变化看宏观社会结构的变迁》，《天津社会科学》1999 年第 2 期。

④ Erving Goffman. *Behavior in Public Places: Notes on the Social Organization of Gatherings.* New York：Free Press，1963；王晴锋：《情境互动论：戈夫曼社会学的理论范式》，《理论月刊》2019 年第 1 期。

与武汉抗疫的志愿者们在何种程度上存在心理创伤或心理健康问题？第二，怎样能够避免其心理创伤的形成或更好地修复其心理创伤？对于这两个问题的探究，不仅可以帮助理解此次新冠疫情之中社区志愿者的心理创伤状况并积累类似事件的处理经验，更能调动更多人参与志愿服务的积极性和主动性，促进志愿服务等公益事业的长足发展，助力建设文明和谐社会。

一　概念界定、资料来源与样本描述

（一）概念界定

抗疫志愿者：新冠疫情期间开展社会公共利益服务而不获取任何利益、金钱、名利的活动者。本文中的抗疫志愿者是指新冠疫情期间积极协助社区工作人员开展防控政策宣传、入户摸排管控、电话随访、社区封闭管理、检测点体温测量、居民生活物品代购配送、公共区域消毒等工作的社区志愿者。

心理创伤：由突发性的或持续性的生活事件引发的心理问题或心理障碍。在本文中，心理创伤指的是社区抗疫志愿者在进行抗疫志愿服务期间所受到的急性应激心理创伤或复合型心理创伤。本文采用事件影响量表（IES-R）对其进行测量。

社会支持：包括实际的、可见的客观支持，即物质上的直接援助和社会网络等，以及体验到的或情绪上的主观支持。本文对社区抗疫志愿者的社会支持状况进行主、客观二分，以考察其不同社会支持的提供状况及利用情况。

其中，客观支持指各个支持主体提供的口罩、护目镜、防护服、手套等物资和志愿服务培训、心理疏导等服务，将提供情况分为"没有提供""非常匮乏""比较匮乏""比较充足""非常充足"，利用情况分为"没有利用""很少利用""较少利用""较多利用""频繁利用"，分别赋值1~5分，并对不同物资和服务的提供情况进行加总统计。

而主观支持的提供情况则通过不同支持主体对志愿者的态度和评价进行操作化，态度包括"毫不知情"或"非常反对"、"比较反对"、"中立"、"比较支持"、"非常支持"，评价包括"基本持负面评价""负面评价较多""中立""正面评价较多""基本持正面评价"，分别赋值 1~5 分。对于志愿者对主观支持的利用情况，将其操作化为社会支持主体的态度或评价对其情绪的影响，分为"负面影响""较负面影响""无明显影响""较正面影响""正面影响"，同样赋值 1~5 分。

情境性支持：个体通过特定交互时空中支持者的支持性行为而获得的精神上和物质上的支持。本文按照支持者在志愿者服务情境中所处的位置将情境性支持分为由社区、志愿者组织、志愿者同伴、服务对象所提供的"情境内支持"及家人、同事、朋友、工作单位所提供的"情境外支持"。

（二） 资料收集方法与样本描述

为更全面地了解志愿者的情境性支持对其心理创伤的修复作用，本文以新冠疫情期间武汉市的社区志愿者为研究对象，采用了定量研究与定性研究相结合的研究方法。在定量研究方面，本文采用问卷调查法收集样本数据，问卷收集的数据主要包括志愿者的基本信息、志愿服务经历、心理健康状况、社会支持水平等。同时，本文还对调查中心理创伤程度较深的 12 名志愿者进行了半结构式访谈，深入了解了志愿者的工作与家庭基本情况、在疫情期间的认识、志愿服务的具体过程以及对志愿服务的评价，将其作为问卷调查的补充。

由于本文的研究对象——武汉市社区志愿者群体具有人员组成复杂、组织形式多样等特点，而各社区防疫状况各不相同，但同社区内部志愿者的抗疫经历可能具有较大的同质性，故本文采用了多阶段抽样的方法，以扩大被调查对象的空间分布范围。

此次问卷调查选取了武汉人数较多、历史较为久远的 5 个中心城区，分别为汉阳区、江岸区、江汉区、武昌区、洪山区，并分别从每个行政区中随机抽取 5 个街道办事处，然后分别从每个街道办事处管辖范围内随机抽取 3 个社区，再在每个社区中用判断抽样的方式抽取 12 位社区抗疫志愿者。最终，此次调查于 2020 年 7～12 月共回收 853 份问卷，经筛选剔除部分由于数据缺失、填答问卷时间过短等而无效的问卷之后，最终获得有效样本 770 个，回收问卷有效率为 90.3%。

由表 1 可知，此次调查的 770 个样本大致呈现出以下三点特征。第一，从志愿者基本特征来看，女性、年龄在 20～40 岁、月收入为 3001～10000 元、在企业或服务业工作的志愿者数量分别大于男性、其他各年龄段、收入区间或职业的志愿者。具体来看，女性志愿者约占 63%；20～40 岁的志愿者占比将近 65%，其次是 41～60 岁年龄段，20 岁以下或 60 岁以上的志愿者较少；约 42% 的志愿者的月收入不超过 3000 元，约 55% 的志愿者月收入为 3001～10000 元，月收入超过万元的较高收入者仅占志愿者总数的不到 3%；从职业来看，约 43% 的志愿者在企业或服务业工作，在政府或事业单位工作的志愿者约占所有志愿者的 22%，其次是无业者及个体从业者。第二，从志愿者自身经历来看，抗疫前有过志愿服务经历的志愿者数量较多，占比达 62.08%；约 26% 的志愿者有关系密切者感染新冠，而约 10% 的志愿者有关系密切者感染且离世；约 41% 的志愿者在服务过程中接触过新冠感染者。第三，在志愿服务特征方面，1 月 23 日至 2 月 14 日开始参加志愿服务、持续天数超过 28 天、每天参与服务次数不少于一次、每次参与服务时间为 5～9 小时的志愿者占比分别超过其他类别的志愿者。约 77% 的志愿者在疫情前期较严重的阶段，即一月中下旬至三月中下旬期间开始参与志愿服务活动；超过 60% 的志愿者参与志愿服务的持续天数超过 28 天，持续两周及以下的志愿者约占总数的 22%；约 51% 的志愿者每天参与服务不少于一次，一周服务一次或更少的志愿者占比最少，仅为 10.52%；此外，每次志愿服务时间为 5～9 小时的志愿者占比约为 33%，其次是服务时间 2～5 小时的志愿者，占比约 30%。

表1 样本中抗疫志愿者基本情况描述

单位：%

变量	类别	百分比	变量	类别	百分比
性别	男	37.45	服务过程中是否接触过新冠感染者	是	41.35
	女	62.55		否	58.65
年龄	20岁以下	4.55	开始志愿服务时间	1月23日至2月14日	39.35
	20~40岁	64.68		2月15日至3月18日	37.79
	41~60岁	28.31		4月9日之后	9.74
	61岁~80岁	2.47	志愿服务持续天数	7天及以下	10.91
收入	较低收入（0~3000元）	42.32		8~14天	11.30
	中等收入（3001~10000元）	54.82		15~21天	8.31
	较高收入（10000元以上）	2.86		22~28天	6.62
职业	农/林/畜牧/渔业从业者	1.48		28天以上	62.86
	政府/事业单位	22.45	一周参与服务的次数	一周一次或更少	10.52
	企业/服务业	43.28		一周两到三次	23.38
	个体从业者	11.83		一周四到六次	15.06
	军事人员	0.27		每天一次或更多	50.91
	无业者	13.58	一次参与服务的时间	2小时及以下	11.56
	学生	7.12		2~5小时（含5小时）	29.61
抗疫前志愿服务经历	有	62.08		5~9小时（含9小时）	33.25
	无	37.92		9~13小时（含13小时）	15.84
关系密切者新冠感染情况	感染未去世	16.43		13小时以上	9.74
	感染且去世	9.65			

二 抗疫志愿者的心理创伤程度及表征

为了解抗疫志愿者心理创伤的程度，本文使用事件影响量表来进行测量，通过对受访志愿者抗疫志愿服务体验的自陈式测量与评估，来评定志愿者因抗疫志愿服务经历受到的影响，同时判定其创伤后应激障碍（PTSD）的严重程度。[①]

（一）心理创伤的程度分布呈"金字塔"状

由表 2 可知，在志愿服务结束约半年后，抗疫志愿者的心理健康状态主要为亚临床状态及轻度创伤，占比分别为 50.78% 和 32.86%；少部分存在中度乃至重度创伤，占比分别为 10.91% 和 5.45%。[②] 整体来看，创伤程度分布呈"金字塔"状。

这在一定程度上符合学界对于心理创伤修复过程的既有认识：一般来说，人们会对应激事件出现"惊吓—否认—侵入—不断修正—结束"这样一个典型的心理反应过程，应激型心理创伤大多会在 3~6 个月之内随着主体复归日常生活而逐渐好转并自我疗愈，但也存在随着时间的推移转化为更为复杂的复合型心理创伤及创伤后应激障碍的可能，进而导致主体社会及职业机能的受损，对其生活造成持续的负面影响。

表 2　志愿服务结束约半年后志愿者心理健康状态的分布

心理健康状态	评分范围（分）	个案数（个）	百分比（%）
亚临床状态	0~8	391	50.78
轻度创伤	9~25	253	32.86

---

① 余萍：《心理创伤及 PTSD 常用量表研究》，《神经损伤与功能重建》2010 年第 4 期。

② 事件影响量表的得分范围为 0~88 分，根据郭素然等的分类，量表得分总和为 0~8 分为亚临床状态；9~25 分创伤程度为轻度；26~43 分创伤程度为中度；44 分及以上创伤程度为高度。具体参见郭素然、辛自强、耿柳娜《事件影响量表修订版的信度和效度分析》，《中国临床心理学杂志》2007 年第 1 期，第 15~17 页。

续表

心理健康状态	评分范围（分）	个案数（个）	百分比（%）
中度创伤	26~43	84	10.91
重度创伤	44~88	42	5.45

（二）心理创伤的主要表征为创伤性体验的侵袭

IES-R 主要涉及高唤醒、侵袭、回避三个症状群，由表 3 可以看出，侵袭因子得分最高，提示志愿者群体最容易反复经历侵袭性的创伤性体验，仿佛再次体验相关感受或者是出现强烈的心理痛苦或生理反应。高唤醒因子的得分相对较低，表明志愿者在抗疫志愿服务工作后会在一定程度上存在睡眠困难、难以集中精力、容易受到惊吓、突然间愤怒和恐慌、警戒程度和焦虑程度提高等症状。回避因子得分最低，表明志愿者回避对与志愿服务相关细节的讨论的可能性最低，例如在访谈中有志愿者提到："我们（志愿者同伴）以前都没有合作过，但是都争先恐后地抢着做脏活累活，真的让我很感动。而且感动的事情不是一件两件，在工作中每天都有很多让我感动的事情，还有一天也是下雨大家连伞都没顾着去打，大家都是冒着雨的，头发和衣服都淋湿了，但是志愿者和工作人员没有一个退缩的，那个氛围真的是很好的。"（访谈记录，20210113）由此可见，虽然志愿者在具有高压性和强心理冲击性的抗疫志愿服务工作中会难以避免地经历一些创伤性事件，但其对志愿服务经历的主观评价多较为正面，并不会刻意回避讨论其情感体验和工作细节。

表 3　志愿者各因子平均得分

单位：分

因子	评分范围	得分（方差）
侵袭	0~32	5.24（4.87）
高唤醒	0~32	4.23（5.38）
回避	0~24	3.79（5.33）
总分	0~88	13.21（14.13）

（三） 多名志愿者符合创伤后应激障碍标准

在采用 IES-R 进行测量时，学界大多采用得分 ≥ 35 分作为创伤后应激障碍 （PTSD） 的标准，故本文也沿用此种标准。就个案事件影响程度看，符合广义 PTSD 标准的个案有 72 个 （≥ 35 分），约占总体的 9.4%。

一般而言，创伤后应激障碍的产生不仅与当事人所经历的创伤性事件有关，也与当事人在经历创伤时所处的社会环境及其所使用的应对方式有关。也就是说，当事人在经历创伤后会不断调整自己的情绪，这些调整能够帮助当事人在短时间内把情感降低到一种可以忍受的水平，因此在创伤之后出现各种情绪、认知和意志方面的反应都是正常的，是人们对生活事件的正常反应，但是这些反应过度强烈或是长期存在的时候就会被纳入病理性的范畴，也就是成为创伤后应激障碍。在访谈中有志愿者提到："现在看那些抗疫的东西之后就会想起那个时候，而且一般情况下，别人不谈这个事情，我们一般不会去说，因为对于我们是一种伤害。基本上做志愿者都有疫情综合征，看到比如抗疫的电影马上会流眼泪、失眠。而且不是我一个人，是基本上这一个群体都是这样，不管是官方志愿者还是作为民间志愿者，当他提到的时候他们都会很激动，是一个普遍的现象。"（访谈记录，20210119）本文研究结果显示，存在创伤后应激障碍的志愿者约占所有抗疫志愿者的 1/10，值得社会各界对其心理状况予以重视。

三 志愿者的情境性支持状况

本研究使用 T 检验①的方法，探究不同主体提供社会支持与其提供的支持被志愿者利用的程度是否有统计学上的显著差异，以

---

① T 检验属于参数检验的一种，具有较大的检验效力。T 检验的公式：$t = \dfrac{\bar{x} - \mu_0}{S/\sqrt{n}}$，$df = n-1$。

获悉志愿者的情境性支持状况。具体而言，本文根据社会支持提供主体在志愿者服务情境中所处的位置，将志愿者的情境性支持划分为社区、志愿者组织、志愿者同伴、服务对象等志愿服务情境下直接相关主体所提供的"情境内支持"以及家人、朋友、工作单位等主体所提供的"情境外支持"，并从提供状况和利用状况两方面分析防疫过程中志愿者的情境性支持因素，其中根据情境性支持的性质又将其划分为防疫物资、生活必需品等客观支持和肯定态度、正面评价等主观支持。

（一）志愿者的情境性支持提供状况

1. 情境内主体与情境外主体的客观支持度无明显差异

对志愿者对每个主体所提供的客观支持的评价进行赋值、加总，不同主体的分数范围为 0~35 分。分析发现，志愿者组织是提供客观支持最多的主体，然后依次是社区、家人、志愿者同伴和朋友、同事、同学，提供客观支持最少的主体是服务对象（见表4）。

表4　不同主体客观支持的提供状况

情境分类	社会支持主体	均值（标准差）	总均值（总标准差）	T检验 p 值
情境内支持	社区	26.232（6.410）	20.877（6.781）	0.43
	志愿者组织	33.838（9.376）		
	志愿者同伴	19.138（9.842）		
	服务对象	13.440（8.693）		
情境外支持	家人	24.732（7.359）	20.706（6.860）	
	朋友、同事、同学	16.680（9.312）		

分析结果体现出志愿者组织和社区在提供客观社会支持上的专业性和重要性。二者作为社区抗疫过程中的主要行动单元，在物资紧缺的情况下发挥着提供客观社会支持的关键作用。而与组织相比，家人，志愿者同伴，朋友、同事、同学，服务对象等个体主体更难以获取和提供物资，因此所能提供的客观社会支持不

及社区、志愿者组织这类组织主体所能提供的。将直接卷入志愿者服务情境之中的情境内支持与未直接卷入服务情境之中的情境外支持相比较可得，二者在客观支持的提供状况上的差异并不显著。这可能是因为在防疫物资紧缺的大环境下，各个主体能够为志愿者提供的物资量并不多，因而没有较大差异。

2. 情境内主体的主观支持度显著高于情境外主体

对每个主体所提供的主观支持的情况赋值，分数范围为 1~5 分（分数越高，说明主体对于志愿者的主观支持程度越高）。结果显示，不同主体的主观支持得分的均值都在 4 分以上，均高于中间水平（见表 5），说明不同主体均倾向于支持志愿者参与防疫志愿工作。

表 5　不同主体主观支持的提供状况

情境分类	社会支持主体	均值（标准差）	总均值（总标准差）	T 检验 p 值
情境内支持	社区	4.428（0.631）	4.420（0.550）	0.00
	志愿者组织	4.444（0.602）		
	志愿者同伴	4.456（0.611）		
	服务对象	4.352（0.678）		
情境外支持	家人	4.169（1.003）	4.204（0.767）	
	朋友、同事、同学	4.100（0.948）		
	工作（学习）单位	4.346（0.847）		

其中，家人，朋友、同事、同学等不在服务情境之中的情境外支持主体对于志愿者的主观支持度均低于社区、志愿者组织、志愿者同伴、服务对象等情境内支持主体，差异均具有统计学意义（$p<0.01$），说明相比情境外主体，在志愿工作期间与志愿者密切接触的社区、志愿者同伴及组织、服务对象等主体对于志愿者的无畏奉献行为会更多地持肯定态度和正面评价，对志愿者的主观支持度较高，而部分志愿者的家庭成员或朋友等可能出于对志愿者自身安全的考虑，对志愿者的支持程度相对较低。

（二）志愿者的情境性支持利用状况

1. 志愿者对于情境内、外所提供的客观支持的利用度无明显差异

对志愿者对每个主体所提供的客观支持的利用情况进行赋值并加总，不同主体的分数范围为 0~35 分。可以发现，志愿者组织是志愿者利用客观支持最多的主体，然后依次是社区，家人，志愿者同伴，朋友、同事、同学，最少的主体依旧是服务对象（见表 6）。这表明疫情期间志愿者对于客观支持的利用更依赖于情境内主体而非家人、朋友等情境外个体主体。服务对象是志愿者利用客观支持最少的主体，一定程度上反映了志愿者与服务对象之间的互动是一种志愿者对服务对象的单向服务，和谐互助的志愿服务关系并没有建立起来。

此外，与客观支持的提供情况相同，志愿者对情境内的客观支持的利用与对情境外的客观支持的利用并无显著差异，可能的原因是志愿者在较为危险的工作环境与物资较为紧缺的条件下，对于任何主体的支持均进行较大程度的利用，因而差异不显著。

表6　志愿者对不同主体客观支持的利用状况

情境分类	社会支持主体	均值（标准差）	总均值（总标准差）	T检验 *p* 值
情境内支持	社区	25.103（8.592）	17.613（8.902）	0.75
	志愿者组织	31.152（12.439）		
	志愿者同伴	15.275（12.765）		
情境外支持	服务对象	8.561（11.667）	17.529（9.407）	
	家人	22.321（9.679）		
	朋友、同事、同学	12.738（12.942）		

2. 志愿者在对主观支持的利用上明显更加依赖情境内主体

对志愿者受到不同主体的态度、评价的影响进行赋值，不同主体的得分范围为 1~5 分。数值越大，表明该主体的主观支持对志愿者的影响越趋向于正面。

　　不同支持主体的得分均值都在4分以上，均高于中间水平，说明不同主体提供的主观支持对于志愿者的影响均倾向于正面。其中，工作（学习）单位，家人，朋友、同事、同学等未直接卷入志愿者服务情境的情境外支持主体提供的主观支持对于志愿者的正面影响均小于社区、志愿者组织、志愿者同伴、服务对象等直接位于志愿者服务情境之中的情境内主体的主观支持（见表7），且差异具有统计学意义（$p<0.01$），说明志愿者从服务期间密切接触的主体中获取的主观支持对其的正面影响更大，可能的原因是这些主体与志愿者处于同样的工作情境之中，能够及时发现志愿者的特殊需要并为其提供适当的支持，且部分志愿者出于不让家人、朋友担心的考虑，不愿意对其倾诉志愿服务过程中的困难或问题，使其难以有效把握志愿者的需求并提供有效的帮助，因而导致了志愿者对其能提供的主观支持的利用度也较低。

表7　志愿者对不同主体主观支持的利用状况

情境分类	社会支持主体	均值（标准差）	总均值（总标准差）	T检验 p 值
情境内支持	社区	4.575（0.764）	4.544（0.705）	0.00
	志愿者组织	4.591（0.741）		
	志愿者同伴	4.577（0.745）		
	服务对象	4.432（0.865）		
情境外支持	家人	4.347（0.930）	4.334（0.804）	0.00
	朋友、同事、同学	4.307（0.891）		
	工作（学习）单位	4.349（0.886）		

四　情境性支持对心理创伤的影响

　　本研究采用多元线性回归方法①，在控制多方面因素的情况下

---

① 多元线性回归方法是研究定量变量与它们的影响因素之间关系的有效工具之一，模型为：$Y = a + b_1X_1 + b_2X_2 + b_3X_3 + b_4X_4 + b_5X_5 + b_6X_6 + b_7X_7 + b_8X_8 + b_9X_9 + b_{10}X_{10} + b_{11}X_{11} + b_{12}X_{12} + b_{13}X_{13} + b_{14}X_{14} + e$，$e$ 为随机误差项。

进一步分析情境内支持与情境外支持对志愿者心理状况的影响。如表 8 所示，在模型 1 的基础上，模型 2 探讨了情境外支持对于志愿者心理创伤的影响，模型 3 探讨了情境内支持对于志愿者心理创伤的影响，模型 4 则同时放入情境内支持与情境外支持相关变量并探究影响。

（一）志愿者心理创伤水平与卷入情境程度呈正相关

由模型 1 分析发现：年龄、抗疫前志愿服务经历、关系密切者新冠感染情况、开始志愿服务时间、志愿服务持续天数、一次参与服务的时间、服务过程中是否接触过新冠感染者与心理创伤均显著相关，而性别、收入、一周参与服务的次数对志愿者的心理创伤水平没有显著影响。具体而言，61~80 岁的志愿者比 20 岁以下的志愿者心理创伤水平高 13.9 分；相较于参与抗疫工作之前没有过志愿服务经历的志愿者，有过志愿服务经历的志愿者的心理创伤水平高 2.0 分；身边有关系密切者感染新冠且去世的志愿者比没有关系密切者感染的志愿者心理创伤水平高 3.8 分（见表 8）。由此看来，我们应尤为关注年龄较大、经历过或正在经历创伤性事件的志愿者。

表 8　情境外支持与情境内支持对志愿者心理创伤的影响分析

	基本模型 （模型 1）	情境外支持 （模型 2）	情境内支持 （模型 3）	全模型 （模型 4）
性别（参考项：女）				
	-0.006 （1.109）	0.036 （1.102）	0.151 （1.095）	0.110 （1.096）
年龄（参考项：20 岁以下）				
20~40 岁	4.546[+] （2.555）	4.316[+] （2.542）	4.038[+] （2.532）	3.936[+] （2.534）
41~60 岁	5.384[*] （2.683）	5.291[*] （2.667）	4.588[+] （2.657）	4.609[+] （2.658）
61~80 岁	13.920[***] （4.049）	14.645[***] （4.032）	12.95[**] （4.007）	13.18[**] （4.033）

续表

	基本模型（模型 1）	情境外支持（模型 2）	情境内支持（模型 3）	全模型（模型 4）
收入（参考项：0~3000 元）				
3001~10000 元	0.116 (1.119)	0.100 (1.116)	-0.0766 (1.107)	-0.019 (1.110)
10000 元以上	-1.257 (3.164)	-1.154 (3.150)	-1.741 (3.127)	-1.536 (3.134)
抗疫前志愿服务经历（参考项：无）				
	1.985[+] (1.101)	2.128[*] (1.098)	2.222[*] (1.090)	2.271[*] (1.092)
关系密切者新冠感染情况（参考项：未感染）				
感染未去世	-1.201 (1.614)	-1.245 (1.604)	-1.288 (1.594)	-1.315 (1.594)
感染且去世	3.800[*] (1.779)	3.987[*] (1.772)	3.806[*] (1.762)	3.852[*] (1.763)
开始志愿服务时间（参考项：1 月 23 日至 2 月 14 日）				
2 月 15 日至 3 月 18 日	-3.040[*] (1.290)	-3.336[**] (1.286)	-3.399[**] (1.284)	-3.405[**] (1.284)
3 月 19 日至 4 月 9 日	-2.205 (1.770)	-2.423 (1.763)	-2.190 (1.748)	-2.346 (1.754)
4 月 9 日之后	2.336 (2.003)	2.426 (1.991)	2.185 (1.979)	2.225 (1.980)
志愿服务持续天数（参考项：7 天及以下）				
8~14 天	0.454 (2.388)	0.216 (2.374)	0.384 (2.357)	0.307 (2.359)
15~21 天	5.007[*] (2.640)	4.628[+] (2.626)	4.551[+] (2.608)	4.437[+] (2.610)
22~28 天	2.165 (2.771)	1.859 (2.756)	2.000 (2.736)	1.982 (2.740)
28 天以上	-0.677 (2.323)	-0.951 (2.310)	-0.562 (2.296)	-0.620 (2.299)
一周参与服务的次数（参考项：一周一次或更少）				
一周两到三次	-0.659 (2.166)	-0.812 (2.165)	-1.205 (2.157)	-1.220 (2.159)

	基本模型 （模型 1）	情境外支持 （模型 2）	情境内支持 （模型 3）	全模型 （模型 4）
一周四到六次	-3.009 （2.522）	-3.092 （2.509）	-3.404 （2.499）	-3.451 （2.499）
每天一次或更多	-2.621 （2.420）	-2.856 （2.407）	-3.288 （2.399）	-3.349 （2.400）
一次参与服务的时间（参考项：2 小时及以下）				
2~5 小时（含 5 小时）	3.011$^+$ （2.039）	2.930 （2.028）	2.778 （2.014）	2.818 （2.015）
5~9 小时（含 9 小时）	2.890 （2.249）	2.776 （2.238）	2.784 （2.222）	2.777 （2.224）
9~13 小时（含 13 小时）	5.347* （2.607）	5.084* （2.592）	5.118* （2.576）	4.972* （2.579）
13 小时以上	3.703 （2.885）	3.423 （2.868）	3.743 （2.849）	3.600 （2.852）
服务过程中是否接触过新冠感染者（参考项：否）				
	3.298** （1.235）	3.164* （1.229）	2.909* （1.228）	2.849* （1.229）
情境外支持提供情况		0.080 （0.053）		-0.002 （0.063）
情境外支持利用程度		-0.200** （0.071）		-0.060 （0.082）
情境内支持提供情况			-0.220*** （0.050）	-0.197*** （0.059）
情境内支持利用程度			-0.126** （0.040）	-0.130** （0.047）
常数项	5.519$^+$ （3.153）	13.840*** （3.988）	17.23*** （4.031）	18.70*** （4.224）
样本量	770	770	770	770
调整后的 R^2	0.055	0.067	0.079	0.081

注：括号内为标准误；$+p < 0.10$，$*p < 0.05$，$**p < 0.01$，$***p < 0.001$。

在志愿服务情况方面，相较于 1 月 23 日至 2 月 14 日开始志愿服务的志愿者，2 月 15 日至 3 月 18 日开始志愿服务的志愿者心理创伤程度更低；相比志愿服务持续天数不超过 7 天的志愿者，志愿服务持续天数为 15~21 天的志愿者心理创伤水平高 5.0 分；与一次参与服务时间不超过 2 小时的志愿者相比，服务时间在 2~5 小时的志愿者心理创伤水平高 3.0 分，9~13 小时的志愿者心理创伤水平高 5.3 分；此外，在服务过程中接触过新冠感染者的志愿者比未接触过的志愿者心理创伤水平高 3.3 分。上述研究结果实际上表明，志愿者所处的志愿服务情境风险性越大，志愿者卷入该情境的程度越深，其心理创伤水平也就越高。

（二）对情境外支持的利用能够有效修复心理创伤

表 8 中模型 2 显示：在加入情境外支持的提供和利用因素之后，控制变量的影响均无明显变化，亲友、同学、工作单位等主体所提供的情境外支持对志愿者的心理健康状况没有显著影响，而志愿者对这些支持的利用程度则对其心理健康状况具有显著的正向影响。具体而言，志愿者对情境外支持的利用程度每提高一个单位，其心理创伤水平就下降 0.2 分。这表明志愿者在服务情境之外获得的社会支持也可以作为某种物质或情感上的资源帮助其减轻压力事件对身心状况的消极影响，但采用这种修复路径的前提是志愿者主动地寻求并利用这些支持。

访谈中志愿者对于家人、朋友等情境外社会支持主体的看法，可以帮助我们更好地理解数据模型所显示的结果。有志愿者提到"孩子是有点情绪的，不太接受。因为我们孩子每天看到我们在家里看手机听新闻啊，在他的意识中就是你出去就会死，所以他很抗拒"（访谈记录，20210105）、"像我爸爸、妈妈、妹妹他们都知道我当了志愿者以后还是感觉到很害怕的，还说你去当什么志愿者，很担心"（访谈记录，20210103）。上述资料表明亲友由于对志愿者自身安全的担心，可能会出现不支持甚至阻拦志愿者参与志愿服务的情况，且亲友作为情境外的社会支持主体，难以了解志愿者在志愿服务过程中的经历和感受，不能根据志愿者的需要为其提供及时且恰当的支持。

此外，多名志愿者都表示"（遇到服务对象不配合的情况）说实在话也是觉得挺委屈的，但是我们志愿者只能忍着，控制自己的情绪，不跟他计较。我们一般不跟家里人倾诉，因为怕得不到他们的理解"（访谈记录，20210109）。可以看出，志愿者出于不让亲友担心、担心得不到其理解等考虑，通常不会主动告知情境外主体自己在志愿服务过程中因物资匮乏、情感消耗而出现的种种负面情绪体验，不会主动寻求其支持，从而导致抗疫期间志愿者对其提供的支持的利用程度较低，造成家人、朋友等情境外社会支持主体的支持提供情况对志愿者心理创伤水平的影响较弱的结果。

（三）情境内支持的提供与利用均能够有效修复心理创伤

模型3纳入了情境内支持的提供和利用因素，该模型显示社区、志愿者同伴、服务对象等主体所提供的情境内支持每增加一个单位，志愿者的心理创伤水平就下降0.2分；且志愿者对这些支持的利用程度每提高一个单位，其心理创伤水平就下降0.1分。情境内支持的这种正向影响在访谈中也有深刻的体现，几乎每位受访的志愿者都提到了社区、志愿者同伴、服务对象等情境内主体的社会支持对他们的重要意义："疫情期间我们（志愿者同伴）简直就是战友，就是当时大家的感觉就是生死之交，会互相帮忙解围，缓和气氛，私底下就会互相倾诉。因为大家工作中每天多多少少都会遇到这样的事情。"（访谈记录，20201218）"社区给了两个证书，还把我评上了优秀志愿者，还给我们发了纪念品。武汉市防疫指挥部还发了一个志愿者荣誉证书，觉得很珍贵，还干得蛮有意义的我觉得。"（访谈记录，20210109）"（志愿服务）做完了以后觉得很享受，大家（服务对象）对我们的工作又那么肯定的，所以很有意义，也很珍惜这段经历。如果是再哪个地方需要我们，我们有些地方就不会有那么多的顾虑了，就会勇敢地去了。"（访谈记录，20210109）

通过上述数据分析与访谈资料可知，社区给予的奖励和荣誉、志愿者同伴之间的相互支持和激励，以及服务对象对志愿者的认可等都对志愿者的心理健康产生了一定积极影响，表明与志愿者处于同一工作情境中的情境内社会支持主体，能够及时读取和分辨情境信息，基于和志愿者共同的情感与际遇为其提供支持，这种支持不仅能够帮助志愿者快速调整自我，克服在情境中产生的心理障碍，甚至能够使志愿者产生对情境的依附感与归属感，以积极的态度看待志愿服务经历。

（四）情境内支持对心理创伤的修复作用比情境外支持更加显著

表 8 中模型 4 同时加入了情境内支持相关变量和情境外支持相关变量，可以看出控制变量的影响均无明显变化，情境外支持的利用程度对志愿者心理创伤水平的影响有所减弱，且在统计学意义上不再具有显著性。而情境内支持的利用程度对志愿者心理创伤水平的影响则有所增强，说明原来由情境外支持的利用程度所解释的回归关系现在由情境内支持的利用程度所解释，体现了相较于情境外支持而言，情境内支持对志愿者心理创伤的修复作用更为显著。

五　结论与对策建议

（一）主要结论

在全民防控新冠疫情这一突发公共卫生事件的过程中，社区志愿者群体在基层防疫、保障民生方面发挥着重要作用，其在志愿服务时可能遇到的困难和志愿者自身的身心健康状况也越来越受到社会的关注。本文在明确抗疫志愿者心理创伤的程度与表征的基础上，从情境视角出发，找寻保护志愿者心理健康的有效路径，得出的基本结论如下。

第一，志愿者群体心理创伤程度存在差异，总体逐渐好转，约 1/10 的志愿者产生创伤后应激障碍。抗疫志愿者的心理创伤程度分布呈"金字塔"状，心理创伤的表征主要体现为创伤性体验的侵袭而非对创伤性体验的回避，且约有 10% 的志愿者符合创伤后应激障碍的标准。在志愿服务工作结束约半年后，多数志愿者的应激型心理创伤会随着复归日常生活而逐渐好转并自我疗愈，但少部分志愿者的应激型心理创伤可能随着时间的推移转化为更为复杂的创伤后应激障碍，对其生活持续产生负面影响，值得社会各界予以重视。

第二，疫情期间社区志愿者获得的社会支持整体相对充足，而情境内支持与情境外支持的提供与利用情况有所差别。具体而言，客观支持更多地依赖于社区、志愿者组织等组织而非家人、朋友等个体主体，情境内与情境外主体的差异并不明显；而主观支持则更多地依赖于在志愿工作情境中与志愿者进行密切接触的主体，如社区、志愿者组织及同伴、服务对象等，说明与家人、朋友等原本更亲密的主体相比，情境内支持主体更能理解志愿者面对的困难或问题，便于及时给予积极有效的支持。可见，重视情境内支持主体的影响有助于保护和维持志愿者心理健康。

第三，抗疫志愿者的社会支持与心理创伤间总体呈现显著负相关关系，情境内支持对志愿者心理创伤的修复作用大于情境外支持。具体而言，志愿者被提供或自身利用的社会支持越多，心理创伤程度越低。通过对情境内社会支持和情境外社会支持的比较可以发现，情境内社会支持的提供比情境外社会支持对于志愿者心理健康状况的影响更加显著，而志愿者对于情境内和情境外支持的利用均可以对其心理创伤起到减轻作用。由此可见，尽管在志愿服务之前，志愿者与社区、志愿者同伴和服务对象等并未形成亲密的互动关系，但志愿服务过程中的密切互动能够使志愿者与情境内社会支持主体之间形成较为稳定的支持网络，从而让这些主体对志愿者产生比家人、朋友更强的心理支持作用。

第四，服务对象作为重要的情境内支持主体，在志愿者心理创伤修复的过程中尚未发挥其应有作用。由上文分析可知，服务对象对志愿者的支持作用大于家人、朋友等情境外社会支持主体，其态度和配合程度对志愿者心理状态具有重要影响。但与其他情境内和情境外支持主体相比，服务对象提供的主客观社会支持相对较少。

（二）对策建议

构建并完善志愿者社会支持网络以保障志愿者心理健康是

值得全社会重视的课题，不仅能够有效避免公共危机事件下次生伤害的发生，而且有利于弘扬志愿精神，推动文明社会的建设。基于本文研究结果，志愿者社会支持网络的建构包含服务对象、志愿者同伴等个体主体，社区、社会组织等组织主体以及政府这三个层面，下面将从微观层面至宏观层面分别针对不同主体提出相应建议，以推动志愿者心理健康的保护与防疫志愿服务事业的开展。

第一，志愿者同伴、服务对象等个体主体增强"情境性"社会支持，减少志愿者的负面情绪。一方面，服务对象即接受服务者应通过大众传媒等渠道主动了解志愿者群体志愿服务的真实情况和细节，认识到志愿服务不应该只是志愿者的单方面付出，减少由对于志愿者身份和工作的误解造成的矛盾和冲突，主动对志愿者给予积极、正面的反馈，从源头上减少志愿者产生负面情绪的可能性。另一方面，志愿者群体内部形成互相倾诉、疏解情绪的互助氛围，增强志愿者同伴之间的相互激励作用，为志愿者在服务过程中产生的负面情绪提供及时、有效的发泄通道。由此，在心理创伤的形成和缓解两个方面同时呵护志愿者的心理健康，防止志愿者因服务对象或社会大众的不理解而使志愿动机发生动摇或对自身工作价值产生怀疑，促进志愿服务工作顺利开展。

第二，社会组织在志愿者服务情境下发挥积极的支持作用，关注志愿者的相关需求。志愿者是抗疫志愿服务过程中最基础与最重要的主体，而志愿者组织等社会组织则起着引导、动员、保护志愿者的关键作用，对基层抗疫工作以及整体防疫效果具有极为显著的影响。鉴于情境内社会支持所具有的关键作用，志愿者组织及相关服务组织需要在志愿者的服务过程中密切关注、及时了解其需求和困难，在提供服务所需物资、奖励、相关培训等物质支持的基础上，应当强调对于志愿者精神需求的重视，及时发现、疏解其负面情绪并给予正向反馈。例如，链接专家资源，为有需要的志愿者提供专业心理咨询和疏导；定期组织志愿者相互交流志愿服务期间的经历和感受，建立志愿者之间的沟通渠道和信息交流平台等，减轻志愿者的心理负担和负面情绪，为志愿者保持良好的心理状态、高效推进防疫志愿服务工作提供充足可靠的组织保障。

第三，社区和政府重视对志愿者的物质激励和精神激励，提高志愿者的社会地位。对志愿者服务贡献的认可和奖励有助于形成崇尚奉献、积极互助的社会氛围，促进志愿活动的开展。因此，社区和政府应当充分发挥自身的资源优势和组织优势，在本社区范围或全社会范围内进行志愿者评优和优秀志愿者表彰活动，宣传志愿者贡献事迹，给志愿者以适当的物质或精神激励，使志愿者感受到社会对自己志愿服务工作的认可、尊重，增强其自我实现感。在此基础上，鼓励社会各界对志愿者的贡献和社会作用予以充分尊重及肯定，增强志愿者群体的社会影响力，提高志愿者的社会地位，进而引导更多的人参与到志愿服务活动中，推动和谐社会的建设。

第四，政府有关部门在制度上完善志愿者社会支持保障体系，保障志愿者的相关权益。从本文的调查与分析中可以看出，志愿者社会支持保障体系在疫情的冲击下暴露了其不足与弊端。一是社会支持的"量"不足，社会各主体难以向志愿者提供全面、充足的社会支持，单靠政府或者社区等主体的帮助难以实现对志愿者的全面保障，需要在制度层面建立全社会参与的社会支持保障格局；二是社会支持的"质"不高，现有的社会支持无法量体裁衣、对症下药地为志愿者提供帮助，这体现了现有的社会支持保障体系内部运行机制仍不完善，其内部动力较弱，从而无法迅速找出志愿者的实际需求，自然也无法针对需求进行深入的反思与改进。因此，政府应当在吸取此次疫情防控的经验和教训的基础上，加速推进保障志愿者权益的相关制度法规的建立、强化相关责任主体为志愿者提供完善保障的责任意识、着重推动制订出应急状况下志愿者社会支持保障方案，从而建立完善的志愿者社会支持保障体系，并在更大的时间跨度上利用制度的自我革新内部机制来实现对全社会的长期保护，促进社会的稳定祥和及可持续发展，推动全民共享发展成果的美好社会的形成。

综上，在疫情余威尚未消失的当下，汲取已有的疫情防控经验，保护志愿者心理健康，需要发挥个体、组织、国家等各个层次主体社会支持的积极作用，尤其注重情境性社会支持的重要性，不仅在微观层面为志愿者提供及时、有效的物质支持和精神激励，而且在宏观制度层面上推动志愿者权益和社会支持保障体系走向常态化。由此，为志愿者心理健康构筑社会支持的坚实堡垒，使志愿服务活动得以持续与高效开展，促进全社会范围内志愿活动规模的扩大，从而实现社会的稳定和谐与可持续发展。

权力、生计与市场：乡村地域
特色产业的选择*

——以云南邦东为例

摘　要： 乡村产业建设发展是解决"三农"问题的重要途径，是乡村振兴的重要基础。乡村产业发展受到多种因素的影响，而要解释产业现象，主体间的互动则是不可忽视的主要因素。本研究以云南邦东茶产业和咖啡产业的更替作为案例，通过田野调研收集丰富的经验资料，梳理邦东茶产业对咖啡产业的替代过程。从政府部门的干预开始，咖啡产业被选为邦东典型的地域特色产业，然而受市场效益影响，不久其被茶产业所替代，后来当地呈现出茶产业独大的社会经济图景。从咖啡到茶产业的更替过程是政府部门、企业、小农户等多主体互动的过程，也是乡村地域特色产品选择和塑造的过程。在乡村地域特色产品的社会建构中，茶产业成为云南邦东的地域特色产品，受到社会、政治、经济、文化的影响，且是综合力量的系统性均衡的结果。因此，在乡村地域特色产品的选择与发展过程中，应重视多主体间的互动关系，实现地域特色产品的可持续塑造。

关键词： 地域特色产业　产业更替　农业产业化

一　问题的提出

我国是一个农业大国，农村地区的经济发展与社会稳定对我国的社会经济发展具有不可忽视的作用，而乡村产业发展则是解

* 执笔人：刁玲敏、宋茜、李亚迪、吴昊、王紫琳、刘玮琦、戚磊一。

决农村问题的根本途径。在脱贫攻坚时期，尤其是从脱贫攻坚到乡村振兴的过渡期，乡村产业化发展及结合当地资源环境条件形成的特色产业发展成为增强农村地区经济发展内生动力、增加农民收入和促进农村发展的重要手段。然而，在操作过程中，产业发展结果存在很大的不确定性，即使在同一地区，具备同样的宏观政策环境和自然环境条件，有着同样的发展基础，不同的产业内容在发展过程和发展结果上也可能会呈现出完全不同的样态。有的产业可能有过辉煌的发展历史，曾经获得了规模化发展，有着成为地域特色产业的良好基础，但是仍旧逐渐走向了衰亡；有的产业可能最开始发展并不顺利，但是逐渐走向规模化，并且最终成为特色产业，成为当地农户主要的收入来源。

在笔者所调研的邦东乡，其特色产业在当地农户脱贫过程中发挥了重要作用，但其产业建设并非一帆风顺，而是经历了曲折的发展历程。具体来讲，邦东乡多高山峡谷的地形使其具有海拔落差大、立体气候明显的特征，适合多种作物的生长，但是在调研时发现，当地茶产业独大的情况表现得尤为明显，茶产业几乎成为当地农户的主要收入来源。而实际上，邦东乡的确凭借其多元化的自然条件而发展过多种多样的产业，包括茶叶、坚果、咖啡、烤烟、核桃等，其中尤为典型的是如今作为经济支柱的茶产业和10余年前大力发展的咖啡产业。曾经的咖啡产业发展规模之大，正如现阶段的茶产业一样，几乎已经达到了每家每户种植咖啡的程度，其中咖啡种植大户的种植面积甚至多于其如今的茶叶种植面积，达到六七十亩，一般种植户的种植面积也有五六亩。但是在产业发展过程中，坚果、核桃、烤烟等产业一直未成气候，而曾经得到大力发展的咖啡产业则逐渐被茶产业所替代并逐渐走向消亡，在当地农户收入水平的提升方面所发挥的作用微乎其微。茶产业则相反，如今的茶产业成为农民创收的主要渠道，是农户维持生计的最重要的产业，也成为当地唯一的支柱产业。

同样具有良好发展基础的两种产业却出现了截然不同的发展结果，也就意味着拥有适宜的发展条件并不必然会带来产业发展的成功。产业发展结果并不仅仅是由当地的自然地理条件所决定的，还受其他因素的影响。这也成为本文所要讨论的问题：为何同样具有良好发展基础的两种特色产业，在发展过程中会逐渐呈现出两种截然不同的发展结果？其中的影响因素是什么，它又是如何作用于产业发展过程的？

已有研究对于产业发展的社会基础和过程中的政企互动、政社互动、企社互动等进行了较多的分析，而要解释产业现象，主体间的互动与博弈则是不可忽视的主要因素。① 因此，本文试图沿着产业参与主体在产业发展过程中的行动及其逻辑的脉络，通过对邦东乡咖啡产业和茶产业发展历程的对比分析，探讨中国农业产业化过程中结构性条件和行动主体互动对产业发展结果的影响机制，即分析其中涉及的三种行动主体——政府、农户以及企业所代表的市场②，三者之间的协调互动关系以及基于其而形成的对产业发展结果的影响机制，并进一步分析这种机制是如何作用于产业发展的具体过程以及影响产业发展结果的，由此构建地域特色产业规模化发展的条件机制。

二 方法与案例

本文研究采用田野调查的方法，以云南省邦东乡作为田野调研地，开展为期 16 天的实地调研工作。在田野实践中，通过访谈法、观察法等资料收集方式获取邦东乡产业的建立、推广、替代等各个环节的资料③，并基于丰富的经验资料④进行分析和机制建构。

---

① 周飞舟：《从脱贫攻坚到乡村振兴：迈向"家国一体"的国家与农民关系》，《社会学研究》2021 年第 6 期。

② 黄宗智：《国家-市场-社会：中西国力现代化路径的不同》，《探索与争鸣》2019 年第 11 期。

③ 孙立平：《"过程-事件分析"与当代中国国家-农民关系的实践形态》，载清华大学社会学系主编《清华社会学评论：特辑》，鹭江出版社，2000。

④ 本文的案例资料一方面来源于临翔区乡村振兴局、临翔区地方产业发展服务中心、邦东乡人民政府公开文件以及邦东乡部分村庄村委会所提供的文件资料，另一方面来源于调研团队在调研中所收集到的资料，包括统计资料、政府工作报告，以及对当地政府、咖啡加工厂员工、咖啡种植农户、茶叶种植加工收购农户等的访谈资料。

（一）资料收集方法

此次调查深入邦东乡的7个村庄，主要收集邦东乡种植咖啡以来的10余年间的农业产业发展经验资料。前期对相关文献和政府官网资料的梳理与阅读使我们对邦东乡及其农业产业发展形成了一个基本认知，后期田野调查中侧重于产业发展的实践过程，挖掘发展过程中的关键事件，剖析相关参与主体之间的互动关系，以此呈现咖啡产业和茶产业的实践形态与复杂逻辑。以此作为基本遵循，调研团队共访谈了200余名相关政府部门人员、企业相关员工以及农民，并在此过程中对所获取的材料不断加以检验和验证。

1. 深度访谈法

深度访谈法是质性研究中收集资料的重要方式。通过结构式、半结构式和非正式访谈的方式，与访谈对象进行深入交谈以获取关于研究对象的丰富资料，以此来探讨某种社会现象发生发展的过程和规律，寻找问题解决的思路和方法。具体来讲，在实地调研过程中，调研团队运用深度访谈的方法，通过与200余名农民、政府部门领导或村干部、企业员工的深入交流，获取邦东乡茶产业、咖啡产业发展的相关经验资料。一方面，通过与政府部门的访谈，获取邦东乡产业发展的整体规划信息以及相关数据资料，了解整个产业发展过程中政府的作为、立场和看法。另一方面，通过与农民的访谈，了解邦东乡茶产业与咖啡产业发展的细节及现状，并通过对访谈资料的梳理和分析，描绘出邦东乡咖啡产业和茶产业的整体图景与发展历程，并切实了解到农民在整个产业发展过程中的行动逻辑。

2. 参与观察法

参与观察法是质性研究中直接从现场获取信息资料的重要途径。在对当地农户和村干部进行访谈的过程中，通过近距离观察的方法收集资料，可以确保对所收集材料的准确把握。一方面，在进行面对面访谈时，通过被访谈者的神态、表情、动作、语气等信息来验证其谈话内容的真实性和准确性；另一方面，在于被访谈者家中开展访谈的过程中观察被访谈者的家庭情况，包括家庭结构、家庭生计模式、居住环境、家庭成员的互动模式等，在推动访谈进行的同时，捕捉到与产业发展相关的信息。

因此，此次调研收集到的材料主要包括三个部分，一是调研准备阶段借助网络和已有的人际关系网络收集到的相关经验资料，包括围绕临翔区、邦东乡以及邦东乡下辖的团山村、卫平村、璋珍村、曼岗村、和平村、邦包村、邦东村 7 个村庄整理得到的有关调研地的相关材料；二是通过临翔区和邦东乡政府部门以及上述 7 个村庄的村委会所收集到的汇报资料、政策文件、统计公报、会议记录等；三是调研过程中基于与 200 余人的访谈形成的关于产业发展和区、镇、村三级部门的资料库，其中有总计近百万字的访谈录音逐字稿、图片和视频照片近 100G。按照时间、地点、调研对象类别等对资料进行整理和归纳，为后续深入分析地域特色产业发展机制提供了充分的资料准备。

（二）案例：邦东的咖啡与茶

邦东乡位于临沧市东部，其地理位置、气候条件等较为特殊，适宜多样化的作物生长。具体来讲，邦东乡旧称"八甲"，意为"汇集八方或者五湖四海客商"，东与普洱市镇沅、景东两县隔江相望，北与云县大朝山西镇接壤，南与临翔区马台乡相接，西与忙畔街道毗邻。地处怒江山脉向南延伸部分，横断山脉纵谷区的南部，怒江和澜沧江两大水系的分水岭上，是典型的高山峡谷地形区，海拔在 730~3429 米，山地面积占到总面积的 99.5%。邦东乡的气候属于亚热带低纬度山地季风气候，不同季节受到不同方向的气流影响，形成四季如春、干湿分明的基本特点。立体气候明显，形成温凉带、温和带、多雨湿热带三种气候带，年平均气温在 17~20℃。由于邦东乡海拔落差大，澜沧江穿境而过，在冷暖两股气流的影响下，降雨量多，湿度大，常年雾化日比较多，太阳直射光少、散射光多，有利于树木的有机物质积累转化，所以种植出来的咖啡、茶叶、坚果、核桃等具有独特的品质。

在当前，邦东乡虽然也种植坚果、烟草、咖啡等作物，但茶叶占比最大，不仅是当地的支柱产业，而且成为农户收入的主要

来源。邦东乡全部人口的 80% 为涉茶人员，农户收入的 70% 甚至
更多来自茶叶种植和加工。纵观邦东乡农业产业发展历史，茶产
业是 2016 年左右才开始兴盛的。邦东乡上一个发展规模较大的是
咖啡产业。最初开始发展咖啡产业是 2009 年，随着自然资源与咖
啡种植的匹配性被发现，从 2011 年开始，大规模发展咖啡产业，
包括咖啡的种植和加工。经过大概 3 年的努力，咖啡种植面积达到
万余亩的历史高峰，就如同今天的茶产业一样，形成了家家户户
种植咖啡的局面，当时茶叶种植也有一定的规模，并在农户的生
活中占据一定的位置，比如家家户户都会煮茶喝，但是在为农户
增收方面所发挥的作用并不大。

　　受宏观市场的影响，咖啡产业建设虽有规模化效应，但经济
效益难以令众多行动主体满意，同时，2015 年后云南普洱茶在全
国范围内的市场逐渐打开，临沧成为普洱茶的原料供应基地。在
具有优势条件的邦东乡，茶产业的地位不断提升，并逐渐代替咖
啡，成为邦东乡的地域特色产业。在田野调查中，我们发现，整
个邦东乡的咖啡种植面积仅余几百亩，为农户增收发挥的作用也
微乎其微，茶产业则逐步替代咖啡产业成为当地的支柱产业，甚
至是唯一的支柱产业。经过政府、企业等的扶持，邦东地区茶价
上涨，茶市向好，并塑造了以昔归茶、那罕茶为代表的优势茶叶
品牌，形成了品牌效应带动促进产业发展的模式。同时，茶叶是
当地农户维持社会关系网络、进行娱乐休闲活动的重要媒介，"请
人吃茶"是农户之间最常见的交流方式，社会性功能为茶产业的
发展提供了重要的社会基础。由此，邦东乡形成了如今的家家户户
种植茶叶的局面，农户也投入大量的人力和资金建设茶叶粗制所，
茶叶加工销售逐渐替代咖啡成为邦东乡农户的主要收入来源。

　　邦东乡有着适于咖啡与茶叶种植的良好自然环境，能够为两
者规模化发展提供必要的自然条件，但出现茶叶替代咖啡的发展
场景说明并不是仅由自然条件因素便能决定地域特色产品的建构，
相反，地域特色产品的建构与发展是一个过程，涉及产业发展参
与主体间的互动与关系协调。因此，本文旨在通过呈现邦东乡茶
产业对咖啡产业的替代过程，展现在这个过程中政府、企业、农

户的行动逻辑及互动机制，由此归纳出行动主体的互动机制作用于产业发展过程的规律。

三 全面兴咖：权力塑造下的邦东咖啡

（一）政府对产业结构调整的强力引导

咖啡产业发展初期，邦东乡以促进产业多元化为目的，由政府作为主要引导者，通过奖励补助、干部宣传或采取直接的干预措施等方式，在适宜种植咖啡的地段不断推广咖啡种植。田野经验资料显示，在此阶段，地域特色产业发展过程中的政策规划推动以及与之相辅相成的组织设计，是政府为产业发展注入资源的制度基础以及引导产业发展方向的组织渠道。

1. 产业发展规划设计

依据邦东乡具有的独特气候条件，临翔区政府在"十二五"规划中将其划为沿澜沧江一线以澳洲坚果、咖啡、优质经济林果为主的热区特色产业发展基地。对于邦东乡而言，这无疑是一种"产业发展机遇"。为充分实现产业发展目标，邦东乡在上级政策的推动引导下，于咖啡种植推广的 4 年时间里，每年更新与调整咖啡产业发展规划，并按照规划进行咖啡种植推广。2011 年初，在上级政策的推动引导下，邦东乡政府便计划增加咖啡种植面积2000 亩，而当年实际上共种植了 2017 亩，完成种植规划的 101%。在第一年顺利推广的基础上，2012 年的咖啡种植推广被列为了邦东乡"四翻番"的支撑之一，并计划当年增加种植面积 9000 亩。[①]然而，在 2013 年进行工作总结时，邦东乡实际上只完成了 6048 亩的推广任务。由于实际发展面积与发展规划之间存在较大差距，

---

① 邦东乡人民政府 2012 年政府工作报告显示，在咖啡、坚果产业发展上，邦东乡把发展咖啡、坚果种植作为落实"四翻番、两倍增"的主要支撑。在咖啡种植方面，邦东乡人民政府要求认真抓好落实，尽快组织群众开挖种植坑塘，2012 年 3 月底以前完成坑塘开挖，5 月底以前完成回塘和移栽相关准备工作，7 月 20 日前确保 9000 亩咖啡种植任务圆满完成。

所以在 2013 年的计划中，邦东乡便计划"新植"咖啡 5000 亩，并表示要抓好咖啡特色产业的发展。在 2014 年，邦东乡的咖啡种植面积达到了峰值 12527 亩。而在后面两三年，咖啡种植面积则一直保持在 10429 亩。①

2. 产业推广的组织基础

政府部门建立的责任层层下发机制为咖啡产业的推广提供了组织保障。② 为稳步推进咖啡种植工作，当地政府部门成立了"区县-乡镇-村"三级工作制度。其中，区县一级成立了由政府主要领导任组长的产业发展工作领导小组，在农业局（后改为农业农村局）设立了对应的办公室；乡镇一级分别成立领导小组和办公室，同时由咖啡公司辅助成立乡镇政府部门的指挥部，负责统筹乡镇的种植推广、培训及管护等工作；村一级由村干部作为技术员，直接对接农户，进行宣传推广。在田野调查中，一位原片区片长的描述体现了咖啡产业推广的组织性：

> 咖啡公司来这边招那个技术员，一个技术员管一个片区，当时邦东村、曼岗村就是一个片区，主要就是技术指导，当时只是种植，还没有结果，没有生产。技术员多数还是那个村上的村干部兼任，因为这样你开展工作的时候更好开展一些，你要到农户那里做工作，一个是让农户种下去，一个是按照上面的要求进行管护。（访谈资料 20220719LYL）

咖啡种植面积的不断扩大证实，邦东乡咖啡产业发展过程中因地制宜的发展计划以及责任到人的组织机制，为产业种植面积的扩大提供了重要的政府推动引导力量。

（二）企业基于业务拓展目的的辅助发展

在邦东乡咖啡产业发展初期，企业是市场部门的代表，识别

---

① 相关数据来源于邦东乡人民政府的政府工作报告。
② 折晓叶、陈婴婴：《项目制的分级运作机制和治理逻辑——对"项目进村"案例的社会学分析》，《中国社会科学》2011 年第 4 期。

出在邦东乡种植咖啡与发展咖啡产业的机遇，更是政府产业发展规划的执行者，嵌入政府组织体系之中，在其中开展资金支持、技术培训、种植管护等方面的工作。

1. 作为政府组织体系的重要辅助者

作为政府产业发展规划的实际执行者和重要承载者，企业工作人员融入政府建立的责任体系当中。在咖啡种植的准备时期，企业和政府合作在各乡镇成立了指挥部，在相关村组成立了咖啡专业合作社以及咖啡加工厂等相关组织，吸纳了部分村民，为其提供了较稳定的工作岗位，由此形成了与政府的紧密联系，也借此通过村民的力量开展具体的咖啡种植工作。

> 这个就比如说，先有一个总公司，他要来投资做一件事情，在这里设一个指挥部，然后辐射这几个点嘛，后来等到咖啡挂果了以后，各个地方就分成了几个片区，指挥部差不多就取消了。（访谈资料 20220716DGQ）

由上述访谈资料可知，企业融入政府组织体系中，将咖啡种植面积推广作为其主要工作目标，企业与政府之间形成密切的关联。

2. 作为种植保障的主要提供者

首先，咖啡公司主要承担了咖啡育苗工作，保证培育合格的咖啡幼苗以供栽种。其次，在种植过程中，咖啡苗的运输与分发也都由政府和企业共同协作完成。以上两部分工作所需要的资金主要由政府和企业共同提供。最后，企业也负责为农户提供免费的咖啡种植管护技术培训，同时以咖啡成果折算的方式预先提供农户种植咖啡所必需的肥料。为了提升农户发展咖啡产业的信心，确保产业的持续发展，企业在提供咖啡前期发展所必需的投入要素之外，还向农户承诺了一定的咖啡鲜果收购价格，确保农户采摘的咖啡鲜果有地方可卖，以此来打消农户种植咖啡的顾虑。由此可见，企业作为资金、技术和市场的直接提供者或链接者，在整个咖啡产业推广过程中为政府实现产业发展目标发挥了较大的辅助性作用，进一步增强了政府组织体系的稳固性、有效性。

（三）农户为丰富生计方式进行的参与合作

1. 对产业的低认可与低认知

邦东乡虽然适合咖啡产业的发展，但是农户对于咖啡的认同度较低。在这次大规模种植推广之前，政府部门曾在一些自然村中较好的林地上实验咖啡种植，但是多数人对其没有认知，认为后来的大规模推广种植是当地首次种植咖啡，甚至有受访对象表示：

> 当时村口的垃圾坑里面看见长着几棵，一直以为是樱桃，因为吃的时候咖啡皮还是甜的，就是不知道是什么品种，但是外地过来玩的朋友说这个就是咖啡。（访谈资料20220715ZH）

可见，在政府推广之前邦东乡大部分农户没有关注过咖啡这种作物。从他们"我们天天是喝茶的"的表达之中更是能看出，咖啡尚未融入他们的生活之中。也正因如此，农户在接受咖啡这种新兴产业的过程中存在一定的疑虑。

另外，当地产业发展的曲折历程使得农户对于政府所推广的产业也存在信任度低的状况。在对临翔区地方产业发展服务中心的访谈中，唐主任就用了上访信中农民的话来说明农户对于政府的信任度问题："老百姓就反映了，他说我们开始不种烤烟，政府发动我们种烤烟，烤烟学会了然后要种咖啡，烤烟挖掉了种咖啡。老百姓又现实，不可能考虑那么长远，不可能考虑到过几年会涨，他就都砍了。"（访谈资料20220713TZR）

对于咖啡产业缺乏相应认知以及产业发展失败的经历使得农户对于新兴产业的发展存在一定的抗拒心理。这说明咖啡种植推广初期，小农户对于咖啡产业的信任度较低，不愿意成为咖农。

2. 引导推广下的普遍种植

在政府与企业的合力推动下，邦东乡很快就几乎已经达到了每家每户种有一定面积的咖啡树的状态。2014年邦东乡在咖啡种植面积达到 12527 亩的峰值后，提出了"三万"工程建设①，其中的"一万"就是"咖啡+坚果"种植面积达到 1 万亩。从当时的种植状况来看，邦东乡只要是适合种植咖啡的地段均种上了咖啡。正如邦东村小组长所说：

> 刚才我说过了，我也不能说哪一家不种，整个村没有人不种，全部种过了，一部分人可能种不成事，然后就砍了，十家有九家都种过咖啡，不种咖啡的难找。（访谈资料 20220715CRY）

虽然该村小组长所说的话是基于本村情况的，但是其也足以体现出邦东乡咖啡种植的普遍性以及种植面积之广。这一点也可以从县域政府部门的统计数据中看出来。

3. 稳定挂果后的高产量

如前所述，邦东乡所具有的自然地理条件非常适合咖啡的种植，不仅能提供质量保证，还能带来咖啡果的丰产。经验资料显示，当地咖啡在稳定挂果后顺利迎来产量高峰期。一棵树能采摘二三十斤，在拥有 330 棵咖啡树的一亩地上产量最高时可达到亩产千斤。就像一位咖啡种植大户段叔叔所说：

> 三年挂果，就是第三年这个时候达到最高峰，最高的时间就是五到六年，然后它（咖啡树）就开始慢慢转化了嘛，要把老的树干截掉，然后再修鲜叶，它还是一样的高产。（访谈资料 20220716DGH）

已有的亲身经历使得多数咖农到现在都记得当时咖啡树挂果和盛产的景象。在田野调查中，受访对象或多或少向我们描述了咖啡树稳定挂果后的高产状况。这无不证实了邦东乡咖啡种植成

---

① "三万"工程建设，即规划通过 6 年的努力，到 2020 年，在全乡范围内打造"万元山" 87000 亩，"咖啡+坚果"万元田 10000 亩，培育年人均纯收入 2 万元以上的"万元人" 16400 人。

功及盛产的事实。相对来说，种植成功与盛产为咖啡成为邦东乡地域特色产品奠定了客观基础。

综上所述，在咖啡产业的推广过程中，政府、企业、农户三者的行动共同实现了咖啡种植的推广。其中，政府以其行政干预手段强力推动产业发展，企业作为政府的辅助者，为其提供必要的支撑，而这个过程中的农户以丰富生计模式为目的参与到产业发展过程中，多具有被动性的色彩。

四 砍咖种茶：生计支配的产业更替

农户是乡村产业发展过程中的重要参与主体，其生计策略对于其产业选择具有重要影响。而农户注重眼前利益的短视行为使其在看到产业发展无望时便放弃从事该产业，而转向另外的发展向好的产业。也是因此，邦东乡出现了砍咖种茶现象，咖啡产业日渐式微，而茶产业日趋繁荣。

（一）无法维持生计的咖啡产业

1. 无人收购降低管护积极性

邦东乡在最初推广咖啡种植的时候，由凌丰公司免费提供咖啡苗以及种植所需的化肥和农药，并签订收购合同，设定保底收购价格为2.2元/公斤，化肥和农药的费用在咖啡收购款中按比例扣除。但前期咖啡种植面积远超企业规划的范围，再加上企业自身的运营管理问题，导致从2014年咖啡陆续进入盛产期开始，凌丰公司资金周转困难问题逐渐显现，只能通过打白条的方式付给农户鲜果款。"老百姓种成功以后，鲜果挂果以后，就交给公司了，公司没有付给老百姓这个钱，一年拖两年，两年拖三年，拖着拖着，老百姓就对咖啡种植这一块就不相信了。"（访谈资料20220719LYL）

农作物种植的收入是农户家庭收入中占比较大的部分，但是将咖啡果采摘后卖给公司却拿不到现款，使得农户在看不到闲暇收益的情况下对咖啡产业的信心逐渐降低，有的直接将咖啡树砍掉，有的则是在咖啡地里套种上当时发展较好的茶叶。

2. 砍掉咖啡树种植其他作物

在咖啡收购款不能及时兑付的情况下，部分农户仍然保留着咖啡树，但是并未积极管护。"基本上咖啡结出来以后不采了，就给它挂在树上。但是咖啡从它的生长的情况来看，如果你不及时采摘掉了，挂在树上，基本上到下一个季节这一茬就死了，也造成大部分群众就是说对咖啡是基本上不管了。"（访谈资料 20220713LGH）而当咖啡加工厂完全停止运营后，农户采摘的咖啡果无处销售，使得农户砍掉大面积的咖啡树。邦东乡的咖啡种植面积由此急剧减少。"这个咖啡的话，管理是一方面，但是就是能不能把它卖出去就是最大的问题了，如果没有厂来这里支撑的话，我们是做不了的嘛，种出来都没人收。"（访谈资料 20220717HXS）

在管护咖啡的积极性降低期间，农户选择在咖啡地里套种茶树，此时的农户仍旧对咖啡的发展抱有期待，并且从咖啡树的种植到结果的过程花费了农户一定的时间和精力，直接全部砍掉改种其他作物的成本过大。正如一位农户所讲，"就可能当时想再看一下后面还有没有人会来收，就是没有立即砍掉，只是套种了一些茶树，结果等了好几年，也没有人来收，所以说就又把它砍掉了"（访谈资料 20220717HXS）。在咖啡厂停止运营之后，有时间精力，同时家中土地较为紧缺的农户则会将咖啡树全部砍掉，大面积栽种茶树。

（二）满怀生活期望的茶产业

1. 茶叶价格逐渐升高

茶叶价格的逐渐升高是促使农户转向茶产业的重要因素。多年前的邦东乡交通条件较差，产品运输存在较大困难，经过长时间路途运输的茶叶鲜叶品质降低，茶产业并未成气候，农户从茶产业中所获得的收入较少。然而，在 2004 年，某酒业集团董事长在昔归开办茶厂，收购农户的鲜叶进行加工，并利用资金及人脉资源向外推销当地茶叶。由此，昔归茶的市场顺利打开，形成了一定的品牌效应，"因为以前很少自己做干茶对吧，就是卖新叶嘛，带到上面去基本上就捂坏了，反正那时候昔归是最便宜的，然后一直到后面 2004 年那个集团的那个董事长，他来了以后昔归茶的价格才慢慢往上涨的"（访谈资料 20220724DJJ）。

昔归茶有了稳定的品牌效应后，带动了整个邦东乡的茶叶市场发展，不仅保证了茶叶有销售市场，而且使茶叶的价格逐渐上涨，部分茶叶甚至成为市场紧俏商品，如古树茶等。相对来说，整个邦东乡的茶叶市场发展水平在昔归茶的带动下进入一个逐渐上升的阶段。

2. 茶叶种植面积不断扩大

在茶叶价格上升的背景下，农户逐渐发现茶产业具有广阔前景。在 2014 年，临沧邦泰昔归庄园进入邦东乡，以签订收购合同并向农户无偿提供茶苗的方式，推动了当地茶叶种植面积的进一步扩大。合同规定，农户负责种植，邦泰公司将以不低于市场价的价格收购采摘后的茶叶，并明确规定以现金结算，此外，该公司每年以 30 元一亩的价格向农户支付租赁费，以 150 元一亩的价格支付工序费。当时正值农户咖啡种植受挫的节点，很多农户便领取邦泰公司提供的茶苗套种在咖啡地里，这也为茶叶种植面积的进一步扩大提供了重要的推动力。后续茶树种植的面积出现井喷式增长，除了邦泰公司提供的茶苗，政府还免费给农户提供茶苗种植，但是这些茶苗根本不能满足农户的种植需求，当地农户也通过自行购买茶苗的方式增加茶树种植面积，由此逐渐形成了邦东乡 90% 的土地都在种植茶树的局面。

五　茶市起伏：市场主导中的邦东茶叶

（一）漫山遍野的茶树

在咖啡之后，茶叶被视为当地的支柱产业，是当地农户主要的收入来源，并深深嵌入农户生活之中，成为生计文化的一部分。"我们这就是靠茶吃饭哦，就是家家户户都一样噶。因为，之前好像也是大力扶持栽过茶呢，就是栽那种新品种，现在砍也难砍哦，所以现在就是好多家都是茶，整个邦东片区可能很多人都是靠这个茶叶的，然后其他基本上都没有什么。"（访谈资料20220716YZY）

在田野调查过程中，我们发现邦东乡家家户户不仅喝茶，而且绝大多数农户都种植茶叶，家里有茶树。不同的是有的农户种植茶叶只是为了出售鲜叶，有的农户自己家里可以对采摘的鲜叶进行初加工然后出售。

另外，在茶产业发展过程中，个别加工大户自发组织建立了产业发展合作社。例如，当地为了发展茶叶，组建相关的互助合作性质的民间组织，茶协会就是其中的一种组织形式，进入协会的会员相互帮助，依托协会的平台来给自己创造销售的机会。"茶协会如果要进会的话要交会费，一年就是千八百。如果那个协会里面要进货的话，他也可以通过每个协会的会员，他们把自己的茶叶拿去那里泡一泡，泡着泡着如果被看上了就可以卖。有次我家的茶就卖进去过了。"（访谈资料20220716YZY）

（二）初级加工的高额利润

随着茶叶种植的不断发展，农户逐渐发现销售初级加工的茶叶相比于鲜叶利润可翻几十倍，由此茶叶初级加工逐渐铺展开来，呈现出茶厂林立的场景，"你想想我们曼岗村310多户人家，有两百七八十家是做茶叶的"（访谈资料20220719PCG）。如雨后春笋般建立起来的初制所，很好地解决了农户茶叶的销售问题，给了农户种植茶叶强大的信心和动力，"其实除了种茶的话，种别的别人都不种，你一两家种的话，你根本都销售不出去。全部统一的话，你就大众化，你有个销路呢。就像咖啡啊前几年，大力扶持种的时候，就像你家家户户种出来，你能销售出去噶，就像茶叶一样，你家家户户种出来以后，他有个销路"（访谈资料20220716YZY）。初制所在收购鲜叶时坚持用现金支付鲜叶款，在确保农户正常生活的同时也让农户与茶厂之间形成更强的信任关系，茶厂老板对于农户种植茶叶也会有相应的要求，比如茶树管理过程中不能施化肥，以保证茶叶的质量，这有助于当地茶叶品牌长久稳定发展。

（三）融入生活的茶文化

茶已经融入邦东乡民众的生活之中，形成茶文化。在当地人看来，所谓的茶文化，包括两个方面，一是种植文化，二是饮茶文化。在茶叶种植方面，当地农民各个都是专家，精通茶叶的种植、管护和采摘。茶叶种植是每一个农民都拥有的技能。"我们也是从小要跟父母采，就这样。我呢，不怎么会采，每天呢，只能采个二三十斤，但是人家手特别快的，五六十斤，七八十斤，他们都能采摘下来，就是这样。"（访谈资料20220717WJJ）在农户心中茶叶已经不是一种简简单单的经济作物，而是一种传承，"从小就会"的茶叶种植、采摘技术为茶产业的发展提供了坚实的社会基础，同时，农户对于茶叶也有着非常深厚的感情，很多初制所的老板以发展壮大本地的茶产业作为自己的经营理念，对茶叶有这种深厚的感情，除了当地有深植于生活中的茶叶文化的因素，更多的是因为发展茶产业让当地农户的生活条件有了明显的改善。

除了种植方面，当地农户在饮茶方面也十分讲究。在邦东乡，无论家庭条件如何，每家必备成套的茶具、茶桌、茶柜，自家种植和加工的茶叶是农户招待客人的重要物品，而泡茶的水温、时间以及手法等也均有讲究，多数农户也对其有很深刻的把握。

（四）茶叶市场的低落

1. 疫情影响下的销路受阻

邦东乡的茶农主要依靠个人的人际关系网络以及外地消费者进行茶叶的销售，但是近年来疫情的阻隔，使得当地茶叶销售受到阻碍。疫情影响下，外地购买商的行动受限，无法进入当地选购茶叶，进一步影响新客户的拓展。而且随着几轮疫情的反弹，一些企业大规模裁员，甚至出现倒闭的现象，失业率上升，消费者的购买能力也严重下降，而茶叶是人们生活的非必需品，在消费者整体购买能力下降的背景下，必然会减少对于茶叶的消费，呈现的结果就是茶叶的销售额下降，正如一位茶农所讲，"今年也是下降，就因为这些疫情，去年就是价格下降了一点，今年下降得更多"（访谈资料20220718WAY）。虽然整体的消费水平下降，但茶叶的产量并没有相应地下降，甚至随着茶树的生长，茶叶的采摘量越来越大，农户家中均囤积了一定数量无法及时销售的茶叶。

2. 气候不稳定影响茶叶品质

茶叶的采摘与加工仍然是"靠天收"。① 气候不稳定不仅影响鲜叶本身的品质，还会影响茶叶加工的过程。茶树虽然性喜潮湿，需要大量的雨水，但是如果降雨过多、降雨强度过大，则会使得茶叶的味道淡薄，也就是当地人所说的"茶气不足"。茶叶的加工必须经过干燥环节，但是在干燥的过程中，当地农户普遍采取的是自然晾晒的方法，因此较为依赖天气。近年来雨水增多，使得茶叶晾干较为困难，影响加工后茶叶的品质。"我感觉就是今年的话，天气不好哦，气温问题，就是说给你1000斤这个茶，能做1000斤茶，如果下雨的话，500斤你都做不了呀，所以到那个时候我再给你1000斤的话，你不是钱的问题了，那时候就不是说给你高低几块，那个不是问题，问题是拿去无法把这个茶叶给加工掉，无法做。"（访谈资料20220717HXS）由此可见，气候不稳定使得茶叶品质受到影响，进而影响农户的收入。

六　多主体互动与地域特色产业的选择

乡村产业规模化是一个经济问题，也是一个政治、社会问题，必须与社会建设同步。从产业规模化发展的过程来看，其发展结果的影响因素可能包括自然状况和经济条件，但是参与其中的主体的行动及彼此之间的互动对于产业发展结果的重要作用也是不可忽视的重要因素，乡村产业建设是一个多主体共同参与的过程。本文将这个过程中的行动主体归纳为三个，即政府、市场和农户，三者的协调互动所构成的良性发展格局，影响着地域特色产业的选择。

---

① 陈文超：《农民种地不赚钱：悖论抑或社会事实》，《中共福建省委党校学报》2011年第4期。

（一）地域特色产业经营中多主体的选择逻辑

农业产业化发展过程涉及多元化的行动主体，结合邦东乡的产业发展历程来分析，可以发现，其中政府、企业、农户行动逻辑的变化及彼此之间互动关系的重塑，推动了茶产业对于咖啡产业的替代过程，为产业顺利实现规模化发展发挥了重要作用。

1. 政府对产业的政策支持与引导

政府基于对于市场大环境的认知，给予一定的政策支持与引导，农户则在这种影响下逐渐调整产业行为。政府由于在产业发展的总体认知、行动主体的统筹、资源的链接等方面具有优势，所以在产业发展过程中发挥着主导性作用。但是根据邦东乡的田野调查资料分析，在 10 余年间的产业发展过程中，当地选择茶产业而逐步放弃咖啡产业在一定程度上受到政府政策支持与引导的影响。

在咖啡产业成为大面积种植的作物的过程中，发挥重要作用的就是政府的强力介入以及强制性的约束。① 首先，发展咖啡产业是自上而下的一个过程，是由政府率先推动的。在咖啡产业推广的最初阶段，农户由于缺乏对于咖啡产业的认知而对咖啡种植存在疑虑，政府通过宣传动员、奖励激励等方式，推动村庄中的产业发展积极户进行种植，由此顺利实现了咖啡产业的初步推广目标。其次，在产业推广受阻时，则采用强制性手段以达到预期目标。"当时选的种咖啡的地都是农田或旱地，但是 70% 的农户不愿意干，有的就把挖机开去，把坑直接挖好给他，叫你干必须干。"（访谈资料 20220721BXH）政府通过直接挖好咖啡坑塘并将咖啡苗栽进地里的方式，强行推广咖啡种植，而农户则是带着"既然种上了，那就稍微管护一下"这样的心理进行咖啡的管护、采摘等。

而与咖啡产业相比，茶产业的发展则更具有自发性，政府在其中的角色更具有支持和引导的特性。在茶产业发展方面，当地政府的介入程度不高，其为农户提供的主要就是基本的茶艺培训，

---

① 刘军强、鲁宇、李振：《积极的惰性——基层政府产业结构调整的运作机制分析》，《社会学研究》2017 年第 5 期。

虽有像咖啡那样稍作推广，但也属于自愿性发展，"茶叶不像咖啡那样是政府扶持的，只是后面咖啡不行了，政府来发过一点茶苗，但也没怎么管"（访谈资料20220715CRY）。政府在农户有发展意愿的基础上提供一定的政策引导和支持，与农户形成良好互动。

2. 市场环境对产业行为的塑造

市场环境是政府制定和调整产业发展规划的重要参考之一，也是农户选择产业的重要导向因素。在产业发展方面，市场既是核心，也是实现经济水平提升的重要场域，更是实现资源、利益合理分配的重要机制。① 在邦东乡的产业发展过程中，市场组织方式的变动为增强产业发展的可持续性发挥了重要作用。

咖啡产业的发展采取的是更具计划性的形式，从种植时签订的收购合同，到实际收购时的由一家企业主导的"统购统销"，均能体现出咖啡产业市场的计划性。虽然具有计划性质的市场能够减少交易的成本，但是这种固化的交易模式最终也导致当地咖啡加工厂倒闭后"无厂来收，无厂敢收"的局面。以至于后起的咖啡企业试图摆脱原有咖啡厂的模式，"种得好了你高收，种得不好的你低收，哪怕是市场价五块，你种得最好，你来交的咖啡果确实很好，高于两块钱，对吧，给你七块都可以，先把这个积极性给提起来"（访谈资料20220715ZH）。新建立的咖啡加工厂试图通过市场化的运作方式来收购咖啡，这已经是在当地咖啡产业发展出现困境之后的事情了，但这也足够反映出原有市场体制存在的弊端。

与咖啡产业相比，茶产业在市场方面则更具有灵活性。邦东乡的茶叶销售方式包括鲜叶和粗加工后的茶叶。由于粗加工的茶叶比鲜叶销售价格高十几倍甚至几十倍，所以当地几乎可以说是"茶厂林立"，单纯销售鲜叶的农户不愁无处可卖，而粗加工厂的老板也通过多年来形成的销售网络销售粗加工后的茶叶，或者是根据顾客要求委托精加工厂进行精细加工，从中赚取的利润使得当地农

---

① 张维迎：《市场的逻辑》，上海人民出版社，2010。

户收入颇丰。① 自由化交易的市场虽然存在一定的风险，但是成功调动了主体的积极性、能动性，为茶产业的发展提供了不竭动力。

3. 农户生计文化影响下的产业策略

产业发展过程中农民是重要的行动主体，是产业真正落地的载体，农户之间的互动和组织经营形式也就是产业发展的社会基础②，但是其生计策略也会在市场环境的变化以及政府政策的影响下产生变动和调整。对于有良好社会基础的产业，在其发展过程中农户有较强的积极性和主动性，反之则会出现农户被动式配合的现象。

咖啡产业对于邦东乡来说是一种舶来品，农户对其认知程度较低。当地农户几乎从未尝试过咖啡种植，甚至未曾见过咖啡树，不知咖啡为何物、如何食用、有什么价值等。甚至在田野调查阶段，农户也未能形成喝咖啡的习惯。相对来说，咖啡作为一种劳动的对象，与农户的联系相对松散，属于可有可无的劳动对象，当有市场行情好的劳动对象出现后随时会被替代。以此判断，咖啡产业发展缺乏一定的社会基础。

茶产业则与之相反。首先，作为传统作物的茶叶是当地农户生活中常见的物品，已经完全融入农户生活之中，如不分老人、小孩、男性、女性，人们每天都要吃茶、喝茶。其次，农户自身就有传承下来的茶叶种植采摘技术，也有部分老一辈留下来的茶树，它们成为他们的资产象征。最后，在茶叶市场行情见涨的状态下，邦东乡农户在原有茶园的基础上栽种了新的茶树，形成了当前"遍地茶树"的景象，并普遍建设茶叶粗制所，造就了今天"茶厂林立"的图景，可见因为经济增收的关系，茶产业为市场化社会中农户的生存与发展提供了强有力的保障，这无疑强化了劳动与生活之

① 艾云：《农产品"市场链"：一个经济社会学的分析》，《社会发展研究》2016年第1期。
② 付伟：《城乡融合发展进程中的乡村产业及其社会基础——以浙江省L市偏远乡村来料加工为例》，《中国社会科学》2018年第6期。

间的联系。①

综上所述，在邦东乡两种产业的更替过程中，茶产业之所以被选择，并成为当地的主导产业，成为当地农户的主要收入来源，在很大程度上是由于行动主体互动机制的影响。政府在市场环境以及农户发展意愿的影响下提供政策支持和引导；市场环境影响政府的产业发展规划，并塑造农户的产业发展行为；农户则在政府政策的支持引导以及市场环境的影响下，基于实际情况调整自身的生计策略。产业发展的多主体互动机制由此形成，为乡村产业的规模化发展提供重要的基础。

（二）地域特色产业的选择机制

乡村产业的发展需要多种力量的相互联结，而多元主体之间的互动机制不仅会影响产业发展的过程，甚至会成为作用于产业发展结果的关键因素。多元主体互动机制使得行动主体之间形成良性互动格局，激发行动主体的积极性，协调推动产业发展，这正如邦东乡政府领导所说的，"政府搭台，群众唱戏"。

外来资本作为产业发展的原动力，为实现业务扩张目标，积极寻求市场机遇，主动寻求与政府的合作。② 外来资本在乡村发展产业，需要获取土地、人力等资源，而这需要政府的支持和配合。而作为产业发展政策目标对象的农户，则是产业发展过程中的重要主体，他们也有自己的行动逻辑和基本遵循，只有能够接受产业的发展策略，才有可能积极参与产业发展过程，如果单纯被动参与甚至被迫参与，则可能造成产业发展成效差，甚至是浪费资金、人力、资源的困局。

政府为实现促进本地产业多元化发展、促进农民增收以及取

---

① 陈文超：《劳动—生活均衡：返乡创业者的选择机制》，社会科学文献出版社，2016。

② 在我们看来这形成了一种另类的权利—利益网络。对权利—利益的结构之网的阐述，可参见吴毅《"权力—利益的结构之网"与农民群体性利益的表达困境——对一起石场纠纷案例的分析》，《社会学研究》2007 年第 5 期。

得良好政绩等目标①，有着支持和引进外来资本发展本地产业的动力。在此过程中，适度的政府介入以及监督机制的构建对于产业的可持续发展具有一定的正向推动作用，而且政府在引导农民参与的同时规范农民的产业行为，有利于产业的良好有序发展。

作为当地产业发展中重要主体的农户，通过为外来资本提供土地、人力资源等方面的支持，为产业发展提供良好的社会基础。农户为保证生计有着自己的产业发展逻辑，而商品化的时代使得农民更加追求经济收入的提升，因此他们有着通过发展产业实现增加收入的目标的动力，农户一旦发现产业发展有前景，便会自愿加入产业的发展过程中，而如果看不到产业发展的希望，则会逐渐退出，选择新的产业。

七　结论与讨论

（一）结论

以实地调查为基础，本文以一个乡镇的产业替代为切入点，展现了这个乡镇的茶产业替代咖啡产业的详细过程，从产业发展过程中的主体互动方面探讨了地域特色产业规模化发展的机制，展现了权力、文化与市场对于产业选择的影响。

第一，乡村地域特色产业的选择是社会建构的过程，受到社会、政治、经济、文化的影响。在咖啡种植的最初推广时期，不同的行动主体的行动逻辑之间的离散使得产业发展缺乏可持续性。具体来讲，不管政府是基于丰富当地产业结构体系、提高农民收入水平的目标，还是单纯为了政绩而推广咖啡种植，其推广咖啡种植时所运用的方式方法都使得产业发展脱离市场，缺乏发展的原动力。同时，缺乏农户认可的咖啡产业面临着社会基础薄弱的困局，必然因根基扎得不深、不稳定而缺乏持续发展的基础保障。

---

① 冯猛：《基层政府与地方产业选择——基于四东县的调查》，《社会学研究》2014 年第 2 期。

而对于企业而言，无论是为拓宽业务渠道、增加自身收入，还是争取政府项目资金，其采取的产业推广方式都高度融合在了政府的科层制运作体系中，从而使自己在链接市场资源、拓宽市场渠道等方面的优势无法充分发挥出来，在产业发展过程中失去了自身的灵活性与自主性，在面临产业发展困境时，因无法调动资源而只能走向衰亡。产业发展过程中的农户则更具有被动性色彩，无论是对于咖啡产业的认知、认可，还是从事咖啡种植，都是在政府、企业的推动下进行的，这种缺乏发展基础的产业在产业发展的低谷期很难存活下来。

第二，乡村地域特色产业的选择是综合力量作用的结果。茶产业发展至今，并未像咖啡产业那样受到政府的强制干预，政府在其中的作用只能说是适度引导，因此茶产业的发展更具有自发性、自主性。而在茶叶的加工销售方面，当地基于茶叶市场的特点，形成了以家庭经营为主要形式的组织方式，家家户户有茶叶加工设备，都能将鲜叶加工成利润翻倍的成品茶叶，并借用自己的社会关系网络进行产品的销售，这个过程中的市场更具有灵活性，农户彼此之间的竞争使得茶产业发展质量不断提升，而处于其中的农户则更具有主动性。由此，茶产业发展过程中的政府、市场、农户形成了良性互动的局面，促进了彼此之间的协调互动和产业的健康发展。

第三，乡村地域特色产业的更替遵循一定的规律，但这不仅仅是在政府行动逻辑作用下形成的。基层政府通过"打造产业"实现晋升目标是乡村产业发展建设的政治内涵[1]，这已经成为学术界的共识。但是，乡村产业发展过程中涉及多种行动主体，产业发展结果并不是单一主体作用下产生的。政府的政策执行逻辑和农户的生产实践[2]、村庄中的社会关系网络与市场价格机制等相互作用，均作用于产业发展过程，同时，各个主体之间的互动联系

---

[1] 冯猛：《基层政府与地方产业选择——基于四东县的调查》，《社会学研究》2014年第2期。

[2] 颜燕华：《正宗与时变：基于安溪铁观音的产业治理与生产实践研究》，《社会》2020年第5期。

也相互作用，不断影响产业发展过程，并形成产业发展结果的影响机制。与咖啡产业不同，茶产业发展过程中的多种行动主体之间协调互动，构成了产业发展的良性格局，但是，若此种协调互动机制被打破，那茶产业可能也会面临与咖啡产业同样或类似的局面。

（二）讨论

邦东特色产业的替代过程中包含着中国乡村产业发展中多行动主体的互动过程，并呈现出一定的结构化体系①。首先，政府在市场环境以及农户发展意愿的影响下提供政策支持和引导；其次，市场环境影响政府的产业发展规划，并塑造农户的产业发展行为；最后，农户在政府政策的支持引导以及市场环境的影响下，基于实际情况调整自身的生计策略。产业发展的多主体互动机制由此形成，为乡村产业的规模化发展提供重要的基础。

当然，在我国乡村产业发展过程中，虽然涉及多元主体的现象广泛存在，但是其具体的实践形式具有一定的多样性。要对乡村产业过程中行动主体互动关系及其对产业发展结果的作用机制形成总体认知，还需要对不同地域、不同产业进行更加全面深入的分析，同时也要关注纵向时间维度上产业发展过程中行动主体行动逻辑的变化。

此外，本文主要分析的是乡村产业发展过程中行动主体的互动机制及其对于产业发展的作用，但是对于如何运用多主体互动机制来回应乡村振兴中的地域特色产业选择问题，并基于此制订出详尽完善的产业选择规划方案，以及具体的、可操作化的政策方案②，仍旧需要在进一步的研究中加以关注。

---

① 安东尼·吉登斯：《社会的构成：结构化理论大纲》，李康、李猛译，生活·读书·新知三联书店，1998。
② 毛泽东：《经济问题与财政问题（节选）》，载《毛泽东文集》（第二卷），人民出版社，1993。

后 记

    "做社会实践"在现代高等教育体系中具有越来越重要的地位和价值，在大学生人生进程中也发挥着越来越重要的作用。无论是从高等教育体系设置角度还是从大学生个人发展角度来讲，如何做社会实践及怎样做好社会实践都已经成为一个摆在眼前的真实问题。通过梳理个人成长与发展的路径，联系我所教的社会学研究方法课程及带学生做社会实践的经验，我们发现田野调查方法与大学生社会实践活动有着密切的关联。田野调查方法能作为大学生组织和开展社会实践活动的科学工具，帮助他们形成对社会的有效认知，达到实践育人目标。随着大学生社会实践活动的深入和对其的广泛接触，我们越发觉得有必要通过对既有带学生做社会实践的经验的梳理和归纳来建构"在田野实践中发现社会"的路径和策略，希冀一方面对大学生组织和开展社会实践活动进行有效指导，另一方面从横向层面提升社会对社会学及田野调查方法的认知水平。

    《在田野实践中发现社会》是对自2014年以来我们带学生做社会实践的收获的归纳和总结，既有关于大学生社会实践活动的总结性表达，也有对组织和开展社会实践活动的经验的概括，还有用于支撑相应观点的历年社会实践报告。反观已有关于大学生社会实践活动的认识，诸多内容和观点是在每次社会实践中不断否定与再否定的过程中累积形成的。我们非常清楚，虽然我们在社会实践活动中很努力，也从未停止过对大学生社会实践活动的反思和完善，但"在田野实践中发现社会"的路径仍然有着一些不成熟及需要完善的地方。已有的经验使我们相信，有效运用田野调查方法组织和开展社会实践活动，能使社会实践活动更有价值，有效促进个人成长与社会发展。

"在田野实践中发现社会"是我们提炼"田野实践"概念及建构"田野实践方法"的行动表现。作为全程参与的指导老师及大学生社会实践活动经验的总结者，我很感谢历年参与的大学生们，他们朝气蓬勃、胸怀大志、勇毅向前。事实表明，经过社会实践活动的磨砺，他们更加阳光、自信、坦荡，能主动建构和设计自我人生进程。我很感激共青团华中科技大学委员会及罗迪书记、李文龙副书记和共青团湖北省委员会林桢栋副书记等为我深入参与与研究大学生社会实践活动提供了平台，并帮助我将《在田野实践中发现社会》纳入华中科技大学"青春力行"系列丛书。我很感谢华中科技大学社会学院、校内外的朋友们和社会科学文献出版社的编辑们对我们的田野实践行动与相关成果的出版给予的帮助。我很感恩我的家庭对我从事社会学研究和深度参与大学生社会实践活动给予的坚定支持。

我坚信如果没有他们的支持和帮助，"在田野实践中发现社会"一定还在我的想象和误识中。我也将积极努力，保持自信，继续求索，形成更多的田野实践成果。

陈文超

2023 年 7 月 31 日

图书在版编目（CIP）数据

在田野实践中发现社会／陈文超等著. -- 北京：
社会科学文献出版社，2024.11. --（华中科技大学"青
春力行"系列丛书）. -- ISBN 978-7-5228-3870-0

Ⅰ. G642.45

中国国家版本馆 CIP 数据核字第 2024914GR6 号

华中科技大学"青春力行"系列丛书
在田野实践中发现社会

著　　者／陈文超 等

出 版 人／冀祥德
组稿编辑／谢蕊芬
责任编辑／庄士龙
文稿编辑／陈彩伊
责任印制／王京美

出　　版／社会科学文献出版社·群学分社（010）59367002
　　　　　　地址：北京市北三环中路甲 29 号院华龙大厦　邮编：100029
　　　　　　网址：www.ssap.com.cn
发　　行／社会科学文献出版社（010）59367028
印　　装／三河市龙林印务有限公司

规　　格／开本：787mm×1092mm　1/16
　　　　　　印张：14.75　字数：210 千字
版　　次／2024 年 11 月第 1 版　2024 年 11 月第 1 次印刷
书　　号／ISBN 978-7-5228-3870-0
定　　价／98.00 元